股指期货　商品期货　外汇交易　黄金交易

趋势交易法

第三版

鹿希武　著

中国金融出版社

责任编辑：张哲强
责任校对：刘　明
责任印制：丁淮宾

图书在版编目（CIP）数据

趋势交易法/鹿希武著 . —3 版 . —北京：中国金融出版社，2018.1
ISBN 978 - 7 - 5049 - 9158 - 4

Ⅰ. ①趋…　Ⅱ. ①鹿…　Ⅲ. ①金融交易—基本知识　Ⅳ. ①F830.9

中国版本图书馆 CIP 数据核字（2017）第 208441 号

趋势交易法（第三版）
QUSHI JIAOYIFA（DI-SAN BAN）

出版
发行　　**中国金融出版社**

社址　北京市丰台区益泽路 2 号
市场开发部　（010）66024766，63805472，63439533（传真）
网 上 书 店　www.cfph.cn
　　　　　　（010）66024766，63372837（传真）
读者服务部　（010）66070833，62568380
邮编　100071
经销　新华书店
印刷　涿州市殷润文化传播有限公司
尺寸　169 毫米 ×239 毫米
印张　45.75
字数　570 千
版次　2008 年 10 月第 1 版　2011 年 12 月第 2 版　2018 年 1 月第 3 版
印次　2025 年 10 月第 7 次印刷
定价　198.00 元
ISBN 978 - 7 - 5049 - 9158 - 4
如出现印装错误本社负责调换　联系电话（010）63263947

序

进入 2000 年之后，中国人的投资热情一路飙升，交易的品种越来越多，一个个交易神话让人们勇敢地进入了一个陌生的投资领域——交易。

交易神话的背后往往是骗子们设好的陷阱。交易市场，是一个看不见"凶手"的杀戮市场，每个人都想从交易中发家致富，但现实是能够从交易中受益的人们毕竟是少数，多数人将成为交易市场的牺牲品。交易让他们的财富遭受损失，甚至有人因交易而倾家荡产。

在决定进入交易领域之前，你必须进行客观认真的可行性分析，确认你有能力（包括：智力能力、财富能力、身体能力和时间精力等等）进入这一残酷的投资领域。

本书首先简单回忆了我的交易经历，目的是想通过我的交易历程，告诫投资者：

1. 交易是一条艰辛的荆棘之路，在走向成功的道路上，需要付出相当艰辛的努力；

2. 我与你一样，也是一个普通人，通过我的努力，加上当时的市场环境，造就了今天的我；

3. 通过你的努力，沿着正确的交易方向，最终你也会步入成功的交易殿堂。

第一章，我从一个非专业人员的角度，简要论述了意识和潜意识的概念，以及在交易中如何利用潜意识。目的是想通过我的论述，帮助投资者寻找一些看似简单却难以做到的交易行为的真正原因。交易看似是人们的意识行为过程，实则是潜意识的习惯行为。

不同的人对交易的理解是不同的。即便是同一个人，在不同的交易阶段，对交易的理解也有所不同。正所谓"孔子登东山而小鲁，登泰山而小天下"。孔子登上东山，就觉得鲁国变小了；登上泰山，就觉得整个天下都变小了。人的视点越高，视野就越宽广，随着视野的转换，人们对交易也会有不同的领悟。

在刚刚进入交易领域之时，感觉交易就是上涨时买入和下跌时卖出，如此简单。但是，随着交易时间的增加，你就会发现交易远不是买入和卖出那样的简单，其中涵括了很多其他方面的内容，例如，心理、数学和哲学等方面的知识。

第二章，从我理解的角度讲述了什么是交易、交易能够实现盈利的真正秘诀是什么、投资者交易失败的各种原因，目的是帮助投资者树立正确的交易观，正确看待交易中的亏损的交易。

第三章，讲述了趋势交易法理论体系中一个重要的基础知识——区间跨度。它是正确绘制趋势线和拐点线，准确找出分界点 A 的理论基础。通过区间跨度的特性，我们可以准确判断上升趋势或下降趋势的结构，以及上升趋势或下降趋势的年龄。很多趋势交易法的应用工具需要借助区间跨度定性，因此，投资者一定要高度重视第三章的内容，在充分理解的基础上，牢固记忆趋势结构 dif 和 δ 值的取值范围。

第四章，讲述了 K 线的定义以及我平时交易中常用的一些 K 线反转信号。本章中定义的一些 K 线理论，是我在实战交易过程中，通过无数次的失败和成功总结出来的，例如，标准 K 线的定义、补缺影线的定义、魂断蓝桥的定义和海底捞月的定义等。在学习 K 线理论时，一定要注意 K 线的应用位置，避免过于迷信 K 线反转而跟随 K 线来回转向，丢失市场交易方向。

第五章，讲述了趋势线的定义、正确的趋势线的画法以及趋势线的具体应用。同时讲述了趋势线的真、假突破以及如何通过延时转向过滤掉假的突破。本章可以作为初学者设立简单交易系统的重要理论基础。

第六章，讲述了拐点线的定义、正确拐点线的画法、拐点线的具体应用以及绘制拐点线时的注意事项。第六章拐点线和第五章趋势线一样，也是独立的，可以作为初学者设立简单交易系统的重要理论基础，也可以与趋势线结合，设计较为复杂一点的初级交易系统。

第七章，讲述了分界点 A 的定义、分界点 A 的种类、分界点 A 的具体应用。同样，分界点 A 这一章内容也是独立的，可以作为初学者设立简单交易系统的重要理论基础，也可以与趋势线和拐点线结合，设计较为初级的交易系统。

第八章，讲述了波浪理论。这一章是趋势交易法的核心，系统掌握波浪理论，就可以领悟趋势交易法的真谛。因此，建议投资者将阅读的重心放在波浪理论一章。

第九章，讲述了我常用的两种交易模型。投资者可以根据自己的情况，选择适合自己的交易模型。

第十章，讲述了资金管理的概念以及资金管理的具体应用。

鹿希武

2017 年 3 月 17 日

我的交易人生

在上小学三年级时，我有过人生第一次方向的选择。那年，我们生产队队长问我："你长大后准备做什么？""赶牛车。"我很坚定地回答。

为什么会选择做一个赶牛车的人呢？我童年的记忆不是很多，生我养我的村庄就是我童年的生活轨迹。由于从来没有离开过村庄，不知道外面的世界是什么样的，我天真地认为赶牛车就是社会上最好的职业。赶牛车的人在村里风光无限，他不用出力，装车和卸车有专人负责。一天的劳动结束后，大家都累得腰酸腿疼，不愿意走路，如果跟车夫关系好，就有机会坐上牛车，轻松地从农地回到家中。所以，我立志要做一个赶牛车的人。

我的人生计划被生产队队长的侄子，也就是我的同班同学知道了。他小学毕业后，就放弃了继续学习的机会，回到村里，成为了生产队里年纪最小赶牛车的人。理想的工作被抢占了，我的人生第一个选择没有实现。

1988年4月，海南建省并成立海南经济特区。消息传开，很多人蠢蠢欲动。每天中午从学校大食堂吃完中午饭后，我们回到教师筒子楼的头等大事就是聚到一起，聊一聊海南的最新消息。最后，我们青年教师中有几位勇敢者加入了"十万人才下海南"的队伍。

当时，我面临人生未来方向的第二次选择。由于来自农村家庭以及当时人才体制的原因，我没敢下海，而是根据自己的家境等实际情况，决定走相对安全的学术研究的道路。为了增加自己的工资收入，我参加了 1993 年的全国硕士研究生考试，并被中国矿业大学北京研究生部录取。

图 0-1　复试通知书

1994 年初，很多人开始陆续离开海南，回到内陆，我们的张老师也完成了人生个人的蜕变，成为了首先富裕起来的知识分子。他的成功让当时年轻的我们羡慕不已，在参加复试之前，我也想走出校园，看看外面的世界。

1992 年至 1994 年是中国期货市场发展的初期，国家对期货经纪公司做出政策调整。按照规定，注册资金在 1 000 万元人民币以上、专职期货经纪人不少于 20 人，才有资格成立期货经纪公司。当时，北京突然成立了很多与交易有关的投资公司和期货公司，市场急需一大批从事交易的专业人才。我就是在当时的环境和对交易一无所知、没有任何心理准备的情况下，偶然进入了外汇交易市场。

公司招聘了 15 位新人，给我们每人 1 个月的试用期，试用期内每人的工资为 500 元人民币。在当时来说，500 元算是不错的月收入，所以我很珍惜首次下海获得的工作机会。公司首先对我们进行为期一周的技术培训，上午进行技术分析讲解，下午看盘观摩实习。在一周的学习和实习过程中，我深深地被外汇交易吸引。市场变化的不确定性、个人能力的挑战性和盈利亏损的刺激性，让它成为当时年轻的我最喜欢做的一份工作。

一周的培训很快结束了，公司经理给大家开了一个总结动员会，他说："很多成功的企业家都是从外汇交易开始起步的，像李嘉诚就是做外汇交易发家致富的，外汇交易是你实现财富自由的最佳捷径。"他为我们绘制了一个美好的人生蓝图。我当时真的相信通过外汇交易一年可以赚个上百万元，我开始精神振奋、跃跃欲试，准备大干一场。

公司让大家填写开户申请表。我突然明白了，原来公司是想通过招聘的形式让大家开户做交易。可是对于刚刚结婚的我来说，哪来的积蓄成为公司的投资客。

我记得，1991年结婚后，我整理了一下我的钱包，只剩下不到50块钱。所以，结婚后的第二天，我就出差到了河北围场，进行硅砂浮选生产线的调试。老师们都夸我工作认真、责任心强，其实我也想赚点差旅费，因为当时每月我得给远在农村的父母寄50块钱。到1994年时，我攒了9 000多元，这是我家所有的积蓄，连开户的标准都达不到，所以我没有填写开户申请表。公司负责人开始暗示我出去找客户，可以通过自己的交易技术帮助别人赚钱。

试用期只剩下不到3周时间了，一个月的试用期结束后，如果仍然找不到客户，就停发工资，自动离职，我开始抓紧时间寻找目标客户。当时很多有钱人都集中在亚运村的各个写字楼内，为此，我决定选择去亚运村的高档写字楼推销自己。结果，大多数公司都不让我进门，只是隔门询问一句"你有什么事"，便转身离去，根本不给我推销自己的机会。我当时想：是不是因为我长得黑把我当成了坏人？

不能进入对方的办公室，就没有交流的机会。为了让对方了解外汇交易，我利用晚上的时间，根据公司培训的内容东拼西凑写了一本

《外汇交易指南》。寻找目标客户时，如果对方拒绝我进入他们的办公室，就直接送给对方一份《外汇交易指南》，书上有我的电话。如果我能收到对方的电话，就证明对方对外汇交易有兴趣。可是发了一周的材料，也没有收到一个客户打来的电话，我猜大多数人在我转身离开时，已经把我写的《外汇交易指南》直接扔到了垃圾桶里。

在一周后的总结会上，公司决定为我们每个男经纪人配备一个女经纪人，俩人一组共同开发客户。公司的决定果然收到效果，每次敲门后，都能得到进入对方办公室的机会。"请问您找谁?""请坐，请稍等。"听着是那么的温暖和亲切，没有丝毫的陌生感。可是，真正的负责人通常给我俩的时间不会超过 5 分钟，大多以"我很忙、我正在接一个电话"等理由，把我们请出办公室。

一个月的试用期很快结束了，除了两个人找到了投资客户，其他人算是自动离职了。在寻找目标客户的过程中，我每天早上 6:30 准时赶到公司，用手绘制图表走势，并用尺子在图表上不停地画线。看似很专业的样子，其实自己也不知道为什么这样画线，画线的意识完全来自第一周的培训。虽然我没有找到客户，但由于工作认真，是手写本《外汇交易指南》的作者（当时公司很多业务员把它当作宣传资料），公司领导决定留下我继续工作一个月，我又多领了 500 元的工资。

虽然我可以跟之前一样，每天来到公司绘制图表，但是心里还是很不舒服，感觉是为了 500 元工资，硬要赖在公司工作似的。看着已经开户的两个经纪人每天的交易，心急如焚，寝食不安，我必须尽快找到客户。

我每天继续穿梭在北京大大小小的写字楼内，结果仍然是一无所获，自信心受到严重打击，对能够找到投资客户已经心灰意冷。我决定放弃这份工作，去参加复试，重走学术之路。

　　我骑着一辆破旧的自行车，到达地坛西门时，正好看见一家刚刚开业的快餐店，心想：我也消费一次吧，算是给自己下海试水的一次结业宴。之前我从来没有一个人进过餐馆吃饭，因为我抠门，处处都会为省钱绞尽脑汁，为了省钱，我绝对不会一个人跑进饭馆去消费。

　　今天，我出息了，我的午饭我做主，进去消费一次，看看究竟能花多少钱。于是，我把破旧的自行车锁好，抬头挺胸走进了快餐店。我找了一个角落坐下说："小姐（当时的尊称），有什么吃的?"服务员拿给我一张纸质菜单，我快速看了一遍，说："来四两白菜馅的饺子吧。"这最省钱。用餐过程中，我突然想：开快餐店的老板应该很有钱，他（她）会不会对外汇投资感兴趣?我想与开快餐店的老板聊聊有关外汇交易，可是用完餐后，看到那么多人，没好意思开口，就匆匆离开了。

　　我骑上那辆除了铃不响其他哪都响的破旧自行车，别提有多伤心，没想到第一次下海就以失败而告终。骑到地安门转盘时，我想：万一快餐店的老板愿意投资，我不是失去了最后的机会吗?不行，我要再努力一次。想到这，我掉头回到了快餐店，走到收银台前，我跟服务员说："我能见一下你的老板吗?"此时刚刚服务过我的那位服务员认出了我，听说我要见老板，就急忙往收银台的后边走去。我猜她当时可能是认为我回来闹事来了。过了一会，出来一个身体健壮的中年男人，看不出是个有钱的大老板，更像是一个打手。他走到我面前，直接问："你有什么事?"一口北京腔。我急忙说清我的来意，将我手写的《外汇交易指南》递给了他。没想到的是，他接过我给他的"书"后，稍微看了几页，就请我到后边的一个空桌坐下。我抓紧时间给他讲解有关外汇投资的优点，并在已经准备好的图表上，指出如果昨天在这卖出一手合约，今天可以赚到多少钱，并同时预测了当天可能的走势。出乎我意料的是，他对我的分析很有兴趣。事后才知道：他早已经在别的公司开过户，有人正在帮他做外汇投资。由于是第一次见面，出于礼貌，我没有占用他过多的时间，就很快离开了。

骑在自行车上的我在想：终于有人愿意听我讲述外汇交易了，我要认真分析行情走势，一定要预测准确，争取得到快餐店老板的认可，能有机会给我投资。

第三天，行情走势果然与我当时给老板分析的一样，到达公司后，我立即打印了一张图表，骑上自行车，飞快地到达了快餐店。老板不在，我问什么时间能约见老板，服务员给老板打了电话后确认，我可以下午再来。

17点，我准时到达快餐店，自信地给老板分析起了行情走势，并解释前天我为什么那样分析预测行情，现在证明我的分析是正确的，同时我又预测了当天晚上可能的走势，并将已经做好了交易计划的图表留给了老板。

没想到的是，市场是那么的配合我，当晚的行情走势又被我说中了，心里别提有多高兴。我决定暂时不去打扰快餐店老板，下周一再去拜访。周末心里一直忐忑不安，不停地在问自己：快餐店老板能不能给我投资？

终于等到了星期一，我到公司打印好图表，直接来到了快餐店，正好老板在，我将行情走势分析递给了他，并做了简短的说明。从眼神中，我看出他对我的技术分析已经是心服口服。

周二上午我来到公司，看到报价机后，心想：难道是我的嘴开光了，行情怎么又被我说中了？我今天没有去找快餐店老板，而是一直待在公司，观察其他交易员的交易。下午我接到了快餐店老板的电话，说要到公司来见我。我猜是因为行情连续被我说中，快餐店老板已经等不及邀他给我投资了。

我急忙把这个消息跟公司汇报，经理提前为我安排好会议室。16

点，老板孟先生来到了公司，见面会持续很短时间，参观完公司之后，孟先生决定给我投资 200 万。我当时听到 200 万，确实吓了一跳，觉得钱太多了。我怕驾驭不了这么多资金，但是又不能说出我的想法，默默地接受了。孟先生签完开户合同后，就将 200 万的支票交给了公司。接收了孟先生的支票后第三天，孟先生的交易账户就正式开通了。

走进公司为我安排的大户室，我的交易生涯正式开始了。就在此时，学校通知我去参加复试。由于学校领导不同意我读在职研究生，快餐店老板给我投资的 200 万，让我有了与学校说"不"的勇气。我放弃了继续深造的机会，决定走交易之路。

我深知自己是金融领域的门外汉，必须想办法快速补充有关金融方面的知识，当时我认为，系统掌握金融方面的理论知识是做好交易的必要条件。为此，在交易初期的每个周六和周日，我带好中午饭，一个人待在国子监的首都图书馆内，翻阅所有与金融有关的书籍。我自学了经济学原理、国际金融与贸易、货币银行学、会计学、西方经济学、美国政治制度、金融英语等等。后来的事实证明，这些理论知识对我的交易有一定的帮助，但是，它们不是我交易成功的必要条件。

交易真正开始后，与之前的只说不练不同了，由于压力开始逐渐增大，买卖的决定很难自己一个人完成，大多都是要借助于所谓的专家的指导进行，当时的交易可以说都是在完全失去自我的状态下完成的。

我最初的交易，与普通投资者的交易一样。不设定止损，经常逆势加码，这些不专业的交易习惯让我吃尽了苦头。1994 年 6 月 24 日的交易，是一次痛苦的交易经历，让我终生难忘。在上午 10 点的例行行情走势分析会上，从香港专程赶来的分析师冯先生坐在交易台上，非常肯定地告诉大家：美元兑瑞士法郎已经见底，即将展开上升走势，大家不要错过 10 年大底买入的机会。公司每天会通过传真，将香港各

大报纸有关外汇走势的分析传到公司，当时几乎所有市场评论的观点
都与冯先生的观点一致，都肯定地预测美元已经见底。

　　会后，公司几乎所有的客户都忙着建仓，我害怕自己错过了这一
千载难逢的盈利机会，当日 17 时左右，也跟随着大家一起，买进了美
元兑瑞士法郎，价位在 1.3483。

（瑞士法郎/美元）

图 0-2　美元兑瑞士法郎走势图

　　现在看来，如此简单的一个双层下降趋势结构，对于当时的我来
说，却是一道解不开的难题。如果当时我能找到名师指点，可以少走
多少弯路啊！

　　入市多单后，价格持续下跌，我的眼睛一刻也不敢离开报价机的
屏幕。18 点，送餐员送来了公司提供给大户室免费的晚餐——盒饭。
入市前中午还胃口大开，吃三个馒头才能填饱肚子的我，由于紧张，
完全没有了食欲。我出去找到当初给我们上课的组长，问他我应该怎

么办？他说东说西，就是不说我的交易该怎么处理。我心里在盘问：他为什么不告诉我呢？他是怕我赚钱吗？我当时真的不理解。现在明白了，因为没有人知道未来行情会怎么走，他当然不会信口雌黄。

美国开盘后，美元贬值加速，七国突然联合干预外汇市场，共同买进美元抛出非美货币。我异常兴奋，救命的来了，公司内所有的交易员一片欢呼！

场内翻译不断传出路透社终端机实时公布的干预信息。广播说"美国花旗银行买入美元"，大家蜂拥跑到盘房下单；"英格兰银行买入美元"，大家又疯狂跟随买入美元；"瑞士银行买入美元"，大家又疯狂跟进。盘房工作人员无法瞬间接收如此多的单子，交易员就将写好的单子扔进盘房，只见纸单在人们头上飘来飘去，场面十分混乱，又显得十分壮观。随着七国的干预，美元却不升反跌，美元兑瑞士法郎最低跌至 1.3250，而我却随着七国干预一路逆势加码买进美元兑瑞士法郎，我自己都不知道下了多少手单子。

干预的声音渐渐消去，时间指向晚上 12 点，我急忙跑到盘房前，询问我账户的亏损状况，盘房工作人员通知我：累计亏损已经超过 10 万元人民币。听到这个消息后，我吃惊地说了一声："10"，"万"字还没出口，就眼前一黑，晕倒在地，失去了意识。等我醒来时，已经躺在了安贞医院的急诊室。10 万元人民币对当时的我来说简直就是天文数字，实在无法承受这个巨大的压力。

躺在医院的病床上，心想：这工作太刺激，风险太大了，这是玩命啊！不行，我必须离开这个行业。我决定将剩余的资金退给客户，回到学校踏踏实实工作。第二天早上，当我回到公司，回到那熟悉的环境，看到报价机后马上又产生了交易的冲动，将损失夺回的强烈愿望一直浮现在脑海中。

公司所有的交易员还都在睡梦中，场内显得很凌乱，看得出昨夜是多么的不寻常。我快步跑到报价机前一看，美元兑瑞士法郎的价格已经跌至 1.3220。

图 0-3　美元兑瑞士法郎走势图

　　我心想：止损了？但是，不甘心。我急忙叫起身边还在熟睡的同事，请他帮我出个主意。果然他很有"经验"，让我在 1.3220 先锁住，即上锁，意思是建立两个头寸，一个买入，一个卖出，从此涨跌与我没了关系。

　　我开始想办法解锁，每当空单有了利润，我就把空单平仓获利了结，盼望着价格能回升，减少亏损的总量。但是，当价格回到多单附近时，想法又改变了，由最初的减少亏损的总量，变成了想要实现盈利，等价格开始恢复下跌时，又被动锁仓。经过几次不成功的解锁，终于将卖出的价格执行在了 1.2584 的底部，将小锁变成了大锁。

　　此时，公司突然宣布将于年底后关闭，客户所有头寸必须在 12 月31 日之前平仓。我和几个同事抓紧到外边寻找正规的投资公司。最后

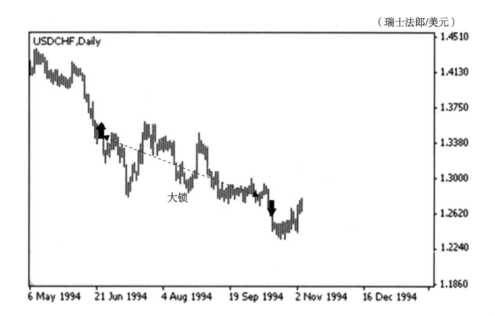

图0-4　美元兑瑞士法郎走势图

终于选定了一家刚刚成立、具有交易资质的期货公司。经过谈判，这家公司同意接收我们原来公司的所有客户，并同意将未平仓合约一起带入这家新的公司。

　　来到新的投资公司，继续我的解锁工作。之后的日子度日如年，因为价格进入了我的"腹部"——买单是亏损的，卖单也是亏损的。我不知道究竟应该是平掉多单，还是平掉空单。最终，我决定在1.3385止损了全部多单，在1.3395止损了全部空单（当时交易的点差是10个点）。

　　处理完所有的头寸后，虽然将浮动亏损变成了真实的账面亏损，但是，好像是一块石头终于落了地，消除了浑身的压力，我突然感觉轻松了。回到家后，一头栽倒在床上，整整睡了1天才醒过来。一个星期后，我才慢慢缓过神来，这套锁像一座大山一样，让我无法施展各种交易技能。之前，每天醒来、甚至做梦都在琢磨怎么解锁，如何将亏损追回。这次终于可以不再想解锁的事了，真是无锁一身轻啊！

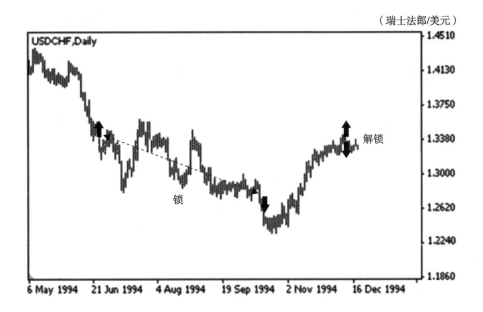

（瑞士法郎/美元）

图 0 – 5　美元兑瑞士法郎走势图

　　我想：以后的交易必须我自己做主，不能再依赖别人，我必须快速提高自己的交易技术。于是，我开始寻找学习交易技术的途径。当时国内根本没有培训交易的场所，也没有老师可以学习，大家都是在摸着石头过河，拿着真金白银在市场上摸爬滚打，个个被打得遍体鳞伤。我决定先从理论上武装自己，买一些有关交易方面的书籍。我跑遍了北京大大小小的书店，根本找不到这方面的资料。后来，在西单书店买到了一本《搏击外汇市场》，在王府井新华书店买到墨菲的《期货市场技术分析》，这两本书成了我研究市场最早的参考资料。我如饥似渴地连续阅读了 5 遍，根据书中的理论，分析总结之前交易失败的原因。

　　1994 年圣诞节之后，我开始研究相对强弱指标 RSI 的原理和应用。通过对以前的行情走势分析，我发现出现背离反转的概率几乎是100%，于是心中暗喜，认为终于找到了交易成功的秘诀。我决定在

RSI 接近 20 的区域，并且出现底背离或顶背离时，执行买卖计划。

美元兑瑞士法郎在 1995 年 1 月 6 日出现了底背离，我心想：这不就是书中讲述的底背离转向信号吗？我毫不犹豫地在价格 1.3054 时执行了买入计划，由于有底背离的心理支撑，我没有设定止损。

（瑞士法郎/美元）

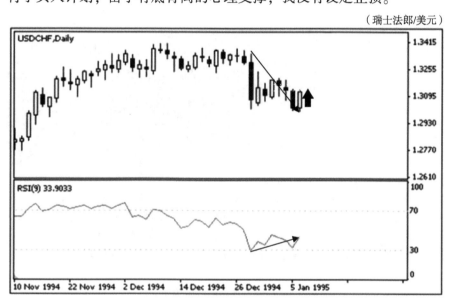

图 0-6　美元兑瑞士法郎走势图

入市后，价格很快上升，并有了一定的利润，我们在笑声中度过了一个快乐的星期五。临近收盘时，价格到达 1.3107 时，我的账户已经有了 3 800 多美元的盈利，是平仓还是持仓呢？我一直在作思想斗争。不平仓，怕已有的利润失去；平仓，这点利润不能填满我亏损的窟窿。我当时总想通过一次交易，将之前的亏损全部找回，当时担心一旦平仓，没有机会和胆量再入场，我一直处在矛盾之中。

传呼机和无线传呼网络于 20 世纪 80 年代出现，经过十多年的发展，于 1990 年达到了顶峰，在手机普及之前，人们普遍以拥有传呼机为荣。正在我犹豫是否平仓时，我的 BP 机响了，上面显示的是家中的电话号码。打完电话后，就急忙打了个黄色面的回到家中，交易的头寸没来得及平仓，就这样保留了下来。

黄色面的，记录了我们90年代打车时美好的回忆。

图 0 – 7　黄色面的出租车

"黄色面的"是厢式小型出租车的称谓。20世纪80年代末，北京的出租车还是较高档的皇冠和公爵等车型，经常出现在酒店和机场，由于价格昂贵，普通百姓很少打车。当时北京市政府提出了"一人招手，多车等候"的发展政策，开始将微型面包引入出租车行业。黄色面的的出现，让北京市民有了实惠的出行选择，10元起步，1公里1元钱，可以坐5～6人。

自从我成为正式的外汇交易员，我那破旧的自行车就下岗了，被戏称为"蝗虫"的北京面的，成了我新的出行方式，我从此步入了打车一族。

凌晨3点打车赶回家中，我看到爱人伤心的样子，赶紧上前问个究竟。自从我开始了正式的交易，除了周末，其他时间我都吃住在公司里，我的脑子里装的全是交易，没有很好地关心她。她长时间一个人孤独地待在家中，产生了轻微抑郁，我却浑然不知。

我开始开导她说："我这样拼命工作的目的，是想让咱们家过上无忧无虑的幸福生活，你给我一年的时间，我挣够 100 万，就回来陪你。"说实话，我当时说挣 100 万，也有吹牛的成分，我是想把"饼"画得大一点，让她高兴。没想到的是，不到一年的时间，我兑现了我的承诺。

周一早上 7 点，我轻轻松松赶到公司上班。报价机上的价格已经开始跳动，出现了跳低开盘，我的心一下子悬了起来，难道行情会下跌？由于有"底背离信号"的心理支撑，我没有及时平仓上周留下的多头头寸，坚持到周一收盘。周一收出了一根大阴线，我的心情开始沉重起来，盈利的多头头寸已经变成了亏损。

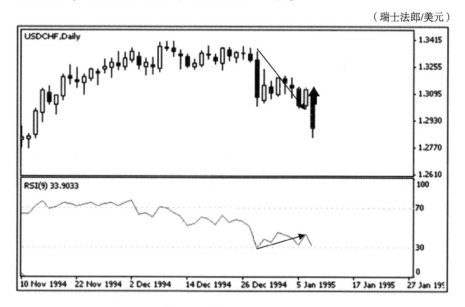

图 0-8　美元兑瑞士法郎走势图

收市后，我急忙找出书中有关背离概念的解释，开始含英咀华地细细品读。我确认理解的概念无误，并坚信出现了底背离，行情就一

定会发生反转。此时，由于过分迷信技术指标分析，我没有及时止损，
在行情企稳后，我在 1.2912 又逆势追加了 10 手多头头寸。

（瑞士法郎/美元）

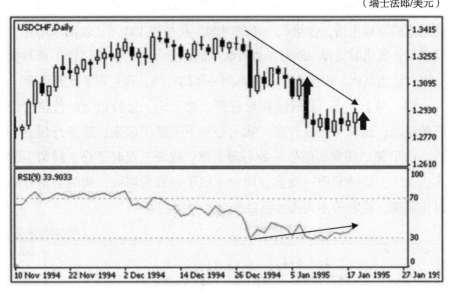

图 0 - 9　美元兑瑞士法郎走势图

　　执行逆势追加头寸后，行情第二天又快速下跌，此时的心理压力
比没有加死码之前更大了，因为行情每波动一点，亏损加倍了。我的
想法也随着压力而改变，此时不是想赚钱，而是想着能够将浮动亏损
变为零，尽快退出所有的多头头寸。

　　每次执行买入计划后，第二天都快速下跌。当时的心态完全被市
场打乱，不断地在问自己：我运气为什么老是这么差？当时由于技术
水平有限，看不出主浪和调整浪，更甭提调整浪的内部结构了。实际
上，我每次都是在调整浪的 e 点执行的买入计划，我不亏钱谁亏钱！

　　执行逆势加码后，最大的浮动亏损达到了 5 万美元，有了之前晕
倒的经历，我对待亏损不再像以前那样敏感，再加上"底背离"信号
的心理支撑，坚信行情能恢复上升，让自己解套。说实话，此时有点

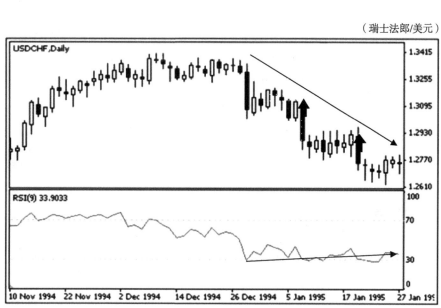

（瑞士法郎/美元）

图 0 - 10　美元兑瑞士法郎走势图

破罐子破摔的心态。

　　1995 年 1 月 27 日收盘后，我决定给自己放假，回老家过春节。心想我有移动手机在身，遇到紧急情况，可以打电话到盘房。坐在长途汽车上，我在想如果行情继续下跌，我的交易命运就结束了，听天由命吧！

　　正月初一早上拜年回来后，想知道周一收盘的价格。拿出手机，准备拨电话号码时，发现没有信号，我急忙爬到房顶，手机仍然无法使用。原来农村没有移动信号，手机成了一块废铁。1995 年 2 月 4 日，正月初五，在周一开盘前我急忙返回了北京。

　　1995 年 2 月 7 日，美国开盘后，价格继续上升，并到达了我的盈亏平衡点。正在此时，快餐店老板来到交易室看望我，由于忙着接待客户，我错过了平仓的机会。价格到达盈亏平衡点后，就像过山车一样快速滑了下来。

　　1995年2月10日，周五收盘时，价格已经收市于前一日最低点之下，我不想再被市场折磨，决定止损离场，好好过个周末，享受一下春节的气氛（我们农村人的意识里，正月十五之前都是春节）。

　　回头来看，如果当时不及时止损，我的交易账户爆仓是必然结果。如果真的发生了这一幕，或许我的交易生涯也就此结束了。

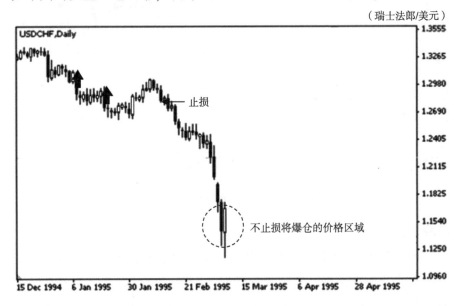

图 0-11　美元兑瑞士法郎走势图

　　经过这次失败的交易，我明白了底背离和顶背离的概念。顶背离告诉我们行情目前正处于上升趋势中；而底背离告诉我们目前的行情正处于下降趋势中。静态分析的顶背离或底背离，最后的行情确实都发生了反转，但是什么时间开始反转，我们并不能提前确认。如果在顶背离时执行卖出计划，或在底背离时执行买入计划，都是逆势交易。我在技术指标 RSI 接近 20 区域执行的买入计划，是在主观寻找市场的底部。殊不知，底部只有一个，可是市场在不断为我提供买入信号，让我不断地亏损，即便是我找到了市场底部，也早已被市场打得遍体鳞伤，没有了还手之力，甚至精神上都出了问题，还怎么可能实现交易的盈利！在以后的交易过程中，我废弃了技术指标，不再将它作为入市的主要依据。

交易指标的路堵死了，我开始另辟蹊径。公司内几乎所有的人都在赔钱，当时想，我为什么不尝试与大家反向操作呢？我开始有意培养逆向思维的习惯。当时我的交易室就在公司盘房边上，因此公司内所有人下单时，我都能听到。每当大多数人都选择买入时，我就集中注意力寻找卖出的机会；而每当大多数人都选择卖出时，我就集中注意力寻找买入的机会。这让我很快尝到了甜头，盈利的次数明显提升，交易绩效明显改善。

1995 年 3 月的最后一周，公司几乎所有交易员都在不停地买入美元兑日元和美元兑瑞士法郎。市场上几乎所有的分析也都是预计美元兑日元将在 87.95 见底，建议抓紧时间买进美元兑日元，即便是当时新加坡某银行的资深交易员，也被市场分析人士忽悠而过量买进美元兑日元，从而造成巨大亏损（此银行已破产）。

我首先对当年的经济基本面进行了详尽的分析，断定美元兑日元还将继续下跌。原因是，美国总统克林顿在年前的一次演讲中提到"美日的汽车贸易谈判总会有个结果，巨大的贸易逆差只能通过美元贬值来解决"，这是美元贬值的信号。在基本面分析的基础之上，再加上一周以来公司内大多数交易员选择了买入美元兑日元，我制订了卖出美元兑日元的交易计划。

美元兑日元在 1995 年 3 月 31 日突破平台最低点 87.90。我果断地按照计划在 87.50 卖出了美元兑日元合约，止损放在了当日最高点之上（88.04）。

周五收盘时，价格几乎收市在当日的最低点，当天的盈利相当可观。由于周线图收出阴线，我选择了持仓过周末。

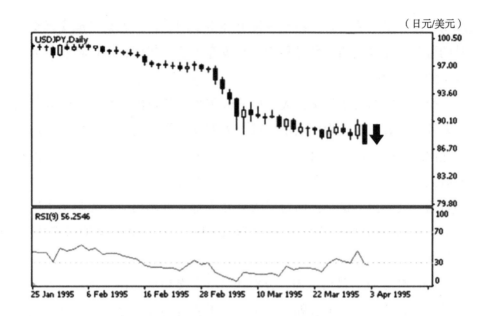

图 0 - 12　美元兑日元走势图

　　周五收盘后，从香港赶来的公司负责人邀请盘房工作人员吃夜宵，顺便把我也带到了美术馆后街。这里是当时北京夜总会的人下班后的聚集地，很多人下班后会来到这里，简单地吃点东西再回家休息，我也是几乎每天收盘后来到这里吃点东西。在地摊大排档，我要了一碗炒饭，吃起来感觉特别得香，因为盈利的单子一直在脑中萦绕。

　　在当时，我已经摸索出一周走势的规律性：周一、周二是盘整，周三行情或盘整，周四、周五把钱赚。周一的盯盘可以较为轻松，因为我心里有数，行情即便是不下跌，横盘整理也是大概率事件，我不需要担心我持有的空单。周一开盘，价格进行了向上短暂的调整后，就展开了快速下跌，收盘后，我将止损调整到当天的最高点的上方，美元兑日元一路下跌至80.10日元，其间始终没有触碰到我设定的止损。

　　如果当时不废除技术指标，这次卖出的交易计划是难以实施的，因为出现了底背离，按照技术指标应该执行买入计划，而不是我当时的卖出计划。或许我会被场内的交易员的分析思维所左右，很快就会加入到买入美元兑日元的大部队中。

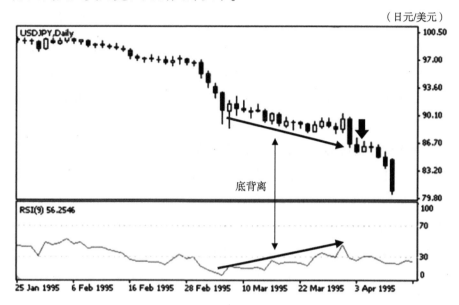

图 0-13　美元兑日元走势图

1995 年 4 月 10 日，在日本银行干预时，我及时在 80.50 平掉了所有头寸。通过这次交易，我帮助快餐店老板打回了全部亏损，并略有盈利，总算是打了一次漂亮的翻身仗，我首次体会到了账户处于盈利后的喜悦心情。

通过这次成功的交易，我认识到了独立思考的重要性。没有对之前交易失败的系统总结、没有及时抛弃技术指标，这次交易的盈利也许难以实现，我可能还会跟随市场的分析师参与交易，从而被市场蹂躏。

账户有了盈利之后，我的交易开始变得缩手缩脚，入市后头寸一旦有了盈利，就控制不住平仓的冲动；一旦出现一点亏损，就匆匆止损退出市场。我知道是我的心态出了问题，我想保住盈利的果实，不想让账户出现亏损。

经过一年多的交易，从亏损到最后的盈利，我觉得付出和回报不成正比，交易之路要比走学术之路困难100倍。经过认真思考，我决定放弃交易，回到学校专心工作。为此，我电话通知快餐店老板将所有的资金取走。在京广中心（当时北京最高的公寓写字楼），快餐店老板与我谈了2个多小时，最终也没能改变我的主意。我害怕再次出现亏损，到时无法面对客户，想见好就收。

我收拾好自己的所有物品，准备回学校。在电梯向下运行时，想到将要离开这个行业，我还真有点舍不得，心里开始有点难受。虽然经历了交易的艰辛，但是通过交易，我成了北京较早的打车族，较早拥有BP机和手机的人，我通过交易在经济上有了很大的改观，如果一直待在学校，这样的生活我连想也不敢想。

电梯到了一楼，正好碰到公司王经理，说有个事正要找我商量。他说，公司的一个客户快爆仓了，要公司赔偿，公司不想有麻烦，他问我能不能接手这个账户，帮他交易，打回亏损。我跟随王经理走进郑总的办公室，看到客户后，我不自觉地向后退了一步，心想：妈呀，长得太高大了，我要是给他做亏了，他会不会揍我一顿？正在我迟疑时，他说："你帮我做吧，亏了不赖你。"我当时想：反正客户已经是亏损，操作时压力应该会小，正好可以再次验证我的交易技能。我说："好吧，但是我不一定能成功。"

我用了不到一个月的时间，很快帮这位闹事的客户打回了全部的亏损。当公司通知他可以办理取款手续时，他决定让我继续帮他交易，并提出再追加一些投资（他开的一家餐馆被拆迁，得到了一笔相当可观的占地补偿款）。

在交易过程中，我发现了自己交易随意性的缺点。我经常发生说了不做和做了不说的交易，明明说好了要执行买入或卖出计划，可等价格到达自己设定的目标位置时，就会犹豫不决，错过交易的机会。

为了改变这一现状，我决定把我的任何想法都记录在日记上，统计自己究竟能够有多少交易是按照自己的想法实现的。做日记，制定交易计划，成了我每日必须完成的工作。

经过一段时间的统计，我发现日记中没有执行的交易计划的准确率达到80%以上，我认识到了执行在交易中的重要性。对于当时的我来说，没有人监督的交易计划就是一个摆设，我的交易大多都是"拍屁股"做决定，"拍脑袋"做止损。

如何才能确保交易计划的实施呢？我意识到，靠我个人的自律是很难做到的，为此，我从学校招聘了两位学生，专门负责监督我的交易计划的实施，收到了非常好的效果。因为，在自己的学生面前，我必须说到做到，保持自己的尊严。

我每天收盘后，会通过昨天的收盘，及时制定出第二天的交易计划，交到学生手中，才会去抓紧时间休息。如果我不在场内，价格达到执行价位，学生不需要通知我，直接下单，执行交易计划；如果我在场内，交易计划将由我来执行，学生作为监督。说实话，即便学生监督，我还是会有10%左右的交易计划没有执行。当学生无奈地问我为什么不执行交易计划时，我会用一大堆理由说服学生，在他们眼里，毕竟我是交易的专家。但是，最后的结果表明不执行交易计划通常是错误的。看到墙上两位学生每天为我绘制的盈利累计上升曲线，心中的喜悦难以言表，交易的自信心开始逐渐增强。

学生盯盘时，注意力放在了计划的执行和何时获利了结上，止损都是由我来决定。我记得有一天下午我正在学校上课，突然我的BP机震动起来，我急忙打开一看，上边显示1.1250，我知道我1.1300的多单有可能被学生止损了。

晚上返回公司，一进门，看到价格已经升到1.1300之上，止损几乎是止在了当日的最低点，我的脸色立刻就变了，学生知道我要发火了，就赶紧说出去打热水。"为什么把我的多单止损掉?"我很不讲理地问。"你说的破了 1.1250 就止损掉。"其中一个学生小声地回答。"止损后，看到 1.1250 是假突破，为什么不立刻再买入?"我的声音越来越大。"交易计划上没有写，老师。"学生很委屈地回答。"我不是电话里给你们说了吗?""说了吗?"学生很惊讶地自问。说实话，电话中说的都是一些模棱两可的话，学生不管怎么做，只要是出现亏损，肯定都是错误的。

我开始体悟到了止损的重要性。在以后的交易中，必须严格设定止损的具体位置，并详细制定出止损后的操作策略，明确写在交易计划中。我知道，不这样做，我会不讲理地把亏损的责任推到两位学生身上。

我将这次亏损做成图表，贴在办公室的墙上，时刻提醒自己止损的重要性。并告诫自己，找不到止损的位置，就不入市交易。首先通过技术分析，确定出止损的位置。有了止损位置，再决定入场的位置。最后，根据可能到达的位置，计算盈亏比大概能达到多少。如果盈亏比率大于2:1，就执行交易计划，否则，就等待下次机会的出现。

此时，我在公司已经小有名气，公司内很多亏损的客户陆续找到我，主动将账户转到了我的名下。我每天的交易量开始逐渐增大，交易的胆量越来越大，自信心也就越来越强，我当时真的是把自己当成了一名成功的交易员。现在想来，时势是造就成功交易员的先决条件，没有当时的市场环境，可能没有我现在的成功。

转到我名下的客户中，有一个客户之前合计亏损 1 000 多万美元，接手时账面的净值只有 6.7 万美元（有 50 套美元兑马克的锁仓单），如果不能打回亏损，他很难有再生活下去的勇气。为了挽救他，我付出了百倍的努力，把全部身心都投入到了这个客户身上，只有周六和周日才回家，目的只有一个：尽快帮他打回全部亏损。

有了之前因"锁仓单"遭受重大损失和挫折的前车之鉴，我接手这位客户后所做的第一件事，就是在 1.3853 买进 50 手美元兑马克，同时在 1.3843 卖出 50 手美元兑马克合约，将账户中所有的浮动亏损变为实际亏损，清除所有未平仓合约，这时账面只剩下了 6 万多美元。

晚上美国市场开盘前，客户来到办公室，知道结果后大发雷霆，然后就晕倒在沙发上。因为之前他的经纪人一直给他灌输"浮动亏损不是亏损"的观念，他认为 1 000 万美元的资金，只要不平仓，钱就还在账户里。我能够体谅到他当时的心情，所以，第二天我及时承认"错误"，并详细讲解我这样处理单子的原因，以及我的交易习惯。

交易账户的资金很快到达了 54 万美元，我之前帮他砍仓的行为得到了这位客户的谅解。客户承诺送我一辆夏利轿车，我听后欣喜若狂，那时候一辆夏利轿车要卖到 10 万元以上。拥有一辆夏利，基本上就是有钱人的象征了。

上午亚洲盘是我睡觉休息的时间段，我从来不交易。为了拥有自己梦想的私人轿车，不管昨天的交易几点结束，我都会准时在早上8:00点起床，看是否有交易的机会，我的交易时间几乎变成了 24 小时。

1995 年 5 月 10 日，美元兑瑞士法郎最终升破三角形，按照顺势操作的原理及模型，我在 5 月 11 日开盘时，及时买进美元兑瑞士法郎，止损放在前一天最低价位的下边 1.1419。入市之后，我将盯盘的工作交给了两位学生，美国开盘时我没有回到公司（被朋友带去新街口 JJ 迪厅），等到晚上 24 时回到公司，美元兑瑞士法郎已上冲到 1.1998，当晚获利 76 万美元。

一周的交易计划，没有想到一天走完了。回想当时如果不是朋友带我去迪厅，我可能会中途平仓获利了结，也许这是冥冥之中的安排。

1995 年 10 月 12 日，账户净值已经达到了 147 万美元，半年不到

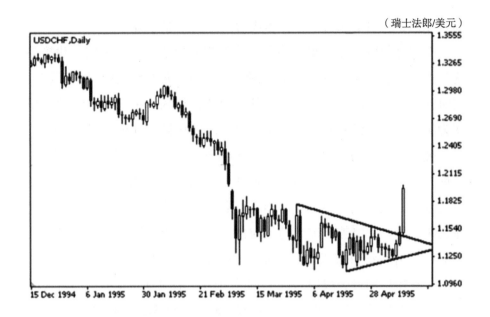

图 0 - 14　美元兑瑞士法郎走势图

的时间，从 6.7 万美元到 147 万美元，我至今仍然为当时的交易经历
感到自豪。那段时间我付出了很多很多，承受了常人难以想象的压力，
我的高血压病从那时开始伴随着我到今天。

　　我已经开始意识到这个行业的残酷性，同时还可能有生命危险。
为此，我通知所有客户将资金取走，决定休息一段时间。

　　休息了两个多月，1996 年元旦过后，我接到李总打来的电话。他为我
准备了一个独立的套间，里边为休息室，外边为工作室，为我单独配备一
套路透图表机，希望我能回到公司继续工作，并将我的交易方法和技巧介
绍给大家。李总说的这些条件，我最看重的是路透社的图表机，当时要租
用一台图表机，月租据说要 4 000 多元人民币。有了图表机，我就可以直
接在电脑屏上画线，做技术分析，交易起来将更加直观和方便。

　　我到公司参观了为我准备的办公室，决定第二天回到公司上班。
公司为我安排了一个开保龄球馆的李总，先投资 20 万美元，客户承担

50%风险，利润分成3:7。

面对20万美元的交易账户，我迟迟不敢下手，每天做的计划都很准确，但是每次价格到达入市价位时，总要等一等，希望得到更好一点的位置。实际上，这是我心理出了问题，害怕出现亏损。3月29日，当美元兑瑞士法郎跌破三角形时，我终于下定决心，在1.1875卖出美元兑瑞士法郎，止损在1.2028。

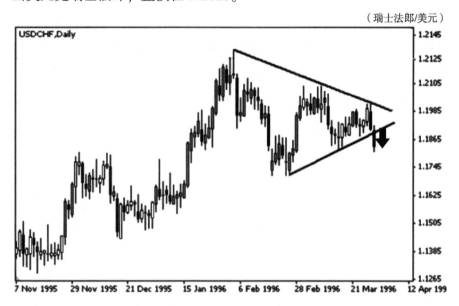

图0-15　美元兑瑞士法郎走势图

价格如期下跌，当天已经有了2 500美元的盈利。此时贪婪的我猜想：如果价位到达三角形的低点，盈利可以达到7 800美元。我盯着盘面，一直到周五收盘，没有平仓。

1996年4月1日（星期一），美元兑瑞士法郎跳空高开，升至1.1930时，我不但没有处理已有的头寸，反而再次加死码卖出。那时处于失控状态的我，根本无法静下心去认真分析市场走势，总希望价格能够快速下跌而实现盈利。

价格一直在 1.1950～1.1970 区域盘整了四天，我的心情也随着价位的波动而波动，心理压力达到了极限。回过头看，实际上 1.1825 是非常重要的位置，应当及时获利了结，而当时的我却被贪婪的心态所左右，错过了平仓时机，最终酿成大错。

用目前趋势交易法技术分析，我们不会在调整浪 e 执行卖出的交易计划，而是要寻找低点，执行买入计划。现在看来，如此简单的行情走势，在当时的技术水平下，却不知道该如何操作。所以告诫大家，交易水平的提高是一个循序渐进的过程，在交易初期，你需要的是经历，而不只是盈利，交易的经历是你交易水平提高的重要财富。

1996 年 4 月 5 日，我突然感觉心脏不适，被送进中医医院。逆势持仓、巨大的浮动亏损和长时间的心理压力，让自己的血压不断升高，最终心脏超出身体的承受极限。

周一带病回到了公司，美元兑瑞士法郎快速升破 1.2028，我打电话到盘房后，香港电话迟迟接不通（实际上是香港公司故意不接电话），我急忙从二楼跑到一楼盘房，与盘房工作人员发生了争吵。30 分钟后，电话接通，幸运的是价格冲高至 1.2064 又快速回落至 1.2028，我立刻止损并反向买入美元兑瑞士法郎，之后价格快速上升并收市于 1.2123，几乎是当日最高点。此时我在不停地计算盈利和亏损，收市后几乎盈亏平衡，心情稍微轻松了一点。

看到价格一路飙升，心脏也舒服了很多。一天中午，客户电话说下午到公司来看我。放下电话后，我就急忙去盘房打印图表，做技术分析，构思如何给客户讲解行情。我根据自己当时的技术分析方法，非常肯定地预测价格将到达 1.3425 价位，扣除之前的亏损，最后应该有 10 万美元的盈利。

客户听完我的分析之后说："那就等着吧，到 1.3425 再平仓。"我有点后悔，不该把我的想法说出来，这预示着我不能轻易将头寸平

（瑞士法郎/美元）

图 0 – 16　美元兑瑞士法郎走势图

掉，心情开始复杂起来。天气越来越热，价位却进入了三角形整理，一直没有突破 1.2765 最高点。

（瑞士法郎/美元）

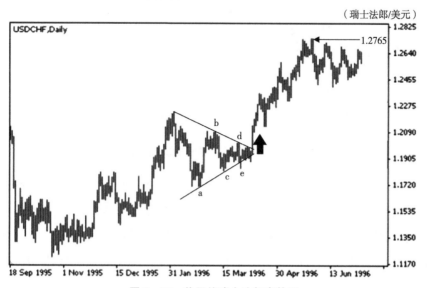

图 0 – 17　美元兑瑞士法郎走势图

期间多次想平掉头寸，但是总怕平掉后，价格如果真的升到 1.3425，不好与客户解释。当时的我其实已经不是"我"了。因为我只能按照我对客户的承诺（1.3425）进行交易，技术分析的结果已经不能左右我的交易行为了。

1996 年 7 月 16 日，美元兑瑞士法郎在瑞士强劲数据影响下，快速下跌，并跌破了上升趋势线，之前的 6 万美元浮动盈利瞬间化为乌有，我被迫在 1.2035 这个几乎是当日的最低点退出美元兑瑞士法郎多头头寸。

（瑞士法郎/美元）

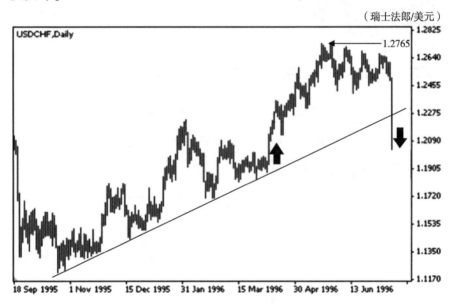

图 0－18　美元兑瑞士法郎走势图

退出美元兑瑞士法郎多头头寸之后，价格又回升至 1.2225，我开始后悔当时不该平掉头寸。之后价位又开始继续下挫，心里又不自觉暗喜，庆幸退出多头后没有继续买入；价位见低点后又回升，又开始后悔当时为什么不及时买进。如此反复，我一直在后悔和庆幸中度日如年。

1996 年 8 月 23 日，美元兑瑞士法郎再次跌破三角形，我再次通知盘房，执行卖出的交易计划。周五收盘几乎收在最低点，心情很不错，感觉下周有钱赚了。

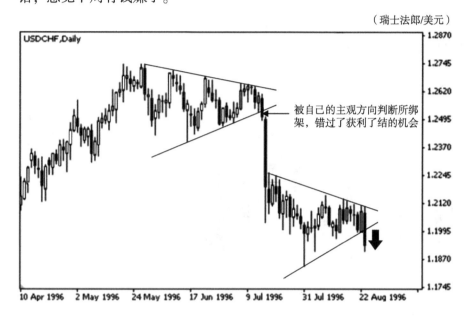

（瑞士法郎/美元）

被自己的主观方向判断所绑架，错过了获利了结的机会

图 0－19　美元兑瑞士法郎走势图

周一，美元兑瑞士法郎跳低开盘，但收市却收在了几乎当日的最高点。之后价格又停住了，一直在低位盘整，我急切地盼望着价格能够快速跌破 1.1850 关键位置。下午，李总打电话说送我一本书，说是朋友从香港带来的。到了办公室一看，内容是有关 K 线理论的，说实话，之前我很少关心每一根 K 线的走势。

把书拿回我的工作室，一口气看完后，对照之前的 K 线走势发现在每个关键的反转点，都会出现书中讲述的几种 K 线反转形态，我开始慢慢不自觉地关注在关键位置每一根 K 线的走势，这使我受益匪浅。

周二收市后，形成一根锤子线，属反转 K 线。周三开盘后及时做

了止损，之后在半信半疑中观察 K 线的有效性，果然价格快速上升，
验证了之前锤子线的有效性。

　　经过千百次的磨炼，这样的锤子线在我心中是非常重要的 K 线组
合，我在书中定义它为海底捞月锤子线。我感叹时间不能倒流，如果
把我现在的技术穿越回 1996 年，或许会创造一个不一样的我！

（瑞士法郎/美元）

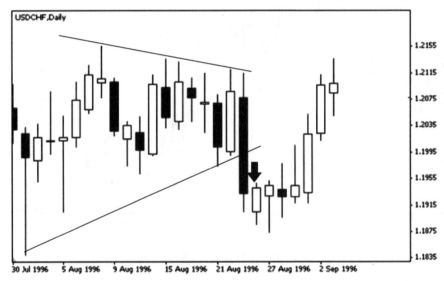

图 0 - 20　美元兑瑞士法郎走势图

　　1996 年 9 月 9 日，美元兑瑞士法郎向上突破三角形，我立刻在
1. 2144 买入美元兑瑞士法郎。有了之前的巨大利润没有保住的教训，
在价位到达 1.2557 后，我毫不犹豫地退出了所有的多头头寸。

　　平仓后，1996 年 9 月 27 日，我再次制订了下一步的交易计划。

　　1996 年 10 月 15 日，美元兑瑞士法郎终于突破周线大的三角形，
我立即执行 9 月 27 日制订的交易计划，在 1.2640 买进美元兑瑞士法
郎，止损价位放在 10 月 8 日最低点之下：1.2444，目标：1.3400。

　　之后的行情走势，果然与我 9 月 27 日做的交易计划一致，我再次

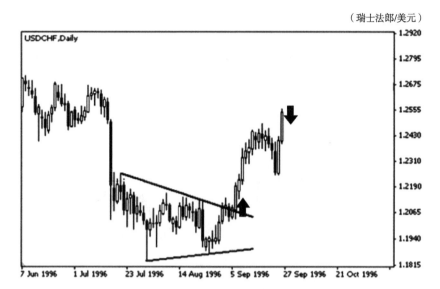

（瑞士法郎/美元）

图0-21 美元兑瑞士法郎走势图

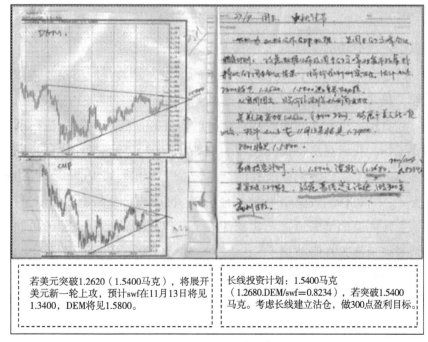

若美元突破1.2620（1.5400马克），将展开美元新一轮上攻，预计swf在11月13日将见1.3400，DEM将见1.5800。

长线投资计划：1.5400马克（1.2680.DEM/swf=0.8234），若突破1.5400马克。考虑长线建立沽仓，做300点盈利目标。

图0-22 交易计划书

（瑞士法郎/美元）

图 0 - 23　美元兑瑞士法郎走势图

完成了一次成功的交易。

　　1997 年 8 月 8 日，漂亮的女儿来到了世上，为我们增添了无限的乐趣，我几乎整天守护在女儿的摇篮旁，不舍得离开家门。

　　在看护宝贝女儿的同时，对交易的统计和研究成为我那段时间的主要工作。我请盘房将美元兑瑞士法郎所有的走势图打印出来，贴在了卧室的墙上，将笔记中所有的交易记录标注在图表上，每天一边抱着女儿，一边仔细观察整个图表的走势，回顾思考每一笔的交易过程。交易失败的原因清晰地显示在了图表上，以后应该如何交易的思路也非常清晰地展现在眼前。

　　中国股市经过 1997 年上半年的强势上涨后，赚钱效应有所放大，很多投资者开始将期货资金转移到股市，期间有关技术分析的书籍也越来越多。有一天，路过东四十条的华夏证券时，看到他们正在一楼出售他们的内部参考资料（复印手抄本），我挤上去买了一本，书名是《波浪理论》。从此，我开始对波浪理论进行了系统地学习和研究。

对波浪理论的了解，让我整个交易水平提高最快。它让我首次将图表中的走势分成主浪和调整浪两个部分。以前看图是云迷雾锁，现在看图是泾渭分明。

我把图中的主浪和调整浪进行归类、分析和总结，找出其中的规律性，以此指导我的实战交易，从此，对盈利空间的把握真正做到了游刃有余。这时的交易心态也发生了根本性的转变，我不再惧怕任何交易，此时的我，真真切切地享受到交易带来的乐趣。

由于白天外汇行情波动不大，我开始利用白天的时间研究中国股票走势。通过观察分析，我看到股票价格的走势图相对外汇来说，结构要简单得多，趋势更为明显。为此，我找到证券公司，开通了我的个人股票账户。

开始交易时，面对700多只股票，急得我张开口却不知先咬哪一只。最后，在朋友的建议下，满仓买进了格力电器（000651），我记得买入的平均价格在33元左右。敢于在33元全仓买入格力电器，就是因为听了朋友的所谓内部消息，说有人坐庄，格力电器将上涨到80元。格力电器涨到48元时，仍然相信朋友的话，坚持不出，一定要看到80元。我的个娘！格力电器一路下跌，让我最后赔得找不着了北，第一次投资股票以失败告终。

此时，我才意识到操作中国股票不是我想象的那么简单。我需要静下心来，认真研究中国股市运行的特点，制定科学的操作股票交易模式。中国股市，牛少熊多，我必须找到牛市和熊市都可以赚钱的方法。为此，我固定每年的1月建仓，4月清仓，股票选择各个行业的龙头股。这样的操作模式，让我在股市里每年可以赚到固定的收益。

1999年，由于国内政策原因，交易被迫停止。那个时候找不到任何一家公司提供外汇交易，只有到中国银行参与实盘外汇交易。由于实盘交易没有杠杆，需要投入的资金较大，经过一个月的尝试，我还是放弃了实盘外汇交易。

很多同事转入到了股票交易市场，在客户的引介下，我来到了一家证券公司，开始将全部身心投入到股票交易中。由于中国股票的买卖是单向操作，交易起来不是很习惯，交易的节奏我难以适应，我再次放弃了中国的股票交易。

恰巧，移民加拿大的同事回中国探亲，我有机会了解了北美的一些情况，决定奔赴北美寻找新的交易机会。来到北美，我发现不像开始想象的那么容易，任何工作都要具有牌照。我需要在短时间通过各种考试，获得经纪牌照。经过半年的准备，我通过了所有的考试，获得了经纪牌照，终于可以正式开始交易了。

通过与专业交易员面对面的交流和学习，自己开阔了视野，对自己的交易系统有了更系统和全面的认识，找到了出现频率较高的亏损交易的真正原因，首次敢于否定传统的交易理论，鹿希武趋势交易法（以下简称趋势交易法）的交易模型日益成熟。

2004 年 5 月 19 日，父亲突然驾鹤西归，我的人生遭受了一次前所未有的打击。树欲静而风不止，子欲养而亲不待！父亲的突然离去，让我感觉整个世界突然变暗，大脑一片迷蒙。顿时感觉到，我用我的身体和时间换来的财富，对我来讲，已经没有了意义，我突然失去了生活的目标，得了抑郁症。

经过一段时间的静心修养，我感悟到：每个人都是空空而来，空空而去，人生真正的幸福，不是你自己拥有多少财富，而是能够帮助别人，让别人幸福、快乐！

2008 年 6 月 1 日，我首次愿意公开在电视上露面，参加了中央电视台首届外汇专家讲坛，并首次将我 14 年来的交易经验公开讲授给大家。公开露面后，很多投资者找上门来，希望我能帮他们交易。本来我早已不再帮人理财，客户多次登门拜访，再三劝说，让我没了拒绝的理由。

公开露面后，我变得飘飘然，这为交易失败埋下了伏笔。接受为对方理财后，我想要做一件惊天动地的大事情，想在一年时间赚上几个亿。浮躁的我没能把住贪婪的心。通过技术分析，确认纳斯达克指数应该是未来上升趋势的底部，我在 2008 年 12 月建立了 995 手看涨期权，之后又追加了 300 手看涨期权，成交价在 1 200.00。我认为纳斯达克指数回到 2 400.00 是一个平价值，到时我的盈利就可以达到 3 000 万美元。

图 0-24　纳斯达克指数走势图

让我没想到的是，入市后纳斯达克指数一直在低位盘整了 3 个月，几乎耗尽了我的期权价值，在 2009 年 3 月底需要更换 6 月合约时，账户的累计亏损已经超过了 30%，我立即通知客户账户亏损实际情况，并征求客户下一步计划。

如果客户同意继续交易，我提出未来的交易计划：由于纳斯达克指数上升趋势并没有确立，而上证指数已经确立了上升趋势，我们可以将资金转移到股市中，因为股市的盈利是有把握的，待上升趋势收缩7浪结构完成后，再将资金转回期货。

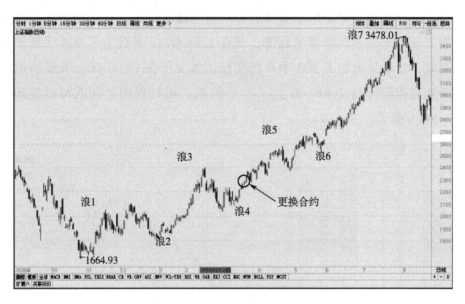

图 0 - 25　上证指数走势图

2009年7月，上证指数完成收缩7浪结构后，客户没有将资金转回期货账户，纳斯达克看涨期权交易计划未能再实施，此次交易宣告失败。这次交易失败的原因，不是技术上的问题。造成亏损的主要原因是贪婪、傲慢和空想，由于下单手数过重，价格轻微波动后，账户亏损就超过总资金的30%，造成后序的合约更换无法实施。

2010年开始，我停止一切理财和经纪业务，将工作的重心转移到交易和趋势交易法系统的完善上。在交易过程中，由于身体原因，我深感疲惫和力不从心，开始意识到必须尽快将趋势交易法理论传授给有需要的投资者。

在传授"趋势交易法"的初期，我将一个完全真实的我展示给学生，希望通过我的讲述，引领他们步入正确的交易之道。我的想法过于天真，在一次为期5天的培训课程进行到第二天时，我将真实的交易展示给学生，由于方向判断错误，造成连续亏损的情况发生。本来这是再正常不过的常规交易，但是，学生把我亏损的交易放大100倍，甚至1 000倍，造成学生的意识一直停留在几次亏损的交易上，后边的课程无法正常进行，因为上课时学生无法集中注意力了。

我开始意识到：将我的交易方法转移到投资者意识中，不是那么简单的事情。为此，我专门拜访了交易员培训大师约翰·卡特（John Carter）。他的教学方法以及培训理念，让我恍然大悟：交易员培训与大学上课是两种完全不同的教学模式，我用学校上课的方式教授交易员是很难成功的。在大学上课时，学生几乎不存在信仰问题，老师说的都是标准答案，学生潜意识愿意接受老师说的任何信息。而在培训交易员的过程中，老师所面对的是一个个"检察官"，他们已经有自己的交易理念，在授课过程中，投资者是在不断地尝试接受老师的理念，他们的潜意识不容许你有任何瑕疵。

我亲自拜访了德州大学的交易员培训中心，结合CME交易员培训的经验，设计了趋势交易法的培训教学大纲。

在授课过程中，我毫无保留地将趋势交易法的理论展示给投资者，课后学员的反应也很强烈，他们也认识到已经找到了成功的交易之路。但是，大多数学员回到家中后，很快就会回到他们交易的原始点，在他们的交易中，几乎看不到我上课时趋势交易法的影子，这让我非常困惑。

如何才能破解这个难题呢？在拉斯维加斯参加完某次交易员技术交流会后，我在酒店散步时，想到一个有关心理学方面的学术讲座，我便申请进入会议室，首次了解到有关潜意识的概念。回到家后，我迫不及待地走进图书室，翻阅所有有关心理学方面的著作，通过对意识和潜意识概念的深入了解，我逐渐认识到意识和潜意识在交易中的重要性。在以后的教学中，我将意识和潜意识贯穿到趋势交易法的教学中，收到非常好的效果。

在教学中，首先要建立的是学生对老师的信赖，也就是要让学生的潜意识100%地接受我，我的交易思想才能源源不断地输入到学生的大脑中。其次，在课程的设计上，也要根据学员的交易水平有针对性地设计，正常亏损交易展示的比率需要由小到大，根据学员交易水平的不断提高逐渐增加。

2014年，我参加了大学的心理学课程学习，对意识和潜意识有了新的认识，我开始专注研究交易员的心理行为。我通过实验，进一步验证了我的想法：交易员的买卖行为发自他们的潜意识。我首先通过特殊方式，将未来上升趋势的信息（实际下降趋势的概率为80%）输入到22名交易员的潜意识中，此时他们的意识并不知道未来的方向是上升趋势的暗示。通过制订交易计划，并执行他们的交易计划，最后的结果是，19名交易员执行了上升趋势的交易计划，86%的比率可以验证我当时想要的结果。如果想要趋势交易法理论完整地复制到投资者大脑中，并成为他们自然的交易行为，就必须将我从潜意识中发出的分析市场的习惯行为，完完整整地复制到投资者的潜意识中，并通过至少21天的强化性训练，让这些分析市场的行为成为投资者的习惯行为。

2016年，我认识到学员回到家中后所学交易系统很快变形的主要原因，开始全面调整我的教学方案。以潜意识教学为基础，以交易心理为线索，由浅到深，以点带面，逐渐将趋势交易法的整个架构展示给投资者。通过实践，我认为收到了我想要的授课效果。

在此，我要非常感谢趋势交易法技术研发团队多年来的辛勤付出，他们多年来一直追踪我的实盘交易，从实盘交易的大量数据中，统计出很多有用的交易信息，为趋势交易法交易系统的完善提供了重要的理论基础。

通过我的记忆，只能简单地回忆我这 20 多年的一部分交易经历，我是想通过我的回忆，告诉投资者：

1. 没有人天生就是交易的成功者；

2. 我也是先从投资失败开始，慢慢一步一步地走向交易的成功；

3. 交易的成功，必须通过自身的努力才能实现；

4. 时势造英雄；

5. 潜意识能否接受正确的心理暗示，是你能否成功复制趋势交易法的关键。

鹿希武

2017 年 3 月 28 日

目　录

第一章
潜　意　识

你是否有过这样的经历：

● 本来你已经做好了交易计划，可是一到实盘交易中，你就改变了自己的交易计划，最后证明你之前的交易计划是正确的；

● 本来你已经做好了止损的决定，可是一到价格要触发止损时，你就想撤掉已经设好的止损；

● 本来你是想做多，可是跟他人交流之后，却做了空，最后却证明你自己的想法是正确的；

● 本来你已经决定出现买卖信号才入市买卖，可是一看到行情你就控制不住自己，匆忙入市，到后来真正出现买卖信号时，却不知所措。

是什么力量造成以上情况的发生呢？

你可能听说过，却从未对它进行过深入地思考和研究，更没有考虑如何让它为我所用。它就是潜意识。潜意识的力量是巨大的，人们行为的95%都是潜意识控制的，了解、学习和应用潜意识将对投资者的交易产生积极的作用，潜意识是人们交易中不可忽略的一个重要内容，通过对潜意识的了解，投资者可以在交易中有意控制自己的交易行为；利用潜意识，帮助投资者走上交易的成功之路。

第一节　意识与潜意识

一、意识

一般认为意识是人脑对外界刺激的反映，是人们对外界信息进行处理后的感觉、思维等各种心理活动的总和，是能够被我们察觉到的各种心理活动，包括逻辑、分析、计划和计算等。

意识是在觉醒状态下的觉知，它既包括对外界事物的觉知，也包括对内部状态的觉知，是人类大脑所特有的反映功能。

意识中最重要的是自我意识。自我意识就是个人对外界刺激总体性的、独特的反映。我们在阅读趋势交易法的过程中，不断地产生自我意识，通过外界的书中的各种信息，产生自我对交易的各种认识和想法。

二、潜意识

潜意识是指潜藏在一般意识下的一股神秘力量，是人们觉察不到的一种心理活动。我们身体的大部分器官的功能都是由潜意识所控制的，例如，心跳、呼吸和血压的控制，身体各个器官和系统的协调运作，生命和身体健康的维持等。

第二次世界大战时期，某国的军队做过一些不人道的人体实验。

其中一个实验是让被俘的盟军飞行员坐在椅子上，双手被绑在椅子后边，用布蒙着双眼。一个军官对他说："经过审判，决定把你处死，方式是放血。"这时，有人用冰块在飞行员双手手腕处轻拉一下，然后由预先设置好的实验装置模仿出滴水的声音，之后人员全部离开房间。数小时后再回去时，发现那个飞行员已经死去！飞行员没有真正地流血，他为什么会死亡呢？原来是因为他完全相信自己正在不断地流血，很快就会因失血过多而死亡。这个意识不断地重复，被当成身体里真实的失血状态，当潜意识接受意识的信念后，放弃维持生命的信息就会传输到身体的各个器官，这个飞行员就真的死亡了。

1. 记忆

潜意识是一个巨大的信息存储器，这里存储着无穷的智慧信息，包括我们经验的积累信息和我们有生以来所看、所听和所见的所有信息以及我们历代祖先的智慧信息等。

心理学家研究给出这样的结论：潜意识具有无限存储的记忆功能。一个正常的大脑的记忆容量有大约 6 亿本书的知识总量，如果我们发挥其一小半的潜能，就可以轻易学会 40 种语言，记忆整套百科全书，获得 12 个博士学位。

我们大脑接收和存储信息的过程，如【图 1 - 1 - 1】所示。

接收的信息首先存放在意识（缓存）中。如果我们认为这个信息是无用的信息，大脑不会对这一信息产生兴趣，信息就不会进入我们的潜意识中，它很快会被遗忘；如果我们认为这个信息非常重要，大脑就会处于兴奋状态，它就会进入到我们的潜意识中。我们的经历和遭遇，事实上都记忆在我们的潜意识中，分毫不差，它们按照时间或者是按照情绪的连锁被组织在潜意识中，在催眠状态下，这些尘封已久的记忆就会被显现出来。

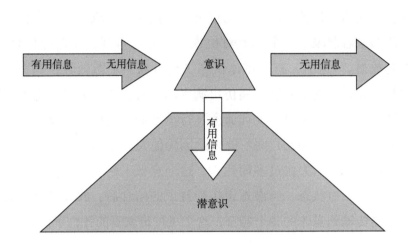

图 1 – 1 – 1　大脑接收信息过程示意图

2. 习惯

　　思维习惯和行为习惯是潜意识的外在表现。科学家们的研究证实，一个行为习惯的养成至少需要 21 次的重复。一个行为通过不断地重复，慢慢地进入到我们的潜意识中，并开始产生自动的行为反应，91 天后就可能成为我们的一个习惯。

　　例如，我们开始学习开车时，身体的各种行为是由意识控制，你的注意力集中在方向、转向灯、档位、离合器、后视镜上。刚开车上路时，你自己都会感觉到你是如此的"笨拙"，不是忘了看后视镜，就是忘了打转向灯，因为此时你的潜意识中没有熟练驾车的各种信息，很难协调好所有的驾车动作。经过一段时间的训练，一旦你熟练地掌握了各种驾驶技能，这个驾车过程大部分就开始由你的潜意识接管控制。潜意识的任务就是保证你的驾车能够顺利进行，当你遇到红灯时，就会不自觉地将右脚放到了刹车踏板上——停车；绿灯时，你又会机械地将右脚抬起转到油门踏板上——起步、加速。潜意识就是这样在意识的不知不觉中，引导你完成了各种正确的驾车动作，即便你驾车时脑中正在思考一个与开车无关的问题，此时的意识虽在你思考的问题上，但是依然能够准确无误地完成"红灯停、绿灯行"的驾车过程，事后你甚至根本无法回忆起驾车的整个过程。这个过程实际上就是由潜意识在控制，它在不知不觉中，按照之前存储在潜意识中的各种指令，按需完成必要的驾驶动作，这已经成为了你的一个习惯。

3. 情绪

情绪，是人脑对客观外界事物与主体需求之间关系的反映，是以个体需要为中介的一种心理活动。最普遍的情绪有喜、怒、哀、恐；也有细腻微妙的情绪，如嫉妒、惭愧、羞耻、自豪等。情绪提醒我们正在面临的危险，唤起并发动我们的身体，根据所获得的信息做出行动，如高兴时会手舞足蹈，愤怒时会咬牙切齿，哀伤时会茶饭不思，恐惧时会身体发抖。

4. 能量

人的身体有一种无形的能量，如气功所说的气，或称为生物能。

有个人类巨大潜能的真实例子：一位农夫在谷仓前面注视着儿子驾驶轻型卡车快速地开过他的土地。突然间，农夫看见汽车翻到了水沟里，他急忙跑到出事地点，看到沟里有水，而他的儿子被压在车子下面，躺在那里，只有头的一部分露出水面。这位农夫并不高大，他只有1.70米，体重只有70公斤。他毫不犹豫地跳进水沟，将双手伸到车下，把车子抬了起来。另一位跑来援助的工人把那失去知觉的孩子从下面拽了出来。当地的医生很快赶到，经检查，孩子只有一点皮肉伤需要治疗，其他毫无损伤。这个时候，农夫却开始觉得奇怪起来，刚才他去抬车子的时候根本没有停下来想一想自己是不是抬得动。由于好奇，他就又试了一次，结果根本就动不了那辆车子。父亲看到自己的儿子可能要淹死的时候，他的心智反应是要去救儿子，心里想的只有把压着儿子的卡车抬起来，而再也没有其他的想法，这时精神上的肾上腺就会发出潜在的力量，即潜能，这是农夫能够成功救出儿子的主要原因。人在绝境或遇险的时候，往往会发挥出不寻常的爆发力即潜能。

5. 想象力

想象力是一个改变潜意识的常用工具。因为潜意识不分真假，它会把想象的画面当成是事实，你想象的画面越形象，潜意识就越容易把想象的画面当成是真实发生的情况。

【图1－1－2】是安装在828米高的世界第一高楼"迪拜塔"上的一个专用清洗设备，伸缩臂最窄的部分有30厘米宽，也就是接近普通人身体的宽度。请问你是否敢在上面走个来回？我想除了受过专业训练的杂技演员有这个胆量，几乎没有人敢在828米高的伸缩臂上走上

图1－1－2　高楼清洗伸缩臂

1米。但是，如果把伸缩臂放到地面，每个人都可以轻而易举地从上面走过去，为什么？

这是因为人们在大脑中可以想象从828米的高处掉下去的悲惨场面，尽管是想象，但是潜意识已经体验到了掉下去的感觉，这时的想象力就会战胜人们的意志力，让人们不敢做看似很难、但放到地面又很简单的尝试。

潜意识的想象力给了我们一个极大的好处，就是我们可以通过想象，向潜意识输入我们想要的信息。只要你能够虔诚地自我暗示："我能赚钱，我一定能赚钱，我一定会很富有。"坚持一段时间，潜意识接受之后，你就一定可以成功。

有投资者说："我坚持了一个月，怎么没有效果呢？"那是因为你一边潜意识地告诉自己一定能赚钱，一边又从内心里怀疑自己的能力，这样的自我暗示就不会有效果。要想成功，一定要全身心地相信自己，一定要认为这是真实的，而且对你来说是很容易做到的，这时潜意识的力量才能发挥出来，你才可以得到你想要的结果。

交易中的恐惧是很多投资者面临的一个问题，我们可以通过逆心理训练，将亏损的交易进行正面的心理反馈，在潜意识中建立起可接受的喜悦快乐的画面，潜意识就会让你在出现亏损时表现出轻松愉快、很成功的感觉。

三、意识和潜意识的区别

1. 逻辑思维与惯性思维

意识是逻辑思维，可以进行推理和分析；潜意识是惯性思维，直来直去，不进行推理和分析。

2. 信息存储方式

意识相当于计算机的内存，存储的信息量有限，而且会遗忘；潜意识相当于计算机的硬盘，一旦存储完成，信息不会被遗忘。

3. 客观心理与主观心理

意识被称为客观心理，是通过身体的五大感官认知客观事物；潜意识被称为主观心理，它是通过直觉认识环境。

四、潜意识的特征

1. 潜意识能量无比巨大

潜意识是心理活动的主要过程，而意识仅仅是心理过程的微小部分。如果将人类的整个意识比喻成一座冰山的话，浮出水面的部分就是属于意识，只占5%。而95%隐藏在冰山底下的，都属于潜意识。潜意识是意识力量的3万倍以上。如【图1－1－3】所示。

2. 最喜欢带感情色彩的信息

在我们的潜意识中，情绪对我们的影响最深。潜意识最容易吸收带有感情色彩的信息，情绪的波动起伏越大，就越容易被接受、吸收和贮藏。可以理解为：潜意识不喜欢理性、书面、公式、专业化的表达，它比较容易相信感性，或因真实体会而得出的结论。潜意识在处

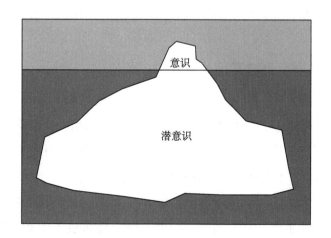

图1-1-3　意识与潜意识

理信息时会不自觉地为带感情色彩的信息"开通绿色通道"，它会优先处理这方面的信息。

3. 不识真假，直来直去

潜意识不具备"好与坏、对与错"的识别能力。它思维简单，就像一个机器人，你给它什么指令，它就按照什么指令行事，它会根据你的想法或自我暗示的信息，一律遵照执行。

4. 比较容易接受图像方面的刺激

潜意识分不清是亲自经历的景象，还是自我想象产生的图像，反复地输入想象产生的积极景象，潜意识就会自动引导你走向目标。

5. 记忆差，需要强烈刺激或重复刺激

潜意识不能一次就记住你给出的信息，只有反复刺激，才能真正储存进潜意识中。因此对于好的信息、积极的信息、有利于建立自信

心的信息，要重复回忆至少7~21次，才能进入我们的潜意识中。

6. 放松时，最容易进入潜意识

当你心理紧张，有束缚感、抗拒心时，与潜意识沟通、对话就比较困难，效果就差，甚至不起作用。因此学习完趋势交易法理论之后，不建议大家立即进入实盘交易，最好先在思想放松、身心松弛状态下，通过复盘练习，体悟和掌握趋势交易法理论体系。

我建议大家学习和练习静坐。每天抽出30分钟时间，找一个安静的环境，关掉手机，静静地坐一会儿，脑中什么也不要想，放松自己的身体，一段时间之后，你会对交易有不一样的感受。

第二节　如何利用潜意识

研究表明，人类大脑的潜能只开发了1%，潜意识的能量无比巨大，我们只要充分利用潜意识，激发出自己的潜能，就没有什么克服不了的困难，没有什么可以阻挡我们成功。

我们都有这样的经历，在学习过程中遇到了一个非常难的数学题或物理题时，我们想尽所有办法，都不能找到正确的答案。此时，我们把这个难题先放在一边，休息一下或转移注意力做下一个练习。突然，刚才那个让我们绞尽脑汁的难题马上有了正确答案。这是由于我们在学习过程中，输入到潜意识中的信息可能出现了紊乱，需要时无法及时从潜意识信息库中调出，遇到了难题就像是电脑处于死机状态。转移注意力就像是重新启动了计算机，潜意识重新工作，正确的答案很快找出。

正确利用潜意识，让我们少走弯路，顺利到达成功的彼岸。下面讲述如何在交易中利用潜意识。

一、建立自信

建立强烈的自信心是激发潜能最有效的工具。世界潜能激发大师安东尼·罗宾利用潜意识成功地改变了美国网球明星阿加西的命运，就是一个很好的现实例子。

美国网球明星阿加西 1990 年在法网首次打入大满贯决赛，但却输给了考瑞尔。几个月后，在美网阿加西再次杀入决赛，又负于桑普拉斯，之后他始终难以攻克桑普拉斯这座堡垒。他开始变得非常沮丧，竞技状态逐渐下滑，世界排名一度跌至第 31 位。

1992 年，阿加西拜见了世界著名的潜能激发大师安东尼·罗宾先生，是安东尼·罗宾彻底改变了阿加西的网球生涯。1992 年，阿加西在温网夺得第一个大满贯冠军，他成为温网史上种子排名最低（第 12 号）的单打冠军。2003 年，阿加西一度登上世界第一的宝座，并在澳网拿到了他职业生涯的第八个大满贯。2006 年，阿加西宣布美网后退役。

在退役后接受采访时，阿加西首先感谢的人是安东尼·罗宾，而不是他的教练，因为没有安东尼·罗宾，就不可能有他今天这样的成就。那么，安东尼·罗宾对阿加西做了什么，能够让阿加西获得如此的成绩？安东尼·罗宾给阿加西提供的核心帮助是：展现之前阿加西成功的场景，激发他的潜能，让他每次比赛都能表现出最佳的状态，让他在潜意识里相信没有任何人能够战胜他。

中国乒乓球运动员在国际赛场上几乎是常胜将军，为什么？难道国外选手的技术水平与国内选手的技术水平相差会如此悬殊？国际乒联不断修改比赛规则，限制中国运动员技术水平的发挥，想拉近比赛双方的水平，不让中国运动员将所有的奖杯都捧走。但是结果总是事与愿违，中国运动员几乎还是继续包揽全部的世界冠军。那么，究竟原因何在？答案是：除了技术，还有中国运动员潜意识中必胜的信念。

在交易中，投资者缺乏的就是对交易成功强烈的自信心。交易中一旦遇到困难，就开始产生怀疑，首先寻找外在的原因，之后开始怀疑自己，交易的自信心随着交易的进行，一点一点地消失。投资者要想走向交易的成功，就必须在潜意识中建立起强烈的自信心，相信自己的交易一定可以成功，交易中的亏损只是成功之路上的一个个"台阶"。

二、虚拟成功景象

潜意识不分真假，它分不清是亲自经历的景象，还是自我想象产生的图像，因此当我们把成功的信息以图像化的形式在大脑中虚拟展现出来时，潜意识就会信以为真，认为这是真实经历的场景，于是就在大脑中有了成功的"经历"和"经验"，潜意识会根据你的指示，完成这样的目标。

如果你想要成为一名成功的交易员，就可以为自己勾画出一名成功交易员的景象，不断地在脑中重放这种景象，不断地对自己说："我是一名成功的交易员，我每天都可以实现盈利，我是最适合做交易的人。"

你可以暗示【图1-2-1】中成功的交易员就是你，让你的潜意识先建立起一幅成功交易员的景象，然后，潜意识就会帮助你向着这个既定的目标前进。

图1-2-1 成功交易员

在实战交易时，要不间断地自我暗示：我已经是一名成功的交易员，虽然我不能保证这次交易一定是盈利，但是我一周、一个月或一年的交易结果一定是盈利。亏损是走向成功的一把钥匙，所以我接受亏损的交易，我喜欢亏损的交易。

三、建立图表潜意识

1. 什么是图表潜意识

所谓图表潜意识，就是指我们在观察图表时，意识能够及时得到之前我们存储在潜意识中的与当前观察到的最具相似性的图表中留下的所有交易信息：当时你是如何分析的，你当时是预测上升还是下跌，你采取了买入还是卖出的交易策略，等等。之后，你的意识中就有了对现在观察的图表的感觉，你将按照你的意念中的信息，执行相应的买卖计划。

2. 图表潜意识的形成过程

我们平时分析图表时用到的方法，不断地储存到记忆中，这些信息不断汇总，逐渐地进入潜意识中，形成了各自的图表潜意识，下面我们举例说明图表潜意识。【图1－2－2】是一段欧元兑美元小时走势图。

（美元/欧元）

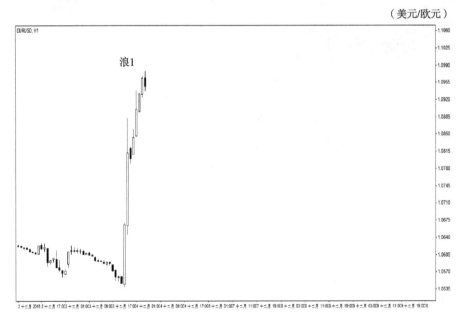

图1－2－2　欧元兑美元走势图

【图1－2－2】中出现了强势主升浪，按照趋势交易法理论，我们会按照强40买卖规则执行交易计划。

如果你从来没有听说过强40买卖规则，你就不知道该如何操作，原因是你潜意识中没有强40买卖规则的图表潜意识。这个买卖规则需要首先在你的意识中建立起来，再通过不断地重复这种类型的交易，慢慢地养成这种交易的习惯，强40买卖规则的行为信息就在潜意识中建立起来，以后再遇到类似的图表走势，你就会不自觉地采取强40买卖规则执行交易计划。

什么是强40买卖规则呢？它的意思是说，如果主浪是强势主浪，行情回撤至主浪的40%再恢复主浪是大概率事件，因此，价格一旦回到40%区域，我们就立即执行买入或卖出计划。

例如，出现【图1-2-2】中的强势主升浪，我们首先找到这一强势主升浪的40%回调位置，价格回调至40%位置时，我们就立即执行买入计划，等待下一主升浪的出现，如【图1-2-3】所示。

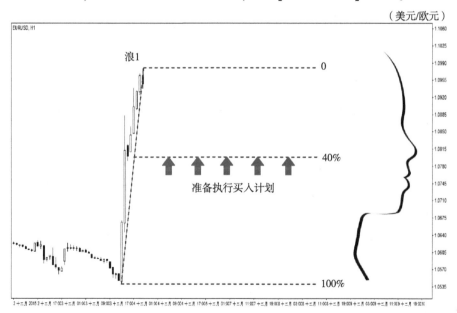

图1-2-3 欧元兑美元走势图

【图1-2-3】中，我们已经在40%回调位置做好了买入计划的准备，一旦价格达到目标位置，我们就立即执行买入计划。【图1-2-4】

是之后的走势图。

（美元/欧元）

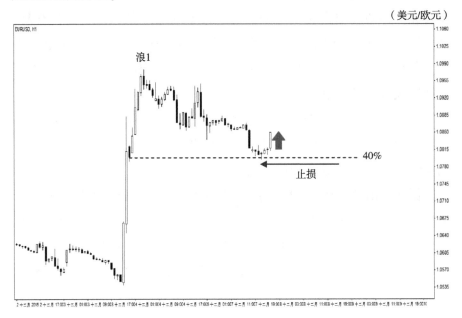

图 1 – 2 – 4　欧元兑美元走势图

【图 1 – 2 – 4】中，价格已经回调至 40% 位置，我们立即执行买入
计划，止损在启明星的最低点的下方。【图 1 – 2 – 5】是之后的走势图。

由【图 1 – 2 – 5】可以看出，价格走势完成了浪 2 和主升浪浪 3，
此时我们可以选择机会卖出获利了结，或通过资金管理继续持有部分
多头头寸。

通过以上的讲述，此时你的意识中已经有了简单的强 40 买卖规
则，如果以后的行情再次出现类似的走势，你就知道了强 40 买卖规则
的简单交易流程，因为你的意识中已经有了淡淡的图表潜意识。例如，
出现【图 1 – 2 – 6】中的走势图。

此时，你会不自觉地想起强 40 买卖规则，这个交易的意识是从潜
意识传到我们的意识中的，我们的意识中会显现出一幅之前交易的画
面，如【图 1 – 2 – 7】所示。

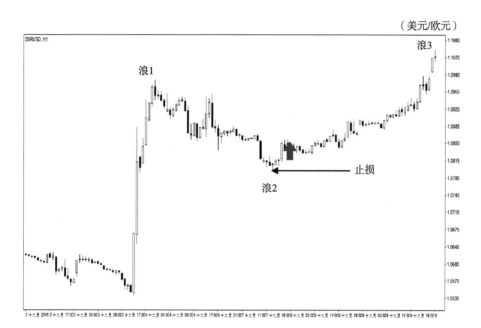

图 1 - 2 - 5 欧元兑美元走势图

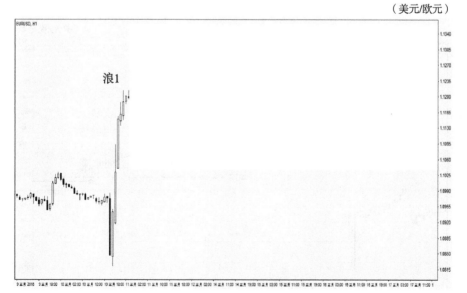

图 1 - 2 - 6 欧元兑美元走势图

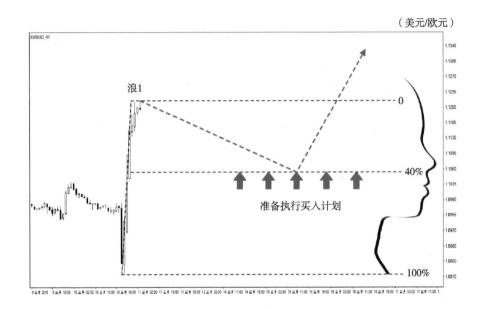

图 1 - 2 - 7　欧元兑美元走势图

【图 1 - 2 - 8】是之后的走势图。

图 1 - 2 - 8　欧元兑美元走势图

由【图1-2-8】可以看出，价格已经到达40%位置，我们会不自觉地执行买入计划，并将止损设定在启明星的下方，【图1-2-9】是之后的走势图。

（美元/欧元）

图1-2-9 欧元兑美元走势图

由【图1-2-9】我们可以看出，行情完成了浪2和主升浪浪3，可以选择时机获利了结或持仓部分盈利头寸。

我们在潜意识图表的引导下，完成了一次成功的交易。完成这种相似图表走势的交易次数越多，图表潜意识的信号就越强烈，以后遇到类似走势图，你执行交易计划的信心就越强。

在学习交易的过程中，一定要注意输入潜意识中信息的准确性和唯一性，切不可输入错误的交易信息和模棱两可、多个答案的信息。如果同一个走势图，你每次分析的方法都不一样，这样在潜意识中的信息是紊乱的，在交易过程中就会出现左右矛盾，买或卖无所适从，表现为犹豫不决、缺乏方向感、交易的结果将是资金的损失和自信心的丧失。

四、清除错误的潜意识

学习交易时，如果你是一个交易的门外汉，从来不知道什么是交易，此时你的潜意识中没有任何交易方面的信息，在直接进入专业交易的学习时，这些专业的交易信息就很容易被你接受，并通过不断地重复进入到你的潜意识中，进而成为你交易中的一种习惯。如【图1-2-10】所示。

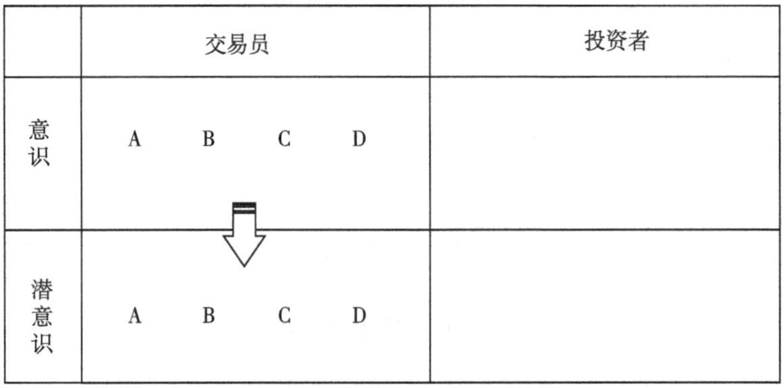

	交易员	投资者
意识	A B C D	
潜意识	A B C D	

图1-2-10　专业交易员与普通投资者学习过程示意图

对于已经在市场上摸爬滚打多年，没有经过专业训练，仍然没有成功的个人投资者来说，走专业的交易之路就不会那么一帆风顺。原因是，你的潜意识中已经有了一些正确和错误交织的有关交易的信息，如【图1-2-11】所示。

投资者潜意识中已经固有的一些错误的交易信息（efgh），需要专业的交易信息经过较长时间的不断重复，将正确信息成为投资者的一种习惯后，错误信息才能从投资者的潜意识中慢慢消失，如【图1-2-12】所示。

	交易员	投资者
意识	A B C D	A B C D
潜意识	A B C D	A B C D e f g h

图 1−2−11　专业交易员与普通投资者学习过程示意图

	交易员	投资者
意识	A B C D	A B C D
潜意识		e f g h
潜意识	A B C D	A B C D e f g h
潜意识	A B C D	A B C D
潜意识	A B C D	A B C D

图 1−2−12　专业交易员与普通投资者学习过程示意图

【图1 –2 –12】中，潜意识中错误的交易信息（efgh），需要在新的专业交易信息不断重复下慢慢淡化，并逐渐消失。

相信我们都有过这样的经历：如果你上小学时的学校在你家的右边方向，你出门向右拐已经成为了你小学时期的一种习惯。小学毕业升入中学后，如果中学的位置正好与小学位置相反，在你家的左边，你需要开始习惯出门向左拐这个新的意识。此时虽然意识已经有了向左拐上中学的信息，但是还没有进入潜意识成为你的一种习惯，一旦注意力不集中时，上学走路的行为就由潜意识控制，此时非常容易走错方向，出门向右拐。一段时间之后，向左拐上中学成为了一种习惯，信息进入潜意识并全部覆盖小学向右拐的信息时，你才不会再走错方向。

普通投资者学习交易时，会感受到掌握一门交易技术非常困难，原因就是因为他们潜意识中已经固化的错误的交易信息，影响到他们的交易行为。在实盘交易过程中，开始的交易行为是由他们的意识所控制，有意识地提示自己将趋势交易法理论贯彻到实际交易中，但是，随着时间慢慢的推移，自己的潜意识开始由被动转变成主动并占有主导地位，自己的旧的交易习惯又会控制他们的交易行为，如【图1 – 2 –13】所示。

由【图1 – 2 –13】可以看出，潜意识曲线（粗实线）为上升趋势，而意识曲线（细虚线）为下降趋势，两种意识相互作用，最终潜意识将战胜意识，成为人们行为的主导者。

在交易中，这种替换呈现如下路径：投资者开始下单时，趋势交易法的交易模型在意识中是清晰的，慢慢交易的思路就没有了，交易的行为逐步被潜意识接管，之后的交易行为将根据投资者之前的交易习惯进行。

例如，在体育比赛中，开始时往往都是双方势均力敌，为什么？

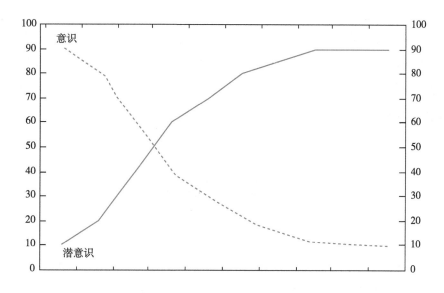

图 1－2－13　交易中的意识与潜意识相互作用示意图

因为比赛初期双方选手的战术意识非常清晰，都能按照教练的技战术要求进行比赛。慢慢随着比赛进程的推进，某方队员心理发生变化时，教练安排的技战术就会慢慢在意识中淡化，潜意识慢慢接管比赛的行为，比赛瞬间打破平衡，出现强弱分明的比赛场面。

　　很多投资者都是经过无数次的交易失败，走投无路时才想起学习的重要性，决定走专业交易之路。由于他们已经交易了相当长的时间，已经形成了非常强的个性化交易潜意识，一些错误的交易理念已经固化在他们的潜意识中，在学习交易的过程中虽然也被输入了正确的交易理念和方法，但是潜意识中旧的交易信息却一直影响着他们的交易，此时意识与潜意识就会发生冲突，当二者不能和谐共处、协调作用时，就会产生心理障碍，表现为有意识，但意识控制不了潜意识，自己心里明白不能这样做，却就是左右不了自己的想法和行动，完全任由潜意识支配，意识失去了作用。在交易过程中，每次交易总是在新的信息与旧的信息之间进行左右为难的选择，交易变成了一个个痛苦的选择过程。

　　交易要想有质的改变，就必须让所学到的存在意识中的趋势交易法理论进入到潜意识中，这就必须要经过大量的重复刺激，将所学的理论在复盘中不断地应用，经过千百次地重复，直到在交易中出现本能的、习惯性的买卖反应为止。

第三节　超越自我

　　要想从失败的阴影中走出来，迈向成功之路，就必须彻底地改变自我，超越自我。但是交易的转变不可能一蹴而就，它需要经过一个由量变到质变的过程，必须经过从无意识不做，到有意识不做，再到有意识做，最后进入无意识做的过程，如【图1－3－1】所示。

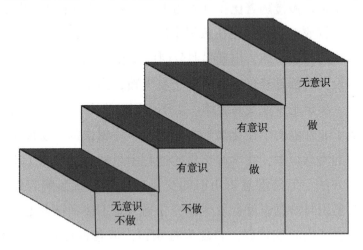

图1－3－1　实现成功转变的四个过程示意图

这个过程是循序渐进的，不能也不可能逾越任何一个阶段。我们大多数学习者都是处于第三个阶段有意识做的阶段。如果能够进入到最后的无意识做的阶段，就是完全将别人正确的交易理念和方法转换成了自己的潜意识。

一、无意识不做

在你没有接触到趋势交易法之前，你的大脑里是没有区间、dif、δ、Tp/Ta、趋势结构、趋势结构的升级与降级、数浪、趋势数浪等概念的。你不知道这些概念的具体定义，也就不知道在交易中如何去应用它们，因为意识和潜意识中没有这方面的信息，大脑在这些方面是一片空白，这个阶段我们称之为无意识不做阶段。如【图1-3-2】所示。

图1-3-2 无意识不做示意图

二、有意识不做

投资者决定学习趋势交易法的各种交易技巧，开始关注有关趋势交易法的信息和内容，开始认真阅读并不断地学习，趋势交易法理论不断地进入意识中，由于没有实践，所学理论还没有进入到潜意识中，所学的信息存储在左脑中，这一阶段我们称之为有意识不做阶段，如【图1-3-3】所示。

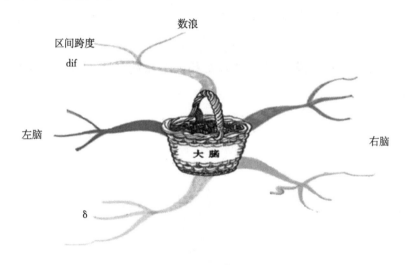

图1-3-3　有意识不做示意图

在学习交易的初期，正确交易信息的摄取非常重要，它可以保证我们沿着正确的交易方向前进，帮助你实现最后的成功。反之，错误的交易理念将阻碍你走向成功。

例如，我们经常在市场上听到这样的话：市场永远是对的。就交易而言，如果你潜意识接收了这样的信息，我劝你就可以放弃交易了。因为潜意识接收到这样的信息后，在交易过程中你就无法建立起应有的交易自信，潜意识将引导你走向交易失败。

正确的解释是：如果我 100% 地执行了我的交易系统发出的买卖信号，我永远是对的，市场永远是错的；相反，如果我从不执行我的交易计划，市场永远是对的，我永远是错的。

三、有意识做

投资者经过反复学习，潜意识中已经有了趋势交易法理论的雏形，此时一部分交易信息已经进入到右脑中，他们会产生想交易的行为，这一阶段我们称之为有意识做的阶段，如【图1-3-4】所示。

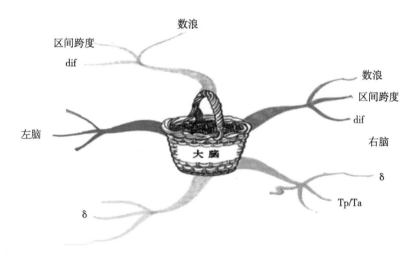

图1-3-4 有意识做示意图

在这一阶段，投资者会将学过的内容在实践中验证，这一阶段遭受到的挫折与他们摄取错误交易信息的多少有关，输入潜意识中的错误信息越多，遭受的打击就越大。例如，【图1-3-5】是一段欧元兑美元走势图。

（美元/欧元）

图1-3-5 欧元兑美元走势图

请根据所学知识思考一下【图1-3-5】中浪的结构。你是否会数出【图1-3-6】中错误的浪的结构？

（美元/欧元）

图1-3-6 欧元兑美元走势图

如果数出【图1-3-6】中的数浪结构，你自然会启动【图1-3-7】中的拐点线。

（美元/欧元）

图1-3-7 欧元兑美元走势图

【图1-3-7】是一种常见的绘制拐点线的习惯性错误，原因是没有将拐点线的绘制与浪的结构进行有机地结合。【图1-3-8】是之后的走势图。

很多投资者不认为【图1-3-8】中绘制的拐点线有什么问题，并坚信现在的回调是未来上升趋势的浪4，所以他们会坚决地在他们认为的调整浪e点执行买入计划。这样你不但将遭受止损，还将错过下降趋势卖出的最佳入场点。此时你会疑惑，我明明是按照书上讲的做的分析，为什么就错了呢？这是很多投资者的共同问题。

以上分析错误的根本原因，是没有按照趋势交易法数浪规则正确地数浪，【图1-3-9】是按照趋势交易法数浪法则的数浪方法。

如果按照【图1-3-9】中的数浪，目前的上升趋势为同级别5

图 1 - 3 - 8　欧元兑美元走势图

图 1 - 3 - 9　欧元兑美元走势图

浪结构（前后区间比值为：23/21 = 1.09）。同级别 5 浪绘制拐点线时，我们应启动导航拐点线，如【图 1 – 3 – 10】所示。

（欧元/美元）

图 1 – 3 – 10　欧元兑美元走势图

由【图 1 – 3 – 10】可以看出，在同级别 5 浪后出现了下降趋势的浪 1 和浪 2 的结构信息：自最高点开始的三根阴线为主跌浪浪 1；浪 2 的周期达到 3 倍（9 根 K 线）；浪 2 完成 abcde 结构。

通过以上分析，我们可以推测下跌的浪 1 和浪 2 已经完成是大概率事件。我们在浪 2 完成调整浪结构时，执行卖出订单，如【图 1 – 3 – 11】所示。

【图 1 – 3 – 12】是之后的走势图。

通过以上的对比分析，我们可以看出，不同的分析思路，得到的交易结果是不同的。拐点线的应用需要与趋势结构分析进行有效地结合，而不是拐点线独立运用于交易中。因此，在有意识做的阶段，一定要保证你已经正确地理解了书中讲授的内容，避免将错误的交易理

图 1 - 3 - 11　欧元兑美元走势图

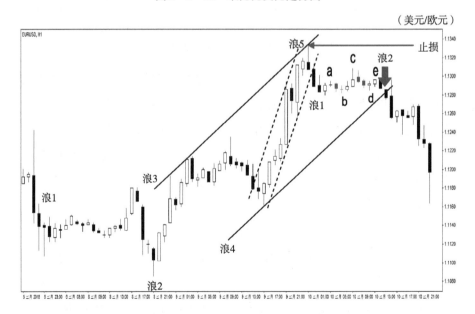

图 1 - 3 - 12　欧元兑美元走势图

念通过实战进入到潜意识中。

四、无意识做

投资者不停地实践，潜意识就接受了他们的信息，他们实践的次数越多，时间越长，这些信息就越容易被潜意识所接受。在以后的交易中，交易的模式渐渐成型，潜意识左右了整个交易过程，就逐渐进入到了无意识做的阶段。

在无意识做的阶段，实际上之前意识接受的有关交易的信息已经成为你的交易指令，在这个阶段，你已经不可能控制你的意识了。如果你之前接受的信息是正确的，潜意识将帮助你走向成功；反之，你接受有关交易的错误信息越多，你交易失败的概率就越大，你的交易已经不是你主观愿望可以左右得了的。

因此，在有意识不做阶段采取什么样的交易理念和方法，将直接决定你的交易绩效。错误的交易理念将直接导致交易的失败。我们很多投资者在学习趋势交易法之前，都或多或少地受到错误信息的影响。因此我们要想成功，就必须首先清除潜意识中的错误信息，让我们回归到刚刚进入金融交易领域的空白状态，之后在有意识状态下输入正确的交易理念和方法，通过千百次的练习，直到能够在无意识状态下不自觉地执行正确的买卖计划为止，从此进入到无意识做的轻松交易状态，从根本上改变自己的现状，此时交易要想不成功也难。

第四节　总　　结

通过第一章的学习，投资者需要掌握：

1. 意识和潜意识的概念；

2. 图表潜意识的概念；

3. 如何正确建立图表潜意识；

4. 理解从无意识不做，到有意识不做，再到有意识做，最后到无意识做的学习交易过程；

5. 认识到正确理解趋势交易法理论的重要性。

第二章
交易概论

不同的人对交易的理解是不同的，以下对于交易的定义，是基于我20多年实战交易过程中对交易的感悟，是根据我对交易的理解定义的。趋势交易法系统也是基于我对交易的定义建立的。

第一节　什么是交易

一、概率

在自然界和社会生活中，总共有两种现象，即确定性现象和随机现象。

确定性现象，是在有结果之前，我们已经可以准确预测其结果的现象。例如，在标准大气压下，你将水加热到100度时，水必然沸腾，这属于确定性现象。

随机现象，是在有结果之前，我们不能准确预测其结果的现象。例如，掷一枚硬币，到底是正面（有币值的一面）朝上，还是反面朝上，结果不能事先确定。

虽然随机现象不能确定其结果，但是随着投掷次数的增加，出现正面或反面的概率可以用概率公式计算：

P（A） = k／n = A 所含基本事件数／基本事件总数

在投掷硬币试验中，基本事件总数为 2（只有正面和反面），正面朝上的概率 P（正面）=1／2 = 0.5 = 50%。同样，反面朝上的概率也是 50%。也就是说，随着投掷次数的增加，正、反面朝上的概率各趋向于 50%。如【图 2 - 1 - 1】所示。

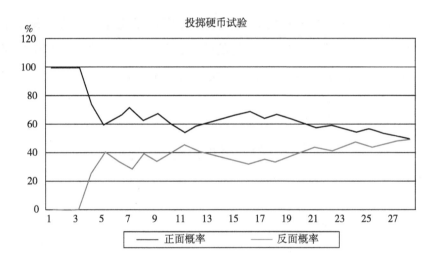

图 2 - 1 - 1　随机试验

概率渗透到人们生活中的方方面面。

例如，1814 年，法国数学家拉普拉斯（Laplace，1794 ~ 1827）在他的新作《概率的哲学探讨》一书中，记载了以下有趣的统计。他根据伦敦、彼得堡、柏林和全法国的统计资料，得出了几乎完全一致的男婴和女婴出生数的比值——22:21，即在全体出生婴儿中，男婴占 51.2%，女婴占 48.8%。

人的一生中可能遇到的危险，也是以概率的形式存在的。死于心脏病：概率是 1/3；死于中风：概率是 1/14；死于车祸：概率是 1/45；

自杀：概率是1/39；死于飞机失事：概率是1/4 000；死于狂犬病：概率是1/700 000。

概率天气预报，用概率形式表示某种天气现象出现的可能性有多大。如对降水的预报，概率值小于30%，认为基本不会降水；概率值在30%~60%，降水可能发生，但可能性较小；概率在60%~70%，降水可能性很大；概率值大于70%，有降水发生。

二、交易就是概率和统计学的具体应用

金融市场的交易也是以概率的形式存在的。我们随机选择一个入场点的基本事件数也是两个，一个是上升，另一个是下跌。随机选择的入场点上升和下降的概率：P（上升）＝P（下降）＝1/2＝50%。

1. 随机试验

下面我们通过一个随机试验，来展示交易的随机变化过程。我们在10个盒子中随机放了6个球，10个盒子代表10次交易，6个黑球代表6次盈利的交易，如【图2-1-2】所示。

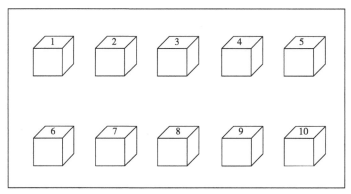

图2-1-2 随机试验示意图

每次允许打开一个盒子，我们来计算每次抽中盒子中有球的概率。

（1）第一次抽中的概率

我们第一次选择抽取 2 号盒子，抽中的 2 号盒子中有球的概率为：6/10 ＝60％，结果如【图 2 － 1 － 3】所示。

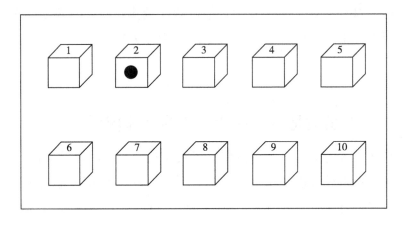

图 2 － 1 － 3　随机试验示意图

（2）第二次抽中的概率

第二次选择抽取 6 号盒子，我们抽中的 6 号盒子中有球的概率为：5/9 ＝56％，结果如【图 2 － 1 － 4】所示。

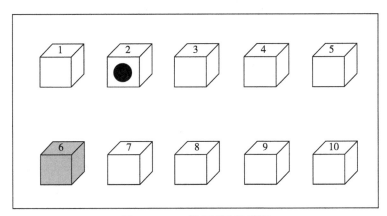

图 2 － 1 － 4　随机试验示意图

（3）第三次抽中的概率

第三次选择抽取 1 号盒子，我们抽中的 1 号盒子中有球的概率为：5/8 = 63%，结果如【图 2 - 1 - 5】所示。

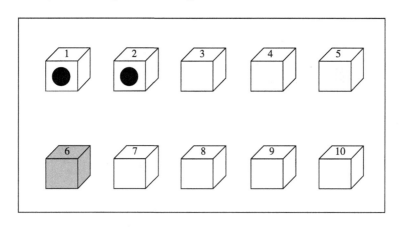

图 2 - 1 - 5　随机试验示意图

（4）第四次抽中的概率

第四次选择抽取 3 号盒子，我们抽中的 3 号盒子中有球的概率为：4/7 = 57%，结果如【图 2 - 1 - 6】所示。

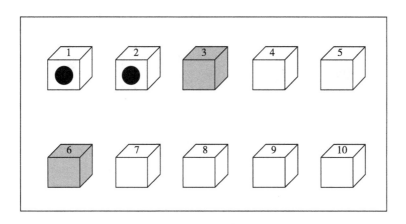

图 2 - 1 - 6　随机试验示意图

（5）第五次抽中的概率

第五次选择抽取9号盒子，我们抽中的9号盒子中有球的概率为：
4/6 = 67%，结果如【图2 - 1 - 7】所示。

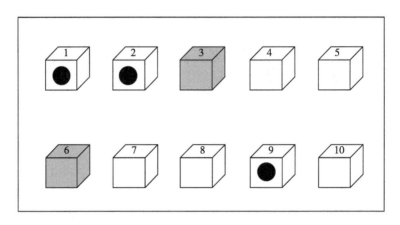

图 2 - 1 - 7　随机试验示意图

（6）第六次抽中的概率

第六次选择抽取5号盒子，我们抽中的5号盒子中有球的概率为：
3/5 = 60%，结果如【图2 - 1 - 8】所示。

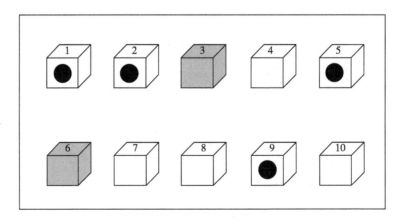

图 2 - 1 - 8　随机试验示意图

（7）第七次抽中的概率

第七次选择抽取 7 号盒子，我们抽中的 7 号盒子中有球的概率为：2/4 = 50%，结果如【图 2 - 1 - 9】所示。

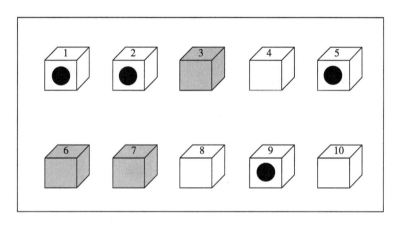

图 2 - 1 - 9 随机试验示意图

（8）第八次抽中的概率

第八次选择抽取 4 号盒子，我们抽中的 4 号盒子中有球的概率为：2/3 = 67%，结果如【图 2 - 1 - 10】所示。

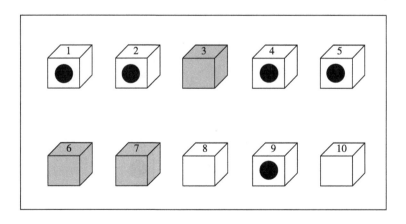

图 2 - 1 - 10 随机试验示意图

（9）第九次抽中的概率

第九次选择抽取 10 号盒子，我们抽中的 10 号盒子中有球的概率
为：1/2 = 50%，结果如【图 2 – 1 – 11】所示。

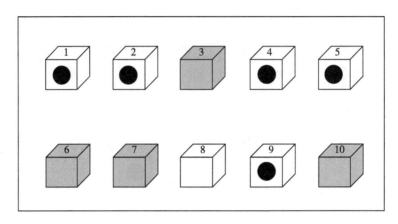

图 2 – 1 – 11　随机试验示意图

（10）第十次抽中的概率

第十次选择抽取 8 号盒子，我们抽中的 8 号盒子中有球的概率为
100%，结果如【图 2 – 1 – 12】所示。

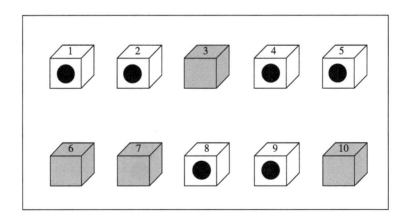

图 2 – 1 – 12　随机试验示意图

2. 概率分布

以上随机试验，我们每次抽中盒子中有球的概率，如【图2－1－13】所示。

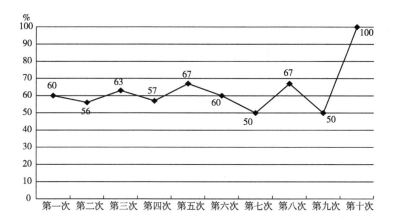

图2－1－13　抽中盒子中有球概率

假定我们运气真的很差，前四次全部没有抽中，每次抽中盒子中有球的概率，如【图2－1－14】所示。

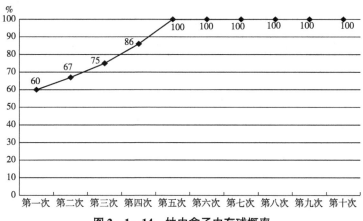

图2－1－14　抽中盒子中有球概率

通过【图2-1-14】中的概率曲线，我们可以看出，每次亏损的交易，都将增加下一次成功的概率。

这告诫我们：在实际交易过程中，即便出现连续亏损，只要我们的交易系统是科学的，或出牌规则没有改变，就不能停下你交易的脚步，因为胜利正在慢慢地向你靠近。

假定我们运气很好，前六次全部抽中，每次抽中的盒子中有球的概率，如【图2-1-15】所示。

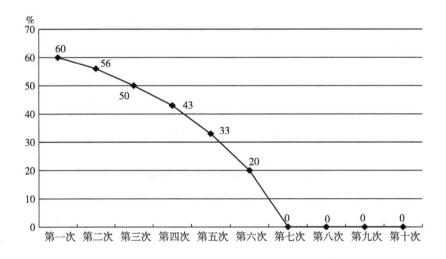

图2-1-15 抽中盒子中有球概率

通过【图2-1-15】中的概率曲线，我们可以看出，每次成功都增加下一次失败的概率。

这告诫我们：在实际交易过程中，如果出现连续盈利，你不能沾沾自喜，忘乎所以，因为随着准确率的下降，失败或亏损的交易在慢慢地向你靠近。

3. 不同入场点概率分布

我们通过实盘数据统计得知，不同点的上升和下降的概率是不同的，趋于正态分布。

【图2-1-16】是调整浪不同回调位置，价格未来上升或下跌的概率分布。

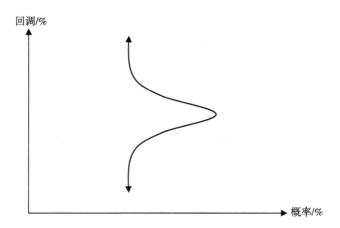

图2-1-16　不同回调位置未来上升或下降的概率分布

【图2-1-16】是调整浪不同回调位置，价格未来上升或下跌的概率分布。

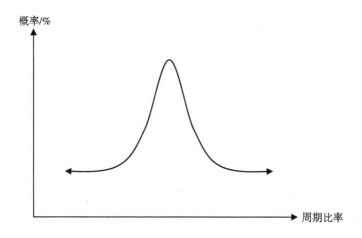

图2-1-17　调整浪不同周期位置，价格未来上升或下跌的概率分布

　　趋势交易法交易系统选择的入场点在正态分布峰值区域，因此，我们选择的入场点的上升或下降的概率是不同的。在上升趋势时，入场点上升的概率大于 60%；在下降趋势时，入场点下降的概率大于 60%。我们选择大概率事件的位置执行买卖计划，这是趋势交易法交易系统能够实现稳定盈利的重要理论基础。

　　例如，我们利用趋势交易法确定的浪 1 和浪 2 之间的周期比率关系概率分布，如【图 2 − 1 − 18】所示。

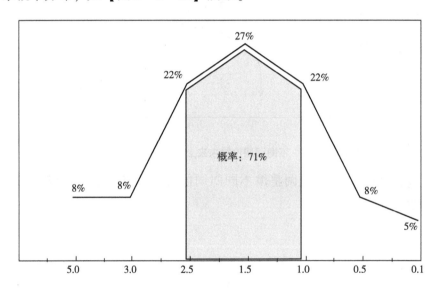

图 2 − 1 − 18　浪 2 与浪 1 周期比率概率分布

　　由【图 2 − 1 − 18】可以看出，我们选定的 1～2.5 倍区域的概率为 71%，是大概率事件，而且峰值在浪 2/浪 1 = 1.5 倍。因此，一旦确立了浪 1，我们就可以通过浪 1 的周期确定浪 2 可能结束的位置。我们举例说明，【图 2 − 1 − 19】是 2017 年 1 月欧元兑美元小时走势图。

　　【图 2 − 1 − 19】中，如果确定自最低点的上升为上升趋势的浪 1，我们就可以通过浪 1 的周期确定浪 2 可能结束的位置：1.5 × 6 = 9 根，如【图 2 − 1 − 20】所示。

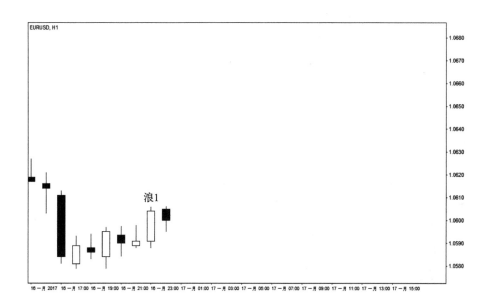

图 2 - 1 - 19　欧元兑美元走势图

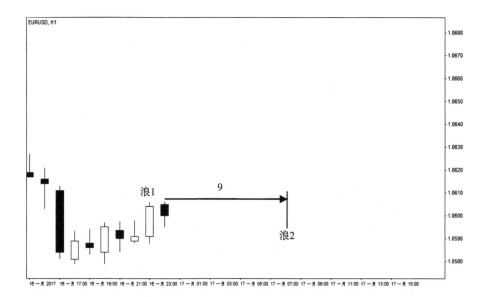

图 2 - 1 - 20　欧元兑美元走势图

【图 2 – 1 – 21】是之后的走势图。

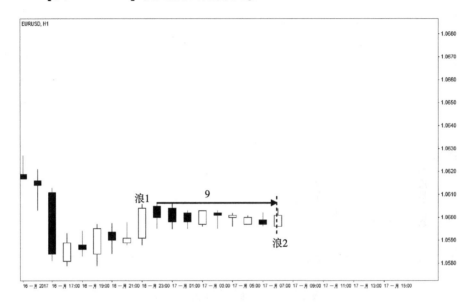

图 2 – 1 – 21　欧元兑美元走势图

由【图 2 – 1 – 21】可以看出，浪 2 已经调整了 9 根 K 线，并在第 9 根 K 线出现了阳线，根据统计分析，浪 2 在此完成是大概率事件，将从此展开浪 3 的走势，【图 2 – 1 – 22】是之后的走势图。

由【图 2 – 1 – 22】可以看出，浪 2 在 1.5 倍浪 1 的周期位置完成调整，展开了一个强势 3 浪走势。

4. 如何通过概率实现盈利

以上随机试验，是趋势交易法实战交易过程中盈利交易和亏损交易的真实写照。我们一个月或一年的交易次数是固定的，我们交易的准确率也基本固定，介于 55% ~ 67% 之间，虽然我们不能保证某一次交易 100% 成功，但是只要我们将交易系统发出的所有买卖信号都执行了，而不是随意选择自己喜欢的几个交易信号，我们就可以确保

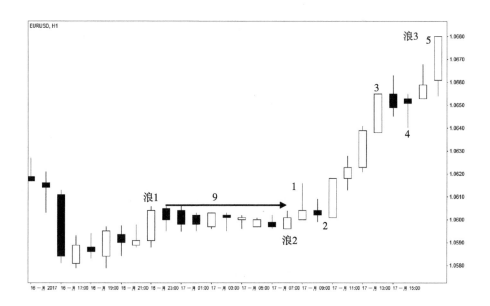

图 2 - 1 - 22　欧元兑美元走势图

55% ~ 67% 盈利交易的发生, 并通过盈亏比实现一个月或一年交易最后的盈利。

虽然我们选择的入场点都是大概率事件, 但是我们无法否定小概率事件的存在, 所以交易的结果永远是两个: 不是盈利就是亏损, 不同的是盈利的次数大于亏损的次数, 如【图 2 - 1 - 23】所示。

由【图 2 - 1 - 23】可以看出, 执行交易系统发出的买入信号时, 交易的结果可能是盈利, 也可能是亏损。执行交易系统发出的卖出信号时, 交易的结果同样可能是盈利, 也可能是亏损。下面我们举例说明, 【图 2 - 1 - 24】是 2015 年 7 月欧元兑美元小时走势图。

看到【图 2 - 1 - 24】中的走势图, 我们会不自觉地找到浪 3 的 62% 回调位置, 如【图 2 - 1 - 25】所示。

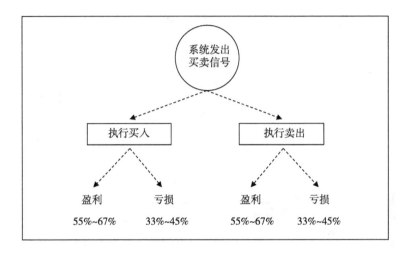

图 2 - 1 - 23　交易系统示意图

图 2 - 1 - 24　欧元兑美元小时走势图

以上动作是趋势交易法交易系统进入潜意识后的一种本能反应。
【图 2 - 1 - 26】是之后的走势图。

图 2 – 1 – 25　欧元兑美元小时走势图

图 2 – 1 – 26　欧元兑美元小时走势图

我们通过统计分析得知，浪4在浪3的62%位置完成是大概率事件，所以我们会在浪3的62%位置执行买入计划（上升趋势）或执行卖出计划（下降趋势）。【图2-1-27】是之后的走势图。

图 2 – 1 – 27　欧元兑美元小时走势图

由【图2-1-27】可以看出，行情运行轨迹与我们预想的结果是一致的，浪3的62%位置执行买入计划实现了最后的盈利，是一次成功的交易。

我们来看一个浪3的62%位置执行买入计划亏损的例子，【图2-1-28】是2014年10月欧元兑美元小时走势图。

我们同样会自然地找到浪3的62%回调位置，如【图2-1-29】所示。

【图2-1-30】是之后的走势图。

由【图2-1-30】可以看出，价格已经到达62%位置，我们同样会执行买入计划，止损放在启明星最低点的下方，【图2-1-31】是之后的走势图。

图 2-1-28 欧元兑美元小时走势图

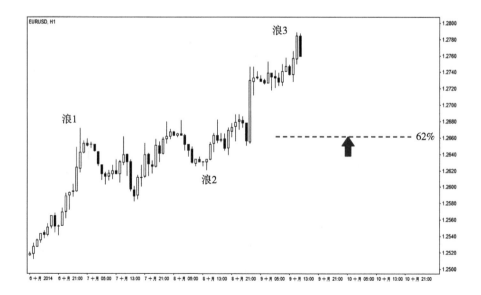

图 2-1-29 欧元兑美元小时走势图

图 2 - 1 - 30 欧元兑美元小时走势图

图 2 - 1 - 31 欧元兑美元小时走势图

由【图2-1-31】可以看出，这次的交易结果与之前的交易结果不同，行情在浪3的62%位置并没有完成调整恢复上升走势，而是出现了下跌，我们在浪3的62%位置执行的买入计划出现了亏损。

虽然这次交易出现了亏损，但是它仍然是一次成功的交易。首先，亏损是执行交易系统的必然结果；其次，我们设定了止损，不管行情与我们预期相反的方向走多远，我们交易的风险已经锁定。

我们不能以某次交易的结果是盈利或亏损为依据来评判交易是成功还是失败，而是要根据：

（1）是否执行了交易系统发出的买卖信号；

（2）是否设定了止损；

（3）看对方向时，是否实现了盈利最大化。

如果执行了预先制订的交易计划，不管交易结果是盈利还是亏损，都是一次成功的交易。反之，如果不按交易计划执行交易，不管交易结果是盈利还是亏损，都是一次失败的交易。

我们可以通过设定止损和增大盈利空间，来实现两次交易最后的盈利，如【图2-1-32】所示。

下降趋势在浪3的62%位置执行卖出订单时，交易结果同样可能是盈利，也可能是亏损。【图2-1-33】是2013年6月欧元兑美元小时走势图。

【图2-1-33】中，我们准备在浪3的62%位置执行卖出订单，【图2-1-34】是之后的走势图。

由【图2-1-34】可以看出，价格到达了浪3的62%位置，我们执行卖出订单，止损放在黄昏星的上方，【图2-1-35】是之后的走势图。

由【图2-1-35】可以看出，62%位置执行卖出订单取得了成功，实现了盈利，是一次成功的交易。

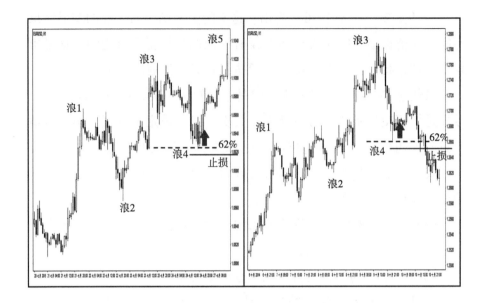

图 2 – 1 – 32　两次交易累计盈利设计

图 2 – 1 – 33　欧元兑美元小时走势图

图 2 -1 -34 欧元兑美元小时走势图

图 2 -1 -35 欧元兑美元小时走势图

我们再来看一个浪 3 的 62% 位置执行卖出订单亏损的例子，【图 2-1-36】是 2009 年 11 月欧元兑美元小时走势图。

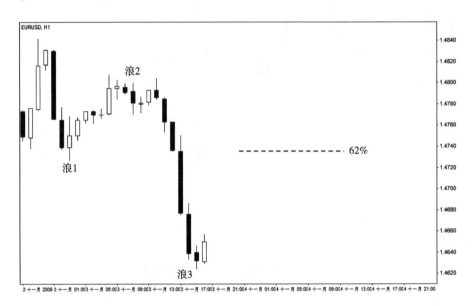

图 2-1-36　欧元兑美元小时走势图

【图 2-1-36】中，我们准备在 62% 位置执行卖出订单，【图 2-1-37】是之后的走势图。

由【图 2-1-37】可以看出，价格已经到达浪 3 的 62% 位置，我们执行卖出订单，止损放在黄昏星的上方，【图 2-1-38】是之后的走势图。

由【图 2-1-38】可以看出，在浪 3 的 62% 位置执行卖出订单出现了亏损，同样我们将止损设定在了合理的止损范围之内，这也是一次成功的交易。

下降趋势 62% 位置执行卖出的两次交易计划，同样可以通过设定亏损，放大利润空间实现最后两次交易的盈利，如【图 2-1-39】所示。

图 2 - 1 - 37　欧元兑美元小时走势图

图 2 - 1 - 38　欧元兑美元小时走势图

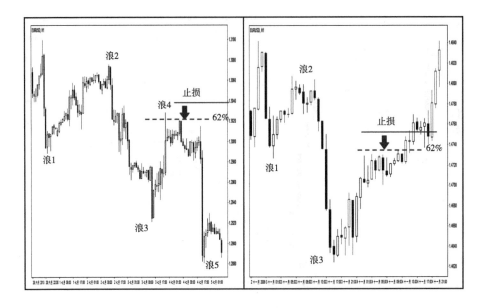

图 2 - 1 - 39　两次交易累计盈利设计

不管是浪 3 的 62％ 位置执行买入计划还是执行卖出计划，交易的结果都是一样，不是盈利就是亏损。如果我们能够严格执行交易系统发出的所有买卖信号，而不是主观地选择某些自己喜欢的交易信号；通过控制亏损交易的风险，增大盈利交易的利润，通过盈亏比（趋势交易法交易系统的年平均盈亏比为 2. 9）实现最后交易的盈利将是一个必然事件。

第二节　交易的类型

市场上通常的交易类型有 3 种：头寸交易（Position Trading）、日交易（Day Trading）和抢帽子（Scalper）。

一、头寸交易（Position Trading）

头寸交易，是指以追踪中、长期趋势为主要交易模式，平均持仓时间为 1~5 天，或 10~30 天，交易周期一般选择为 1 小时。区间跨度的值越大，持仓的时间就可能越长。

二、日交易（Day Trading）

日交易，是指交易区间选择较小，平均持仓时间为 1~5 小时，交易周期一般选择 15 分钟或 5 分钟。日交易通常选择一天的主要市场交易时间段进行买卖，如【图 2-2-1】所示。

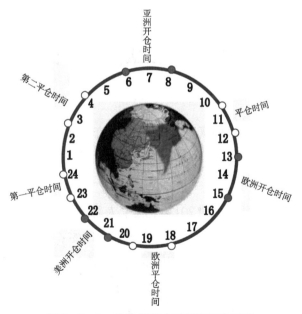

图 2-2-1　日交易开仓时间和平仓时间

日交易通常在当日平仓所有的头寸，不留过夜单。如果出现非常强势的上升或下跌，也可以由日交易转为头寸交易。

三、抢帽子（Scalper）

抢帽子，是指利用价格短时间偏离理论平衡点，赚取较小差价，交易周期选择通常为 1 分钟以下的交易周期。虽然抢帽子（Scalper）赚取的差价较小，但是由于交易手数大，也可以获取相当的收益。抢帽子，通常发生在场内交易中。

三种交易类型中，头寸交易的盈利稳定性最好，日交易需要的交易技能要求要高于头寸交易，抢帽子需要更高的交易技巧。投资者需要根据自己的实际情况，选择适合自己的交易类型。

第三节　金融市场 1:2:7 法则

从金融市场诞生的那天起，就一直遵守市场的 1:2:7 法则，也就是每 100 个做交易的人中，有 70 人一定是赔钱的，有 20 人能保本不亏，只有 10 人能实现盈利。

美国某期货公司截止到 2011 年底个人客户总计为 4 894 人，盈利客户（盈利大于 5%）为 456 人，占比为 9.3%；盈亏平衡（盈亏在 5% 以内）客户为 882 人，占比为 18%；亏损客户（亏损超过 5%）为 3 556 人，占比为 72.7%。以上数据说明了金融市场 10% 的客户盈利，20% 的客户盈亏平衡，70% 的客户一定亏损的 1:2:7 法则。

在实现盈利的 10 人中，有 7 人是做趋势交易的，2 人是做波段交易的，只有 1 人是做短线交易的。

中国某期货公司风控总监公布了公司客户交易的一组数据，可以很好地诠释趋势交易的重要性。统计的结果如下：

每日平均交易 10 次以上的客户，3 年平均收益率是 −79.2%；

每日平均交易 5 次以上的客户，3 年平均收益率是 −55%；

每日平均交易 1 次以上的客户，3 年收益率是 −31.5%；

每日平均交易 0.3 次以上的客户，3 年平均收益率是 12%；

每日平均交易 0.1 次以上的客户，3 年平均收益率是 59%。

如【图 2 – 3 – 1】所示。

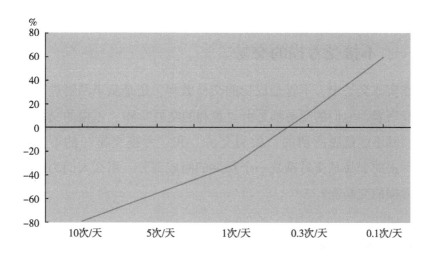

图 2 – 3 – 1　期货客户交易频率与收益率对比图

由【图 2 – 3 – 1】可以看出，收益率与持仓时间成正比，频繁交易的投资者，最后的交易结果一定是亏损。要想在市场生存，就必须减少交易的频率，做一个趋势的追随者。

趋势交易法交易系统的设计思想是跟踪趋势，平均每笔交易的持仓时间是 4.7 天，如果你的交易持仓时间不能达到这个标准，那么我不认为你是在按照趋势交易法的理论从事实盘交易，也就不可能成为10%盈利客户中的一员。如果你执行了趋势交易法的交易系统，那么你的平均盈亏比（Profit Factor）就应该大于2.5，外汇市场交易的盈利能力要达到100点以上。投资者可以通过检查自己交易的持仓时间和盈亏比，确定自己的交易是趋势交易还是随机交易。

第四节　投资者交易失败的原因

一、不接受亏损的交易

在实战交易中，不管是成功的交易大师，还是从未品尝过成功的普通投资者，他们的交易都是由"盈利的交易"和"亏损的交易"组成的，都不能摆脱所谓的"盈利交易"和"亏损交易"的不确定循环。亏损的交易是交易系统一个重要的组成部分。那么人们为什么不接受亏损的交易呢？

1. 动物的本性

狮子妈妈教育自己的孩子："你要跑得再快一点，再快一点，如果你跑不过羚羊，你就会活活的饿死。"羚羊妈妈教育自己的孩子："孩子，你必须跑得再快一点，再快一点，如果你不能跑得比狮子还快，那你肯定会被狮子们吃掉。"食物链底层的动物不愿意接受失败，因为接受失败预示着接受死亡，所以它们要让自己跑得更快，或进化成有毒的物种来防止被吃掉的命运。人具有动物性和社会性，动物性是人的本性,同样人们潜意识也不接受失败。

人们的潜意识不接受亏损的交易,但是亏损的交易又必然在系统中存在,所以说交易是违背人性的,这是大多数人交易不能成功的直接原因。

2. 个人自由社会

现实社会中,人们的行为有法律、道德的约束,内在的潜意识的行为本性被强行压抑在内心深处,大多数人不能违背做人的基本原则。在交易中人们就可能会无法无天,任由自己个性的发挥而偏离交易之道。因为交易是你一个人在战斗,所有的规则都是你一个人制定的,你可以执行,也可以不执行。这里是你自己监督自己,等于没有监督,是你一个人的自由社会,此时一个人内在的潜意识就会爆发,交易的大多数行为都是由潜意识控制的,你所学习的那点交易理念在潜意识那里可以忽略不计,直接表现就是交易中的说做不一。

在个人交易中,你既是控制者,又是被控制者,所以你会感受到:我真的无法控制我自己,表现为交易的随意性。

3. 交易结果与预期不一致

很多投资者接受亏损的交易只是停留在意识层面,一旦决定进入实盘交易,满脑子想的都是盈利而不是亏损。交易盈利时,由于交易的结果与预期一致,就会表现出盈利时的喜悦。交易亏损时,由于交易的结果与预期不一致,就会表现出亏损时的痛苦、懊恼和沮丧。如【图2-4-1】所示。

很多投资者没能像风险投资公司一样,在交易过程中提前为亏损的交易做好技术和心理的准备,一旦出现亏损的交易,从心理上难以接受这样的现实,将失败归因于生不逢时,怨天尤人,其实失败的更

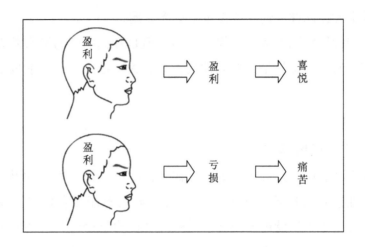

图 2 - 4 - 1　交易结果与预期对比

多原因是自己。

　　我们知道，潜意识是追求快乐、逃避痛苦的。如果一个行为会让你感到很痛苦的话，那么潜意识就不愿意重复这个行为。如果一个行为会让你感到很愉快的话，那么潜意识就很愿意重复这个行为。交易的亏损是一件痛苦的事情，所以人们的潜意识不愿意接受亏损的交易。

　　潜意识不识真假，可以通过潜意识的想象力，在大脑中勾画出一个亏损交易的快乐画面，你想象得越形象和真实，潜意识就越当真，交易的结果是亏损时的心理状态就与盈利时的心理状态一样了。如【图 2 - 4 - 2】所示。

　　我们不管交易的结果是盈利还是亏损，潜意识都表现出喜悦的心情，潜意识就接受了亏损的交易，从此不再因为亏损的交易而阻碍交易员正常的交易行为。

　　投资者亏损的原因大多是由于不接受亏损的原因造成的，如果你已经从潜意识中真正接受了亏损的交易，那么下面的这些问题也就不存在了。

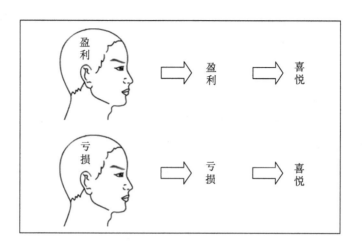

图 2 - 4 - 2　交易结果与预期对比

二、没有固定的交易系统

不接受亏损的交易是投资者长时间无法建立起自己固定的交易系统的根本原因。在交易中，人们对亏损和盈利的不同心态，表现为盈利时肯定自己的交易系统，亏损时否定自己的交易系统，长时间无法在潜意识中形成固定的交易模型，因为出牌规则随着亏损的交易不断改变。

很多投资者在交易过程中不断地学习各种交易技术，不断地根据亏损的交易盲目调整交易策略，否定一个又一个交易系统，找遍市场上所有的交易方法，最后还是不能实现稳定的盈利，就开始怀疑交易系统的有效性，错误地认为每次的交易亏损都是由于交易系统发出了错误的交易信号，从而不停地修正自己的交易系统。肯定了交易系统后，仍然不能实现稳定的盈利，就开始疯狂地寻找交易失败的各种外在原因，如我这次交易失败是因为止损没放好，我那次交易失败是数错了浪，我这次交易是由于受到某人的干扰等。长时间回避亏损的交易也会对个人的交易能力产生怀疑，在心理上失去对交易的信心。其实，交易失败的真正原因是自己，只有从自身才能找到交易失败的真正原因。

相对来说，建立一套科学的、能够实现稳定盈利的交易系统不是很困难的事情，最难的是如何战胜自我，接受亏损的交易。交易的成功是交易系统和能够自我控制的人的有机结合，3分看系统，7分看人的心理，如【图2-4-3】所示。

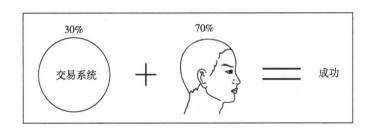

图2-4-3　成功的交易

要想成为金融市场1:2:7法则中的1，也就是成为10%盈利客户中的一员，首先，要在潜意识中建立起一套科学的、能够实现稳定盈利的交易系统；其次，就是通过修行，战胜自我，从内心真正接受亏损的交易；最后，就是通过技术手段实现亏小赚大。

三、不设定止损

每个人都有赌性深藏在潜意识中，只是有的人赌性强，有的人赌性弱。交易中的赌性是很多人交易失败的重要原因，赌性一旦在交易中显现，人们就会失去理性，交易就会变成疯狂的赌博行为，并由此酿成悲惨的结局。不设定止损，将诱发出人的赌性，下面我们举例说明，【图2-4-4】是一段欧元兑美元小时走势图。

出现【图2-4-4】中的强势主升浪后，我们意识中自然会显示

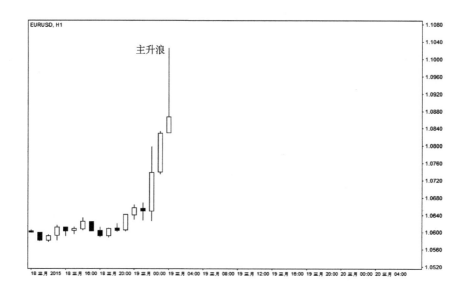

图 2 - 4 - 4　欧元兑美元走势图

出强 40 买卖图像，等价格回调至 40% 位置，出现启明星后执行买入
计划，如【图 2 - 4 - 5】所示。

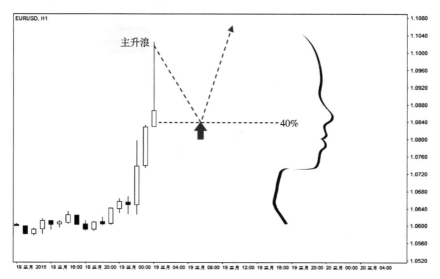

图 2 - 4 - 5　欧元兑美元走势图

【图 2 - 4 - 6】是之后的走势图。

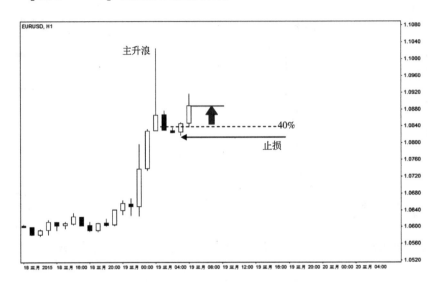

图 2 - 4 - 6 欧元兑美元走势图

【图 2 - 4 - 6】中，价格在 40% 位置出现启明星 K 线反转，我们立刻执行买入计划，止损在启明星的下方，【图 2 - 4 - 7】是之后的走势图。

图 2 - 4 - 7 欧元兑美元走势图

由【图2-4-7】可以看出，执行买入计划后，并没有展开快速的主升浪，而是跌破了我们设定的止损位置（启明星的低点），此时你有三个选择：

选择1：根据标准K线跟踪技术，及时卖出；

选择2：先止损，但是不转向操作，等待再次买入的机会；

选择3：不止损。

前两个选择是正确的，第三个选择是错误的决定。但是很多投资者都会选择第三个方案。如果我们不止损，将激发出人们潜在的赌性，人们会选择继续加码买入的交易策略。【图2-4-8】是之后的走势图。

图2-4-8 欧元兑美元走势图

我们假定账户的资金总额为10 000美元，之前执行的买入计划为1手头寸所需保证金2 000美元，那么现在的亏损额为：1 562.50美元。

由于执行的买入计划已经出现了亏损，人们会急于挽救这笔亏损的交易而选择继续买入，等待反弹而退出所有的头寸。此时你会在走势图中寻找各种支持你加死码的理由，你把现在的下跌定义为 abc 调整浪，意识中价格会在 c 浪完成后展开上升，【图 2 - 4 - 9】是之后的走势图。

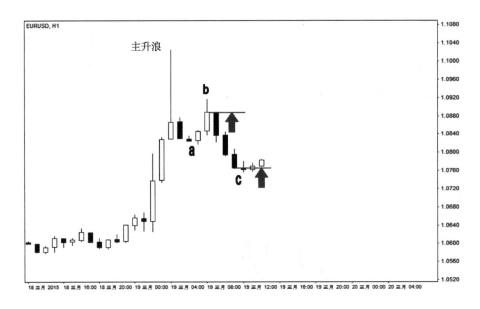

图 2 - 4 - 9　欧元兑美元走势图

【图 2 - 4 - 9】中好像是调整浪 abc 已经完成，并出现需要确认的启明星 K 线反转，你急切地盼望价格能够快速回升，让你有解套的机会。但是场内交易员的分析思路与你不同，他们不会给你这样的机会，【图 2 - 4 - 10】是之后的走势图。

由【图 2 - 4 - 10】可以看出，价格不升反跌，再次向下突破，此时你两笔多头合计亏损：3 037. 50 美元，加上两手多单所需保证金 4 000 美元，你的账户净值只剩下了 2 962. 50 美元，此时你将承受巨大的心理压力，因为爆仓有可能随时发生。但是由于人们不愿意承认失

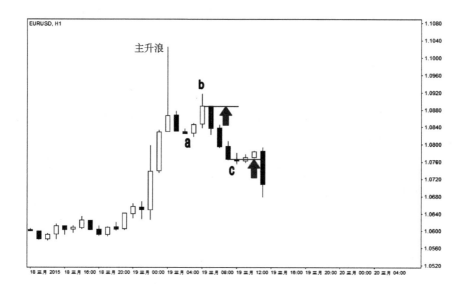

图 2 - 4 - 10　欧元兑美元走势图

败，所以会选择继续与市场搏斗，继续买入，希望能够出现一线生机。
【图 2 - 4 - 11】是之后的走势图。

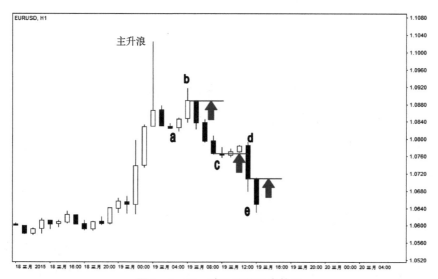

图 2 - 4 - 11　欧元兑美元走势图

由【图 2 - 4 - 11】可以看出，价格继续下跌，你已经感觉到了目前的下跌可能是最后的下跌 e 浪。但是此时 3 手多单的累计亏损为 5 237.50 美元。加上 3 手多单保证金 6 000 美元，账户净值为 - 1 237.50 美元，交易所会及时通知你补仓。如果你确定没有能力补仓，将采取强行平仓措施，实际上你的账户已经爆仓。【图 2 - 4 - 12】是之后的走势图。

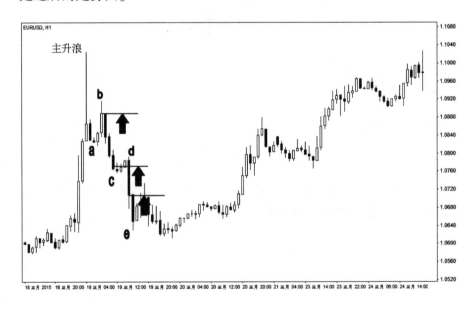

图 2 - 4 - 12　欧元兑美元走势图

由【图 2 - 4 - 12】可以看出，在你被强制平仓之后，行情到达调整浪底部，并展开上升趋势，此时人们才会为自己之前的愚蠢行为而感到懊恼，禁不住捶胸顿足，因为你看对了方向而赔了钱。

承受价格反向的幅度与每个人的经济能力正相关。经济能力差的投资者，经常会将自己的盈利单子止损在调整浪中，即便是看对了方向，也不能从市场上赚到钱，原因是一旦偏离的价格超出了自己的承受能力，心态就会由入场后就盈利的想法和期望，变为现在的打平不亏后就退出自己的头寸（保本退出），也就是说，即便是看对了方向，你却以打平或小盈利退出市场。经济能力好的投资者习惯于不止损，这样的心态实际上是在为自己的将来挖坑，一旦经历趋势行情（一个方向，不回调），市场将引诱出你的赌性，你会不断加码，越跌越买或越涨越卖，自己给自己加紧箍咒，直到自己无力回天为止，直接面对"死亡"——爆仓。

逆势加死码交易，会让你孤注一掷，一直采取加码买入或卖出的交易策略。这样的操作，从一开始就宣判了你交易的"死刑"，只是根据每个人的运气不同，执行"死刑"的时间有早有晚而已。不是行情不会反转，是没有人知道什么时间、哪一次加码会反转，人们通常会死在行情反转之前。

我想每个参与市场交易的人，都会有这样的经历，都能体验到最后无法加码后的恐惧和无能为力。解决上述问题的方法就是要学会承担，行情一旦与自己预计的方向相反，就要及时纠错，不管出现亏损还是盈利，要敢于承担每笔交易的责任。

解决赌性发作最好的良药就是每次交易都要严格设定止损，即便是会出现假止损也要无条件执行，因为在交易领域，能够继续生存比什么都重要。

四、不合理的止损方式

止损分为主动止损和被动止损。

1. 主动止损

主动止损：是指不将止损订单入市，根据价格真突破还是假突破，以及突破时的具体情况来决定是否止损，也称之为手动止损，或心理止损。我们举例说明，【图2-4-13】是一段欧元兑美元小时走势图。

图2-4-13 欧元兑美元走势图

【图2-4-13】中，从浪2与浪1的周期比率关系上，可以认为浪2已经调整结束，我们在出现启明星时执行了买入计划，主动止损设在浪2的最低点，【图2-4-14】是之后的走势图。

由【图2-4-14】可以看出，价格已经突破了调整浪2的低点。由于我们设定的是主动止损，止损订单并没有真正放到市场上，所以不会触发我们多单的止损。如果此时最后一根K线还没有收盘，未来的走势还不能确定。如果价格收市于主动止损线的下方，我们需要立即止损，或继续持有多头头寸，观察这一根K线的收市情况。【图2-4-15】是之后的走势图。

【图2-4-15】可以看出，最后一根K线收市后为一根大的阳线，通过主动止损的设定，过滤掉了这次假突破，确认目前运行在浪3中，

图 2 - 4 - 14　欧元兑美元走势图

图 2 - 4 - 15　欧元兑美元走势图

我们可以将主动止损点调整至浪 2 的最低点，如【图 2 – 4 – 16】所示。

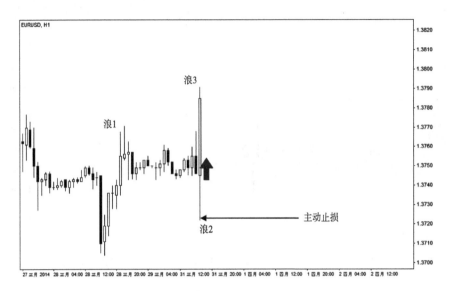

图 2 – 4 – 16　欧元兑美元走势图

【图 2 – 4 – 17】是之后的走势图。

图 2 – 4 – 17　欧元兑美元走势图

由【图 2 - 4 - 17】可以看出，启动主动止损，过滤掉了一次假突破，这是主动止损的优点。主动止损的缺点是有可能增大这次止损的空间。我们经过统计，确认由于采用主动止损增大的亏损累计，要远远小于过滤掉的假突破的盈利累计。同时，由于交易准确率的相应提高，从交易心理上，可以增加交易员的自信心。所以，在关键的位置我们会启动主动止损的设定。

2. 被动止损

被动止损，是指在交易中将设定的止损单真实放入市场中，由系统自动触发的止损订单。

（1）触发被动止损

被动止损用于预防突发事件的发生，主要放在最高点的上方或最低点的下方。我们举例说明，【图 2 - 4 - 18】是欧元兑美元小时走势图。

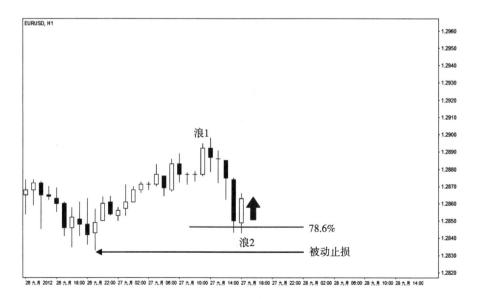

图 2 - 4 - 18　欧元兑美元走势图

由【图2-4-18】可以看出，价格在78.6%位置获得了支撑，暗示上升趋势的浪2有可能在78.6%位置完成，我们执行买入计划，被动止损在最低点的下方，【图2-4-19】是之后的走势图。

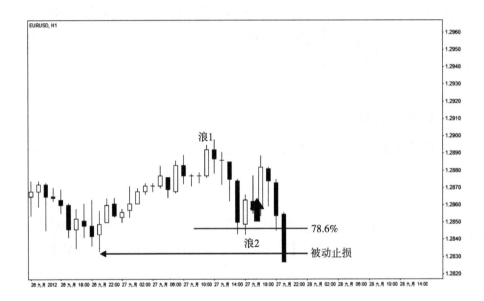

图2-4-19　欧元兑美元走势图

由【图2-4-19】中可以看出，价格已经突破了被动止损的位置，我们的多头头寸被止损出局。由于最后一根K线并没有收市，我们需要等待这根K线收市后，再决定入市的方向是否需要转变。【图2-4-20】是之后的走势图。

【图2-4-20】中，最后一根K线收市为一根标准的锤子线，暗示之前的突破为假突破，我们不需要调整交易的方向，继续执行买入计划，被动止损设定在新形成的最低点的下方，【图2-4-21】是之后的走势图。

（2）被动止损与主动止损的转换

被动止损的设定是为了预防突发事件，防止出现过大的止损或爆

图2-4-20 欧元兑美元走势图

图2-4-21 欧元兑美元走势图

仓情况的发生。如果不是突发事件，在价格到达被动止损位置时，我们常常将被动止损转换为主动止损，我们举例说明。【图2－4－22】是一段欧元兑美元小时走势图。

图2－4－22　欧元兑美元走势图

由【图2－4－22】可以看出，价格在78.6%位置出现了一个锤子线K线反转，暗示浪2有可能在78.6%位置完成，我们执行买入计划，设定被动止损在浪1的最低点，【图2－4－23】是之后的走势图。

由【图2－4－23】可以看出，价格已经接近我们设定的被动止损的位置。由于价格是慢慢接近我们设定的被动止损的位置，我们需要将被动止损转换成主动止损，观察价格将以什么方式突破我们设定的止损的位置（浪1的最低点），【图2－4－24】是之后的走势图。

由【图2－4－24】可以看出，价格突破浪1的最低点为假突破，我们无需调整交易的方向，【图2－4－25】是之后的走势图。

由【图2－4－25】可以看出，如果我们不采用止损方式的转换，

图 2 - 4 - 23 欧元兑美元走势图

图 2 - 4 - 24 欧元兑美元走势图

图 2 - 4 - 25 欧元兑美元走势图

价格触发我们的被动止损后，又恢复上升走势，我们不但要遭受亏损的打击，还有可能错过入市买入的机会，甚至导致由于操作不当而被市场左右扇耳光的局面。实盘交易中经常碰到这样的情况，很多投资者在触发了止损后，就不敢再下单了，眼看着行情在自己预测的运行轨迹上加速运转，捶胸顿足。不合理的止损设定常常是普通投资者交易亏损的重要原因，因此，掌握正确的止损方式尤为重要。

五、交易缺乏耐性

很多投资者通过学习，交易技术已经达到了一个相当的高度，各种技术分析工具应用自如，行情分析得也很准确，但是最后的结果还是亏损。这类投资者不怕交易的亏损，但是一旦头寸处于盈利状态，就失去了继续持有头寸的勇气，匆匆获利了结，表现为敢输不敢赢，我们举例说明，【图2－4－26】是一段欧元兑美元小时走势图。

图2－4－26　欧元兑美元走势图

　　根据趋势交易法波浪理论微观数浪，目前行情正处于浪3运行中。此时我们执行买入计划，被动止损放在浪1的最低点的下方，主动止损放在调整浪e点的下方。【图2－4－27】是之后的走势图。

　　假定你执行了1手买单，此时的多头头寸盈利为：225.00美元，很多投资者会将注意力集中在这盈利的225.00美元身上，而忘掉了交易是追随趋势。他们担心一旦价格回撤，这225.00美元将瞬间消失。这种不允许价格有任何反向运动的心理，是典型的赢不起的交易性格。

　　正确的交易心态应该是：交易过程中只要趋势未结束，你的头寸未平仓，盈利和亏损都暂时不属于你，只有趋势结束了，才能定论谁输谁赢。

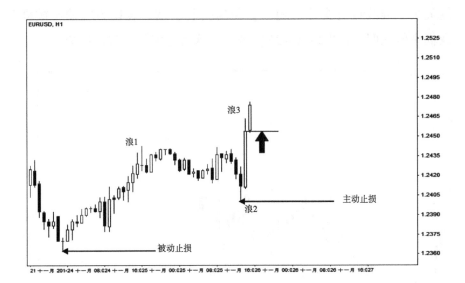

图 2 - 4 - 27　欧元兑美元走势图

【图 2 - 4 - 27】中，确立价格运行在浪 3 中，我们可以将被动止损调整至浪 2 的低点。【图 2 - 4 - 28】是之后的走势。

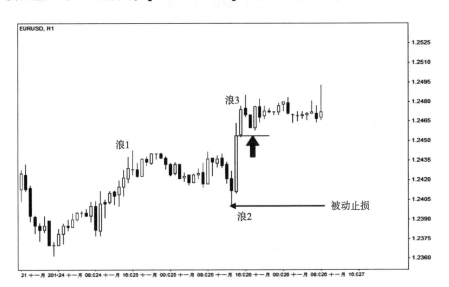

图 2 - 4 - 28　欧元兑美元走势图

很多投资者见到【图 2 - 4 - 28】中的倒锤子线后，便失去耐性，匆匆平仓获利了结。

正确的做法是：根据前后调整浪结构特性，提前预测主升浪可能展开的时间周期。通过计算我们知道，至少还可以再忍受（23 × 0.828 = 19）3 根 K 线，主升浪才有可能正式展开。所以，此时我们不能关注头寸的盈亏变化，而应该将重心放在之后的 3 根 K 线上，只要不出现连续的 3 根标准 K 线，浪 1、浪 2 和浪 3 转化成 abc 调整浪一定是小概率事件，那么我们就一定可以等到浪 5 的出现。【图 2 - 4 - 29】是之后的走势图。

图 2 - 4 - 29　欧元兑美元走势图

由【图 2 - 4 - 29】可以看出，最后的 3 根 K 线不是连续的标准 K 线，那么目前运行在浪 4 中仍然为大概率事件，我们仍然要耐心持有头寸，等待浪 5 的出现，【图 2 - 4 - 30】是之后的走势图。

由【图 2 - 4 - 30】可以看出，行情运行在浪 5 中，此时买入的多

图 2 - 4 - 30　欧元兑美元走势图

单盈利为：825 美元，这是追随趋势给你的最大回报。所以交易有时比的是人的耐性。

六、重仓交易

由于期货交易是保证金形式，我们必须严格按照资金管理来操作。很多投资者喜欢重仓操作，恨不得通过一两次交易就实现自己的财富积累，结果是一旦出现一两次失误，就亏掉了账户总资金的50%以上，继而使心态发生变化，失去理智，越急错误就越多，账户资金盈利曲线变成了下降趋势，此时你很难再有翻盘的机会，因为我们亏掉账户总资金的50%，如果我们想让账户达到盈亏平衡，就得实现100%的收益。

饭要一口一口地吃，路要一步一步地走，做任何事情都要脚踏实地，切不可让一夜暴富的急切心情扰乱了你的交易思绪。

七、先有方向，后有分析

在进行市场行情分析确定市场方向时，要想客观分析市场的走势，在启动分析时，大脑必须处于空白状态，对未来的走势没有方向性，如【图2-4-31】所示。

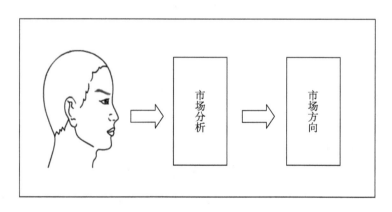

图2-4-31 客观确定市场方向流程图

通过分析，你将有可能得到两个方向，确定未来将展开上升趋势或下跌趋势。在进行市场走势分析时，不能有方向性的干扰。这样分析出的未来走势，才有可能是你交易系统发出的买入或卖出信号。

很多投资者已经有了相当不错的交易系统，可还是屡战屡败，屡败屡战，究其原因是在进行市场走势分析时，大脑中已经先有了一个方向，之后的分析得出的结果，一定是与大脑中之前已经确立的方向一致，如【图2-4-32】所示。

由【图2-4-32】可以看出，经过分析得出的市场方向与之前大

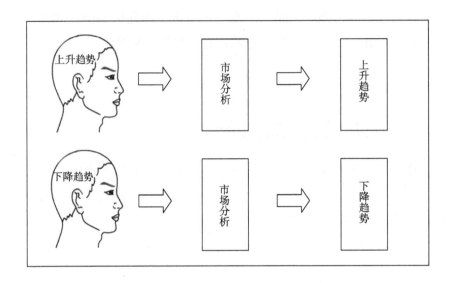

图 2 - 4 - 32　主观确定市场方向流程图

脑中已经确立的方向是一致的。从表面上看，期间好像是经过了自己的市场分析。其实，这种分析只是走了个形式，因为他早已在主观上确定了未来行情走势的方向。一旦得到了上升或下降趋势的消息，他们会刻意地去搜集那些与上升或下降趋势相吻合的所有信息，而忽略那些可能会导致重新考虑上述交易的负面信息，没有考虑因为时过境迁，原来的理由已经不再适用。

下面我们通过一个实例，来讲述先有方向后有走势分析对交易的影响。【图 2 - 4 - 33】是有关美元兑日元在 2011 年 3 月 11 日的日本大地震后各机构的走势分析。

通过【图 2 - 4 - 33】中各机构分析，投资者得出这样的结论：结合日本刚刚发生大地震，经济将遭受重创，加上以上分析，投资者坚信日元将贬值，也就是美元兑日元将展开上升趋势。

××××投资公司

美元兑日元：汇价在纽约早盘强劲上扬测试了日图自去年5月开始的下行趋势线阻力后轻微回落修正，但浓厚的避险情绪支持美元保持强劲。汇价回落在82.80受到支持，日图指标倾向汇价进一步上扬。不过汇价只有有效突破下行趋势线阻力才有望进一步测试前高84.00。今日美日建议逢低买入为主，若汇价回调至82.70附近可以考虑买入，止损在82.30，目标83.40、83.80。

××策略

周四纽约时段美元兑日元开盘于82.94附近。早盘汇价小幅上探83.16的高点，美国1月贸易逆差扩大至463.4亿美元及当周失业金请领人数增至39.7万人打压美元，盘中汇价震荡下行，尾盘汇价跌至82.76的时段低点。目前汇价维持在100均线附近整理，若汇价能稳守在83.00关口上方，则汇价可能上行至84.00附近。

××资本

USDJPY：昨天欧洲市场开盘后小幅温和上涨，高值扩大至83.15，不过晚间发表的经济指标结果不佳，美元承压下行，纽约市场盘中低值下探至82.76，收盘于82.97。从日足看，如果不能站稳83台，有可能维持在82中后台的振荡走势。「操作建议」执笔时价位82.80。短线可以考虑在82中台逢低买进，止损设在82.30处，上方目标价位83.10附近。

××××咨询

今日亚市早盘，日经指数开盘下跌1.3%，市场避险情绪继续弥漫汇市，美元兑日元小幅回调。欧美时段，美国将会公布2月零售销售、3月密歇根大学消费者信心指数以及1月商业库存数据，投资者可予以重点关注。日内方向：倾向上行。3小时图上显示，隔夜汇价虽曾突破83关口但未能持稳，显示该关口阻力较为强，MACD指标零轴上方双线重合，无明显方向，RSI指标高位掉头向下，但尚未出现明显转弱信号。操作建议：逢低做多，目标83.20，止损82.60。

图2-4-33　机构市场分析汇总

凡是看过这些消息的人，大脑中就会有了明确的方向，接下来就会去寻找与上升趋势有关的所有技术信息，先观察周线图走势，如【图2-4-34】所示。

通过对【图2-4-34】中的走势分析，错误地认为行情处于底部，确认未来将展开上升趋势，得出的结论与大脑中已有方向一致。接下来，观察日线走势图，如【图2-4-35】所示。

通过对【图2-4-35】中的走势分析，确认与大脑中已有的方向一致，坚信大脑中已有的方向是未来将要发生的，此时，潜意识会忽略任何下跌的信息，脑中排除了任何下跌的可能性。接下来，就要观察小时走势图，寻找入场点，如【图2-4-36】所示。

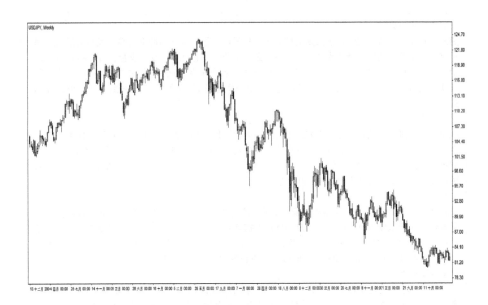

图 2 - 4 - 34　美元兑日元周线走势图

图 2 - 4 - 35　美元兑日元日线走势图

图 2 - 4 - 36 美元兑日元小时图

一眼就看到之前有个低点，潜意识促使你立即执行买入计划，在强烈的上升趋势潜意识的干扰下，你不愿意设定止损，所有的风险意识都已经被之前的机构的评论给抛到九霄云外去了。【图 2 - 4 - 37】是之后的走势图。

由【图 2 - 4 - 37】可以看出，价格已经突破趋势分界点 A，实际上趋势已经悄悄地反转了。但是此时在你大脑中的上升趋势的意识还没有消失，你仍然坚信之前机构的分析，认定未来将展开上升趋势，因此你选择继续买入。【图 2 - 4 - 38】是之后的走势图。

突然出现如此大的阴线，没有人能承受得起这样的下跌，你不敢继续看下去，因为之前的低点已经无处可找，没有了参照物，你只能被动止损。【图 2 - 4 - 39】是之后的走势图。

你刚刚被动止损出局，行情却突然展开强烈回升，不服输的性格让你不计后果地再次杀入，【图 2 - 4 - 40】是之后的走势图。

图 2 - 4 - 37　美元兑日元小时图

图 2 - 4 - 38　美元兑日元小时图

图 2－4－39　美元兑日元小时图

图 2－4－40　美元兑日元小时图

你仍然不相信行情会继续下跌，因为你又找到了一个前低点作参照，摊薄成本的心态会让你继续买入，【图 2 - 4 - 41】是之后的走势图。

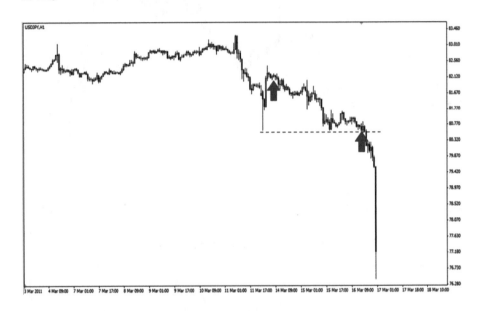

图 2 - 4 - 41　美元兑日元小时图

由【图 2 - 4 - 41】可以看出，之前的一幕又发生了，这次的下跌更猛烈，你又被动止损出局。这时，你开始怀疑之前机构的分析是错误的，脑中开始有了下降趋势的信号。此时的心情无法用语言来表述，失望、痛苦和放弃围绕在你的心头，而恰恰在此时，行情却恢复了上升趋势，【图 2 - 4 - 42】是之后的走势图。

你已被市场彻底打败，既不敢再买入，也不敢再卖出，只能选择做一个行情的"看客"。此时，你才恍然大悟，你一直在逆势交易。但是在行情运行中，你却浑然不知，为什么？就是因为你看了所谓"专家"的评论，大脑中先有了一个上升趋势的方向，即便是被止损，也不能让你醒悟，继续与市场作对，酿成不可挽回的资金损失。失败

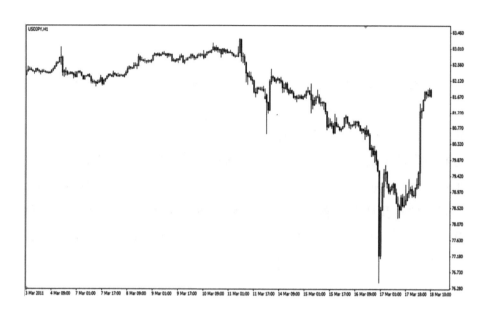

图 2 - 4 - 42 美元兑日元小时图

一次不重要，你还可以从失败中吸取教训，重新站立起来，但是最重要的是对你交易心理的影响，让你对交易产生了恐惧，自信心也受到巨大的打击，从此失去对交易的兴趣和信心。

场内交易员对日本大地震有不同于普通投资者的分析。他们认为：日本经受大的地震后，日本政府灾后重建必然要有大的投入，也将为灾后重建出台相应的措施和刺激经济计划，同时将提振建筑业等行业的发展，他们认为地震是利好日本经济的。

因此，在分析行情时，不能添加任何个人主观的成分。我从不建议我的学生去关注别人对行情的分析，这样对自己的交易将有百害而无一利。

在应用自己的交易系统分析行情之前，大脑一定要处于完全空白状态，不能有任何方向性的暗示。系统分析出来的行情是上升趋势，就执行买入计划；系统分析出来的行情是下降趋势，就执行卖出计划，这样长期坚持下去，要想不成功，都是非常困难的事情。

经常有投资者问我某某品种未来怎么看？我从来不给出我的市场分析方向，为什么呢？

首先，行业自律法规不允许这样做，没有交易员愿意承担法律性风险。其次，如果我不负责任地告诉你未来行情会怎么走，你的潜意识就会被我的分析思路所控制，影响你对行情的独立判断。我的市场分析方向的准确率只有60%～70%，即便我知道未来上升或下降是大概率事件，我也不敢确定小概率事件一定不发生在你所说的这一次，一旦行情与我所判断的方向相反，就有可能引诱你在交易中赌性发作，酿成交易中的巨亏甚至爆仓。最后，如果我给定你一个方向，那么你的所有分析都将围绕着我给出的方向做分析，长时间下去，对你的交易不会有任何帮助，而且积累到一定时期后，你可能连自己做决定买卖的勇气都没有了。

要想在市场上立于不败之地，你就必须练就一身应战市场变化的各种应变本领。要想成功，只能依靠你自己，千万不要把希望寄托在别人身上。

八、意识的思维惯性

意识的思维惯性决定了我们将错过市场的任何最高点和最低点。

我们大脑中一旦确立了方向，这个方向就具有思维惯性，我们很难在短时间内将方向转变过来。下面我们举例说明，【图2-4-43】是意识中的走势与实际走势对比图。

不同人的惯性值 β 是不同的，技术熟练程度越高的人，其惯性值 β 越小，反之，其惯性值 β 越大，如【图2-4-44】所示。

下面我们详细分析意识的思维惯性对交易的影响。

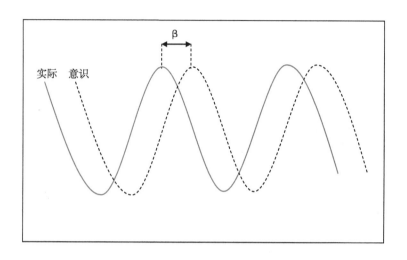

图 2 - 4 - 43 思维惯性图

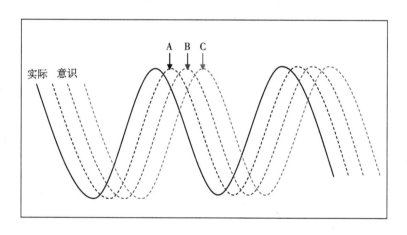

图 2 - 4 - 44 思维惯性图

由【图 2 - 4 - 45】可以看出，实际价格走势已经发生反转，由于意识惯性的作用，思维还处于上升趋势中，也就是说，很多人会认为现在的下跌是未来上升趋势的调整浪。

由【图 2 - 4 - 46】可以看出，意识思维开始发生反转，也就是大脑中开始有下跌趋势的想法，然而，此时的实际走势已经完成下跌趋

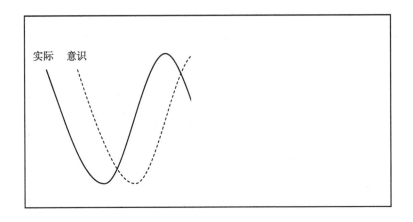

图 2-4-45　思维惯性图

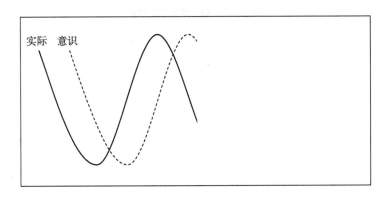

图 2-4-46　思维惯性图

势的60%，有时甚至更高。

　　由【图2-4-47】可以看出，当我们沉浸在下跌趋势中，还没反应过来时，实际行情走势已经发生了反转，而我们大多数投资者认为现在的上升是未来下降趋势的调整浪。

　　由【图2-4-48】可以看出，当我们刚刚转变成多头思维时，上升趋势已经完成了整个趋势的60%，或更高。

　　我们总是跟随在实际走势之后，无法超越实际走势。那么我们该

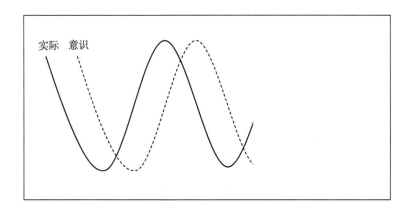

图 2 – 4 – 47 思维惯性图

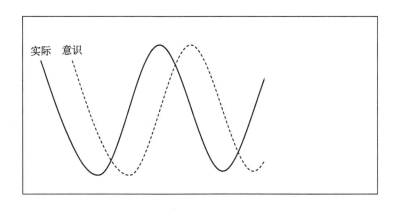

图 2 – 4 – 48 思维惯性图

如何改变这个现状呢？

我们不能超越实际走势，这是现实，但是我们可以通过趋势交易法的各种分析工具，将惯性值 β 降低到一个合理的最小值，以便紧随趋势，如【图 2 – 4 – 49】所示。

要想降低思维惯性 β 值，除了要领悟趋势交易法的核心内容，还要避免被别人的意识所干扰，尽量不去关注他人的评论或对市场未来走势的看法。

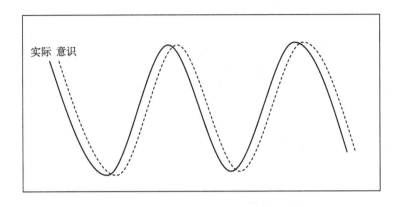

图 2 – 4 – 49　思维惯性图

九、迷信专家指令

请不要迷信我本人。我与你本无差别，交易中我与你一样也会犯错，一年下来亏损的交易也不低于交易总量的 30%，有时甚至会更高；我也有产生亏损超过账户总资产 30% 的时候（2008 年金融危机时）；我也领悟过账户爆仓后的痛苦；投资者所经历的各种喜怒哀乐，我一样也都亲身经历过。

我的使命是将我在平时交易中总结的一些交易成功的经验介绍给大家，让投资者减少走弯路的机会，增加他们交易成功的机会。在 23 年的交易过程中，我知道什么是正确的、什么是错误的、什么样的交易工具可以使用、什么样的交易工具不能使用，这些经验都是通过交易中的亏损，用真实的资金换来的，这是我能够在市场中一直生存的重要原因。我想通过我的表述，引导大家修正自己的错误意识和行为，在正确的交易道路上，通过自己的努力到达交易成功的彼岸。

趋势交易法与其他很多成功的交易方法一样，是客观存在，是我通过23年的交易实践发现的，而不是发明的，不需要因为我发现了它而迷信我本人。不管什么交易方法，要想成功，都不能违背市场的交易规律，也就是所谓的概率和统计学原理。趋势交易法的各种理论，都是我通过大量的实盘交易数据统计得来的，已经经过市场验证。趋势交易法交易系统是值得信赖的科学的交易系统，它的盈利能力也是毋庸置疑的。我离开学校下海从事的第一份职业就是交易，它伴随我走到今天，期间我没有从事过任何其他的行业或投资，我所积累的所有财富都来自趋势交易法。如果你能够系统掌握趋势交易法的理论，你也终究有一天会实现你的财富自由。

按照大概率事件运行，交易就可以成功，否则失败的概率就会增加。但是我自己也不能保证100%去执行所有的大概率事件，有时也会执行小概率事件的交易，并因此造成交易的亏损，这其实也是我交易成功的一部分，就好比我们都知道吸烟是导致癌症病发的主要原因，但还是有人愿意吸烟而不在乎吸烟之后的结果。交易就好比人生，有顺境也有逆境，不完美的人生才是真正的人生，不完美的交易才是真正的交易。

很多投资者迷信专家的交易指令，花钱购买别人的各种交易信号，把自己的命运寄托在别人的身上，这是一种极其愚蠢而又对自己不负责任的行为。因为世上根本就不存在所谓的专家，包括我本人在内，我只是比大家更早进入市场，比大家具有更多的操作经验，能够客观接受市场上所发生的各种情况。交易是收益和风险的对立统一体。没有风险，就没有收益；没有收益，也就无人愿意去承担风险。为投资者喊单就是无风险而有收益的一种服务。我们购买了一个月市场上被公认为最好的提供交易信号的专家指令，让我们来看看他们的表现，【图2-4-50】是实际交易绩效与其网站交易绩效对比图。

网站上公布的交易绩效与实际交易结果还是有很大差别的，再看

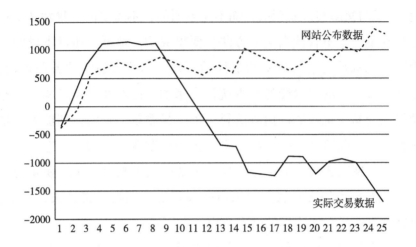

图 2 – 4 – 50　专家指令交易绩效展示

到网上那些骄人的交易绩效展示时，你是否能够用你的慧眼识别真
假呢?

1. 买卖信号 1

【图 2 – 4 – 51】是购买交易信号后，发出的第一笔交易信号。

由【图 2 – 4 – 51】可以看出，价格已经跌破了上升趋势的拐点
线，预示上升趋势已经结束是大概率事件，执行卖出订单的方向是正
确的。但是选择的入场位置有问题，由于突破拐点线的 K 线为标准 K
线，我们可以采取直接卖出的交易策略，为什么非要等到 0.8325 价位
再执行卖出交易计划呢?【图 2 – 4 – 52】是之后的走势图。

由【图 2 – 4 – 52】可以看出，尽管看对了方向，但是入场位置不
正确，最后的交易结果是亏损而不是盈利。所以说，看对方向不如做
对位置。

图 2 - 4 - 51　购买交易信号

图 2 - 4 - 52　购买交易信号

2. 买卖信号 2

【图 2 - 4 - 53】是购买交易信号后，发出的第二笔交易信号。

图 2 - 4 - 53　购买交易信号

由【图 2 - 4 - 53】可以看出，上升趋势的 5 浪结构已经形成，在子浪 5 采取逆势卖出的交易策略是正确的。【图 2 - 4 - 54】是之后的走势图。

由【图 2 - 4 - 54】可以看出，逆势交易承受巨大的心理和亏损的压力，获得的收益只是下降趋势浪 1 的一点点利润，这样的交易可能在市场中长期生存吗？

3. 买卖信号 3

【图 2 - 4 - 55】是购买交易信号后，发出的第三笔交易信号。

由【图 2 - 4 - 55】可以看出，目前行情正处于下降 3 浪中，此时

图 2 - 4 - 54 购买交易信号

图 2 - 4 - 55 购买交易信号

采取买入交易计划是逆势交易，是趋势交易的大忌。【图 2 – 4 – 56】
是之后的走势图。

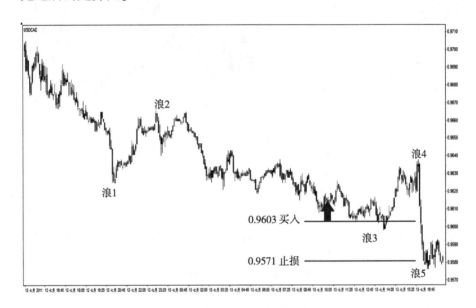

图 2 – 4 – 56　购买交易信号

在距离成交价格还有 4 个点时，突然取消了买入计划，交易未执
行，属于逆势交易，临阵脱逃。

4. 买卖信号 4

【图 2 – 4 – 57】是购买交易信号后，发出的第四笔交易信号。

由【图 2 – 4 – 57】可以看出，目前行情处于浪 1 和浪 2 运行中，
选择在浪 3 启动时卖出是正确的。【图 2 – 4 – 58】是第四笔交易信号
发出之后的走势图。

由【图 2 – 4 – 58】可以看出，持有的空单并没有让利润奔跑，没
有实现利润最大化，出场的位置不合理。另外止损没有摆放在正确的
位置上（浪 2 的高点）。

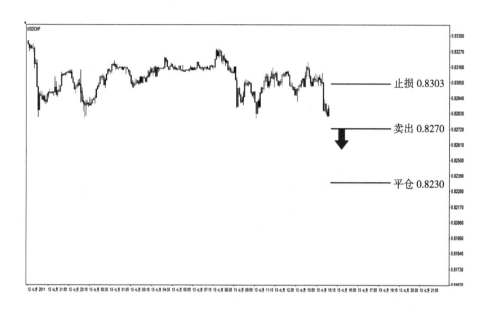

图 2 - 4 - 57　购买交易信号

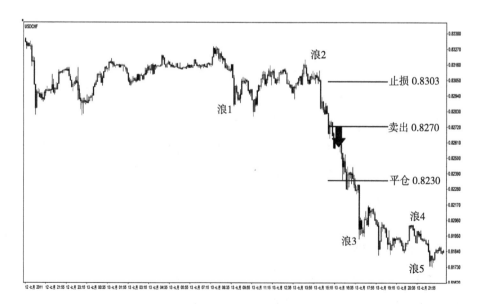

图 2 - 4 - 58　购买交易信号

5. 买卖信号5

【图2-4-59】是购买交易信号后，发出的第五笔交易信号。

图2-4-59　购买交易信号

由【图2-4-59】可以看出，价格已经突破拐点线，执行买入计划是逆势交易。【图2-4-60】是之后的走势图。

尽管这笔交易实现了盈利，由于是采取了逆势交易策略、主观寻找市场底部实现的，所以这样的盈利交易是非常可怕的，它会让交易员偏离正确的交易轨道，长时间养成逆势交易的习惯。

6. 买卖信号6

【图2-4-61】是购买交易信号后，发出的第六笔交易信号。

由【图2-4-61】可以看出，选择在浪5执行卖出订单是激进的交易，是可以接受的交易策略。【图2-4-62】是之后的走势图。

图 2 − 4 − 60　购买交易信号

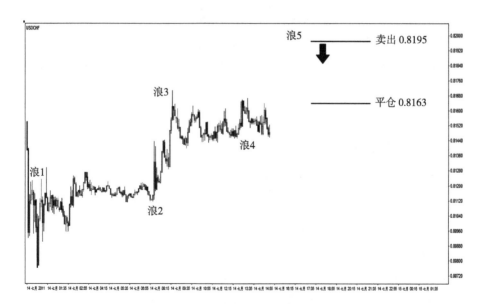

图 2 − 4 − 61　购买交易信号

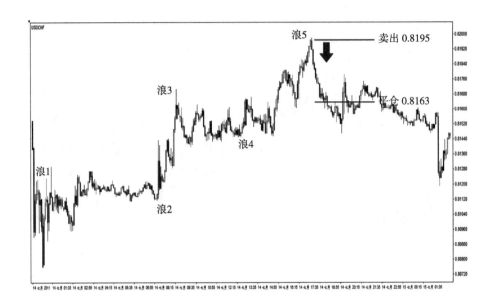

图 2 – 4 – 62　购买交易信号

由【图 2 – 4 – 62】可以看出，行情果然在预测的高点结束了浪 5 走势，开始了下降趋势。但是，交易计划并没有执行，在价格到达 0.8195 之前取消了交易计划，属于临阵脱逃。由此可以看出执行在交易中的重要性，没有执行，再好的分析计划也都是摆设。

7. 买卖信号 7

【图 2 – 4 – 63】是购买交易信号后，发出的第七笔交易信号。

由【图 2 – 4 – 63】可以看出，主升浪为强势主升浪，寻找低点买入是正确的交易潜意识。【图 2 – 4 – 64】是之后的走势图。

【图 2 – 4 – 64】中，完成 abc 调整浪之后，基本可以看出市场的方向，再寻找低点买入就变成了逆势交易。

其他交易信号提供的买卖交易策略几乎相同，这里就不再赘述。这是一家成立于 1998 年，号称由几位著名交易大师组成的交易团队，

图 2-4-63 购买交易信号

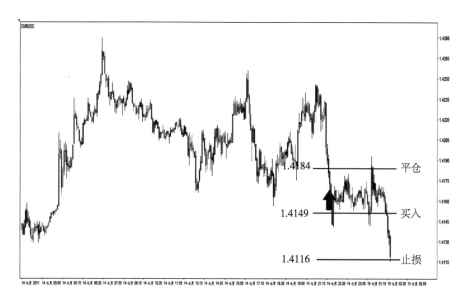

图 2-4-64 购买交易信号

客户遍布 45 个国家。通过以上交易过程的展示，你有何感想……

最近中国股市出现了赚钱效应，吸引了很多投资者进入股市。我常接到一些推销的电话，说帮你推荐一只股票，明天 100% 涨停。你相信吗？我不信，为什么？因为如果他能 100% 确定明天这一事件的发生，他可以不惜代价"借"钱投资到股市中，后天他就可以将"借款"还上，成为百万或千万富翁。"骗子"说的明天涨停能否应验，那要看有多少人愿意接受他的指令，接受的人越多，应验的概率就越高，因为参与的资金越大，股票上涨的概率就越高。如果参与股票交易的人都听他的指令，他说买，就涨停，他说卖，就跌停。真实的东西从来不会轻易流入市场，更不会广告满天飞。因此提醒广大投资者，捂紧你的双耳，睁大你的慧眼，不要被假象所迷惑，避免不必要的时间和金钱的损失。

在交易领域，很少有人主动说自己的交易出现了亏损。你听到的都是"昨天我赚了多少钱，某只股票在接近低点买的，在接近天价卖出的"等。你耳朵听到的信息好像这个交易领域的人都在赚钱，只有你一个人在亏损，而现实是只有 10% 的人能够实现最后的盈利，20% 的人盈亏平衡，而接近 70% 的人都在亏损。

市场上的骗子，正是利用了我们眼根和耳根趁机而入，引诱大家走入他们精心设计的陷阱，骗子会利用各种骗术满足你"眼根的视欲"和"耳根的听欲"，你想不上当，估计也是非常困难的。

请相信我的告诫：能够帮助你在金融市场上取得成功的，不是别人，而是你自己！无论是从心悟道还是从身悟道，勤奋苦练都是不朽的真理。

十、找顶找底

找顶找底是人们的一种行为习惯。生活中我们购买商品时,喜欢寻找便宜的;而销售自己的产品时,希望能够以更高的价格卖出。

顶或底只有一个,行情处于动态运行中,找到顶或底的成本与收益不成正比,这是专业交易员不采用顶部卖出或底部买入交易策略的根本原因。

如果把这个生活中的行为习惯带入到交易中,就会不自觉地去寻找市场的底部或顶部,习惯于在误认为的低点买入,或误认为的高点卖出。我们举例说明,【图 2 – 4 – 65】是一段时间的欧元兑美元小时走势图。

图 2 – 4 – 65 欧元兑美元走势图

　　看到【图2-4-65】的走势图，普通投资者意识中就会不自觉地把现在的高点看作是市场的顶部，【图2-4-66】是之后的走势图。

图2-4-66　欧元兑美元走势图

　　由【图2-4-66】可以看出，之前的顶部不是市场的真正顶部。寻找顶部的潜意识又会让投资者认为现在的顶部可能是市场的真正顶部。【图2-4-67】是之后的走势图。

　　由【图2-4-67】可以看出，第二次找到的顶部也不是市场真正的顶部，第一次找到的顶部已经成为现在的底部。寻找顶部的潜意识会继续让投资者认为现在的顶部就是市场真正的顶部。【图2-4-68】是之后的走势图。

　　由【图2-4-68】可以看出，第三次也没有猜中市场的顶部，那么第四次是不是市场的顶部呢？【图2-4-69】是之后的走势图。

　　由【图2-4-69】可以看出，第四次猜顶仍然没有成功。那么第五次呢？【图2-4-70】是之后的走势图。

图 2 – 4 – 67　欧元兑美元走势图

图 2 – 4 – 68　欧元兑美元走势图

图 2 - 4 - 69　欧元兑美元走势图

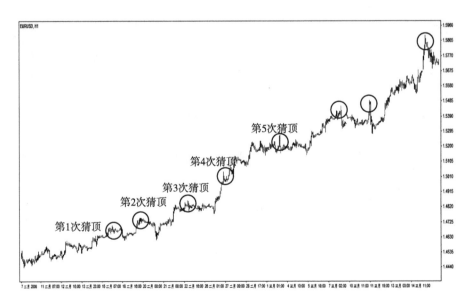

图 2 - 4 - 70　欧元兑美元走势图

由【图 2 - 4 - 70】可以看出，不光是第五次猜不中市场的顶部，第六次、第七次甚至第八次也可能猜不中市场的顶部。

顶部和底部都是相对而言的，现在的顶部可能是未来的顶部，也可能是未来的底部。猜顶或猜底的成本是无法预测的。猜顶或猜底一旦养成习惯，人们就会坚持这种错误的感觉，并一直在潜意识的引导下，不停地寻找市场的顶部卖出，或底部买入，如果不设定交易的止损，后果不堪设想。

中国大多数参与股票和期货实战的广大投资者，都没有接受过专业的交易培训，他们不自觉地养成一些错误的交易习惯，交易从来不设定止损和逆势交易博取反弹是他们的主要交易习惯，大家错误地认为选择在低点买入和在高点卖出，是实现盈利需要努力的方向，这是一种错误的交易观，它将直接导致你在交易中经常采用逆势买入或卖出的交易策略，下面我们举例说明，【图 2 - 4 - 71】是 2004 年 3 月至 2005 年 3 月的上证指数日线走势图。

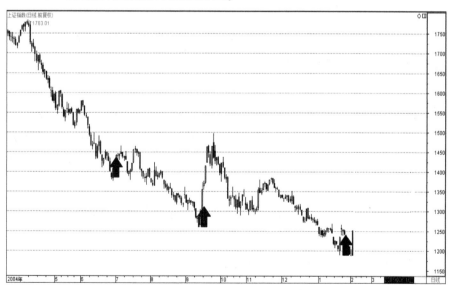

图 2 - 4 - 71　上证指数走势图

　　投资者和专家们都认为 1 200 点将是政策性的底部，大家几乎都是满仓杀入。【图 2 – 4 – 72】是之后的走势图。

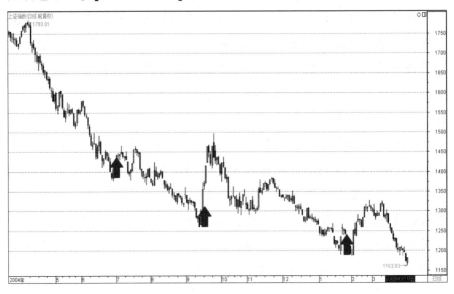

图 2 – 4 – 72　上证指数走势图

　　由【图 2 – 4 – 72】我们可以看出，价格再次跌破 1 200 点所谓的政策底部。大多数投资者由于错误的交易理念，总认为现在是底部，继续采取逆势加码买入，摊薄之前被套的交易成本（当时几乎每天电视评论都会给出这样的操作建议），【图 2 – 4 – 73】是之后的走势图。

　　由【图 2 – 4 – 73】我们可以看出，价格继续下跌，冲破专家预测的 1 100 点，奔向所有人预测的政策底部 1 000 点。【图 2 – 4 – 74】是之后的走势图。

　　由【图 2 – 4 – 74】我们可以看出，价格再次跌破政策底部 1 000 点，我记得第二天没有一个专家再看多，当天再没有专家出来预测行情走势。【图 2 – 4 – 75】是之后的走势图。

　　【图 2 – 4 – 75】中，对于现在是反弹还是上升趋势，专家们展开了无休止的争论。上升趋势在市场信心彻底崩溃时展开了，大多数老

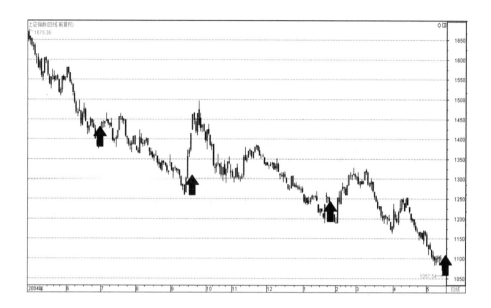

图 2-4-73　上证指数走势图

图 2-4-74　上证指数走势图

图2-4-75　上证指数走势图

股民在价格到达自己的入场价位时，选择撤离了股市。【图2-4-76】
是之后的走势图。

　　由【图2-4-76】可以看出，市场展开了一次波澜壮阔的大牛
市，在这次牛市中赚钱的不是之前被套的老股民，而是看到赚钱效应
蜂拥进入股市的新手。这些新的市场主力军同样没有接受过专业的交
易培训，他们的结局也将与老股民一样，【图2-4-77】是之后的走
势图。

　　再次做一个大胆的预测：目前的老股民将在之后的更大级别的牛
市中陆续解套离开股市，一批新生力量将杀入股市，成为新的主力军。
同样，如果这些人不改变错误的交易观，他们也将品尝到交易的苦果。
这种错误的交易观的改变是需要时间和坚强的意志力的，能够下决心
彻底改变这种错误意识的一定是少数，所以交易领域成功的人总是
少数。

　　要想在金融交易市场成功，就必须彻底改变找底买入和找顶卖出

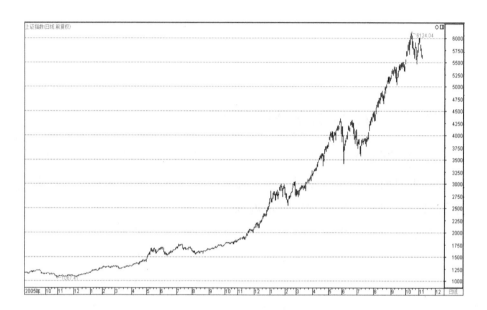

图 2 - 4 - 76　上证指数走势图

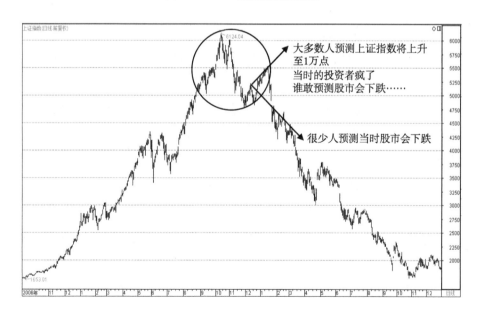

图 2 - 4 - 77　上证指数走势图

错误的交易习惯。

十一、为失败的交易找借口

亏损是交易中的必然事件，没有人可以逃避，它是交易成功不可或缺的重要组成部分。要想成功，你就必须为你所有的交易行为负责，不管最后的交易结果是亏损还是盈利。

在交易领域，你经常会听到交易失败的各种各样的借口，他们的共性就是推卸责任。生活中不愿意承担责任，事事找借口的人，在交易中也一样不愿为失败的交易负责，这样的性格决定了他们将失去很多学习和改造自己的机会。勇于承担责任是交易成功必备的素质，一个人如果做错了事，连承认的勇气都没有，不敢面对，必将一事无成。

在交易中，从辩证的角度看，赢就是输，输就是赢。你的每一次盈利，都无意间增长了你的贪婪和虚荣心，这些都为你的交易失败埋下了种子，如果你没有控制力，交易的失败将随时发生。同样，你的每一次失败，都让你重新认识了一次自己，为将来的成功积累经验，这些失败的交易都为你的交易成功埋下了种子，只要坚持，交易的成功将随时发生。

交易过程就是一个人的修行过程，我们通过交易，发现自己的缺点，修正自己的错误行为，这不是一两次或两三次可以改变的，需要经过犯错—改错—再犯错—再改错，只要你不离开交易领域，这个循环就不会停止。

不愿承担交易失败的责任，极易在交易中出现失控的操作，酿成单日或单次爆仓的局面发生。原因是，不管是普通投资者还是交易大师，都有赌性存在于潜意识之中，在实战交易过程中，成功者总是想尽办法不让赌性有发作的机会，他们会设置各种规则，阻止赌性的发作。而普通投资者经常会任由赌性肆虐自己的交易行为。

第五节　如何成功复制趋势交易法

毋庸置疑，成功是可以复制的。成功最佳的捷径就是去复制已经证明有效的方法，复制成功者的成功经验，做出与成功者一样的行为，即便得到的结果与成功者不尽相同，也具备了很高的相似度，这是成功最快速、也是最保险的方法。自己摸索，也可以成功，但是你苦苦摸索了几十年，可能会因为某些条件的限制而始终不能成功，即便成功，你要付出的努力和代价要远远大于复制成功。复制成功无需走成功者之前走过的弯路，帮你节省成功的时间。这就好比摸着石头过河，成功者直接告诉了你石头所在的位置。正所谓：成功者总是学习和借鉴别人的经验；失败者总是学习和总结自己的经验。

一、建立目标

目标是人们努力的方向，对人具有强烈的激励作用，没有目标的人生是非常可怕的。

我父亲的去世对我产生非常大的打击。我当时失去了赚钱的动力，对交易完全失去了兴趣，失去了人生的目标，最后得了严重的抑郁症。最后通过药物治疗、心理辅导和个人信仰，我重新找到了人生的目标，从 2008 年开始将交易成功的经验传授给有需要的人。回想当时如果不能很快找到人生新的目标，结局是非常可怕的。

英国伦敦有个叫斯尔曼的青年，他是一对登山家夫妇的儿子。斯尔曼11岁时，他的父母在乞力马扎罗山上遭遇雪崩，不幸遇难。临终前他们留给了年幼的斯尔曼一份遗嘱，希望他能攀登上世界著名的高山：乞力马扎罗山、阿尔卑斯山、喜马拉雅山。

这样的遗嘱对斯尔曼来说，简直是一场灵魂的地震。因为他的一条腿患了慢性肌肉萎缩症，连走路都有些跛。但面对父母的遗愿，斯尔曼没有退缩。他坚持不懈地锻炼身体，参加越野长跑，在南极适应冰天雪地的艰苦生活，到撒哈拉沙漠考验野外生存能力。19岁时，他来到珠穆朗玛峰脚下，要首先登上这座世界最高峰。经过半个多月艰苦卓绝的攀登和一次次死里逃生的险境后，斯尔曼终于站到了世界之巅。接着，21岁时，他登上了阿尔卑斯山；22岁时，他登上了乞力马扎罗山；28岁前，他登上了世界上所有著名的高山。

斯尔曼的壮举赢得了世人的崇敬，但是，当世人祝福并期待他再次创造新的辉煌时，却传来了惊人的消息：年仅28岁的斯尔曼自杀了。他在遗言中写道："我创造了那么多征服世界著名高山的壮举，那都是父母的遗嘱给我生命的一种信念，都是这种信念产生的巨大精神力量在起着作用。如今，当我攀登了那些高山之后，功成名就的我感到无事可做了，我没有了继续奋斗的新的方向。"斯尔曼因失去人生的目标，进而失去了人生的全部。

要想成功复制趋势交易法，首先，要设定一个长期的目标。其次，根据长期目标，设定短期的学习目标，这个短期目标一定要切合实际，是通过努力完全可以实现的。第三，达到一个短期目标后，再制定下一个学习目标，确保一个目标一个目标的实现。

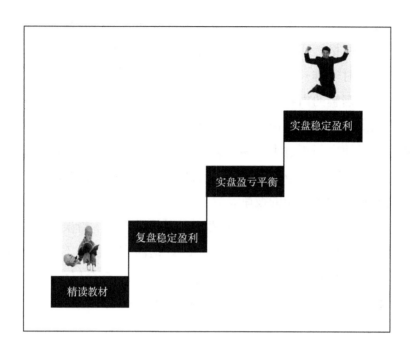

图 2 – 5 – 1　设定学习目标

二、明理

精读趋势交易法的理论是明理的最好途径，通过阅读从理论上理解趋势交易法的交易理念，看它是否适合自己的交易理念或习惯。如果与你的交易理念不同，就无需继续阅读书中的内容，因为你不接受，信息就无法进入潜意识。但是，你可以选择市场上其他的适合你的成功的交易方法。

在明理学习过程中，对不理解、模糊或思维上有断点的内容进行详细的记录，下一次阅读时，有选择地从这些记录有问题的地方开始阅读，直到解决所有的疑惑为止。每次阅读的内容不要过多，精读完后一定要进行回想，也就是闭上眼睛，将所阅读的内容在大脑中像播放电影一样回忆。回想是将所学内容进入潜意识最好的方法，建议每天晚上休息时安排一定时间的回想。

对于不理解的内容，切不可主观臆断，根据自己的想法将信息输入自己的潜意识，一旦错误理解并被潜意识接受，这个错误的理念就很难在短时间内纠正过来，在意识中建立的交易模型就可能出现方向偏离。你精心设计建立起来的高楼大厦已经歪斜，而你却无法发觉，这令交易难以达到成功的彼岸。

投资者切不可囫囵吞枣地阅读《趋势交易法》，错误地认为自己已经系统地理解或掌握了趋势交易法的理论内容，就迫不及待地把自己的一些想法应用于实战交易中，这样的行为一定会以失败而告终。例如，【图2-5-2】是一个投资者绘制的拐点线。

图2-5-2　欧元兑美元走势图

这位投资者问我：他绘制的拐点线是否正确。

我回答：拐点线绘制的没有问题，但是我不知道你绘制这条拐点线的目的是什么。

他告诉我：按照你说的，突破拐点线后，我准备卖出。

我回答：也对，也不对。因为，拐点线分为趋势拐点线和导航拐点线，趋势拐点线和导航拐点线都可能转变成转向拐点线，但是转变为转向拐点线是有严格的条件的，价格突破拐点线执行反向交易计划时，必须满足一定的条件。【图2-5-3】是之后的走势图。

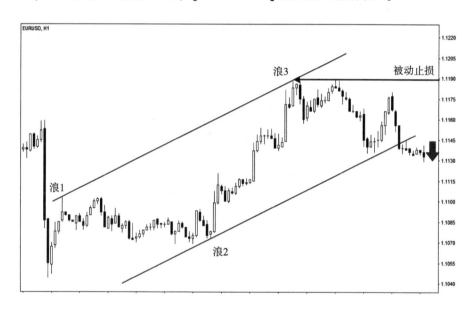

图2-5-3　欧元兑美元走势图

【图2-5-3】中，是这位投资者执行的卖出交易计划，是错误理解拐点线应用的一个典型实例。

有投资者会问：为什么突破了拐点线，不能执行卖出订单呢？

原因是，浪2为abcde结构，自浪3最高点展开的下跌与浪2结构具有相似性，根据结构优先的原则，此时不能以拐点线作为转向工具，而要以浪3的62%作为重要的转向点，如【图2-5-4】所示。

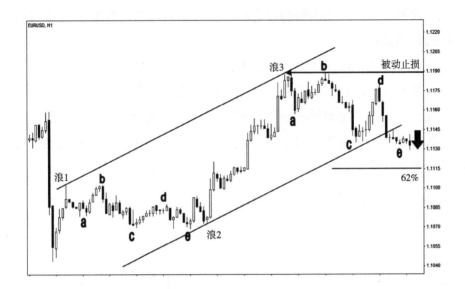

图 2-5-4 欧元兑美元走势图

【图 2-5-4】中，只要价格不跌破 62% 位置，这个上升趋势结束就是小概率事件。【图 2-5-5】是之后的走势图。

图 2-5-5 欧元兑美元走势图

【图2-5-6】中，这位投资者再次绘制出的拐点线。

图2-5-6 欧元兑美元走势图

投资者问我：他绘制的拐点线是否正确？

我回答：绘制的拐点线没有问题，但是此时浪4形成了复合abcde调整浪结构，根据前后区间比值，我们确定这个上升趋势为扩张（或钻石）7浪结构，在7浪结构的趋势中，我们不启动拐点线转向工具，所以，此时无需绘制上升趋势的拐点线。【图2-5-7】是之后的走势图。

【图2-5-8】中，这位投资者再次绘制的错误的拐点线。

【图2-5-8】中绘制的拐点线很标准，为什么还是有问题呢？

原因是，这个上升趋势是钻石7浪结构，上升趋势的主趋势结构和子浪结构都已经完成，我们可以直接转向或启动导航拐点线延时转向，而不能使用趋势拐点线转向，如【图2-5-9】所示。

【图2-5-10】是之后的走势图。

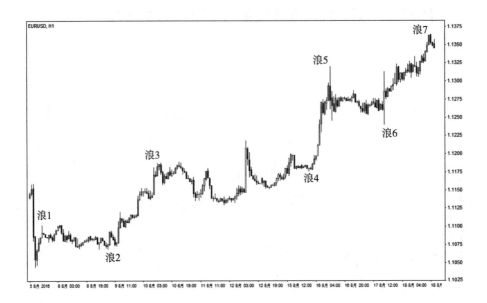

图 2 - 5 - 7 　欧元兑美元走势图

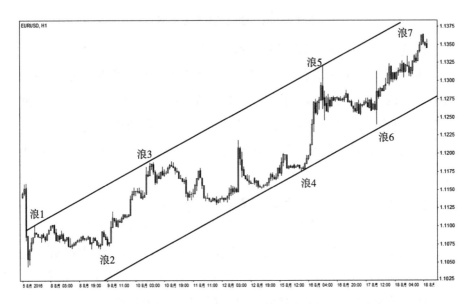

图 2 - 5 - 8 　欧元兑美元走势图

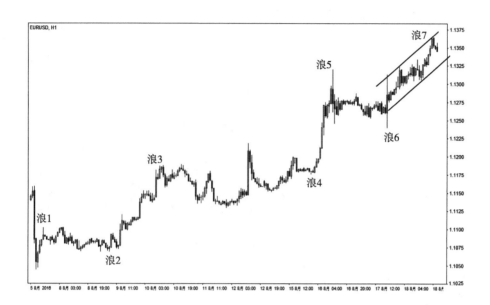

图 2 - 5 - 9　欧元兑美元走势图

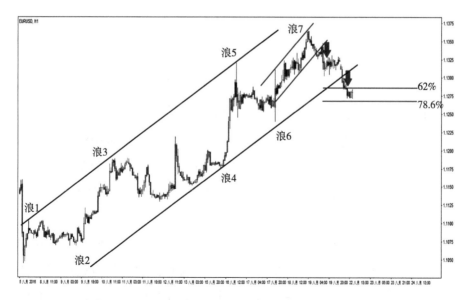

图 2 - 5 - 10　欧元兑美元走势图

　　由【图 2 – 5 – 10】可以看出，价格突破了导航拐点线和趋势拐点线，此时做空将面临非常重要的 62% ~ 78.6% 的挑战，因为价格在 62% ~ 78.6% 区域通常会展开强势回调，突破趋势拐点线执行卖出计划，将面临价格回调的心理压力。【图 2 – 5 – 11】是之后的走势图。

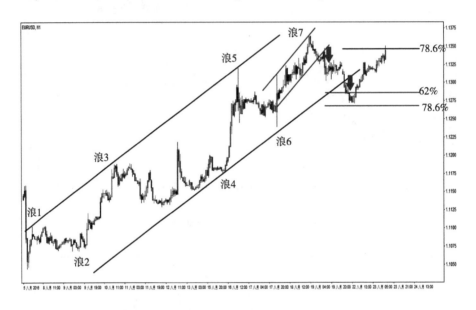

图 2 – 5 – 11　欧元兑美元走势图

　　【图 2 – 5 – 11】中可以看出，价格在 62% ~ 78.6% 展开强势回调，并进入可能的下跌浪 1 的 62% ~ 78.6% 位置，这通常是调整浪浪 2 结束的位置，很多投资者承受不住浮动亏损的心理压力，会在此时选择止损，甚至有人会止损后做多，将被市场左右扇耳光。【图 2 – 5 – 12】是之后的走势图。

　　趋势交易法的各个应用工具都不是独立存在的，它们是建立在趋势交易法波浪理论基础之上的各种组合。因此在明理学习趋势交易法过程中，一定要多思考，通过我的表述，系统掌握并理解趋势交易法的各部分理论内容，并能够理解内容之间的相互关系。以上这位投资

图 2 – 5 – 12   欧元兑美元走势图

者交易失败的根本原因，就是没有明理，独立应用拐点线工具，没有将拐点线工具与波浪理论进行结合来分析市场走势。

因此，在明理的学习过程中，要通过阅读文字的表述，理解我要表达的交易的内涵。

三、信受

信受是指从内心里相信并接受。

首先，你要相信趋势交易法，如果你从内心里不相信，不接受这样的交易理念，那就没有必要浪费时间学习，因为学习趋势交易法的理论，这些交易技巧也不能进入到你的潜意识中，对你的交易不会有任何帮助。

任何理论，要想系统消化并转化成自己的东西，就必须从心底里相信它，接受它，而不是表面接受。否则，带着一种排斥、怀疑，甚至挑战的心态来学习，你摄取知识的潜意识大门永远是关闭的，你永远还是你自己，不愿抛弃自己的交易恶习，结果只能是继续面对交易给你带来的痛苦。人们习惯执着于自己的想法和做法，因此必须破除我执，才能很好地学习并接受他人的理论。

其次，你要相信你自己，相信通过自己的努力，一定可以系统掌握趋势交易法的理论。有信心虽然不一定能够确保成功，但是没有信心的人一定不会成功。信心是成就一切事物的源泉，任何成功都需要信心甘露的滋润与灌溉。

想在交易上有所建树，就必须在内心建立起强烈的自信，相信自己的能力，相信自己一定能够成为一名优秀的交易员，相信自己最后一定能够成功。

四、执行

要想成功复制他人的交易系统，一定要做到知行合一。交易中的知行合一的"知"是指交易系统，"行"乃交易中的执行。对模仿者来说，"知行合一"说起来容易，做起来却是相当的困难，它将是你能否成功的关键，也是你一直都要去努力追求的交易最高境界。

先有知，后有行。首先通过阅读成功者的著作，投资者系统掌握其交易理论，并通过成功者讲述的理论知识，感悟他的交易思想。只有感受到成功者的交易思想，进入投资者潜意识中的理论知识才是知行合一的"真知"，以此指导投资者的交易行为，才能做到真正的知行合一，才能慢慢地向成功靠近。如果不能感受到成功者的交易思想，投资者大脑中的有关成功者的交易理论就是"假知"，以此指导的交易行为，距离成功的交易就会越来越远。

一个成功的交易员必须具备的四个要素：执行力、交易模型、资金管理和专业交易心理。它们的相互关系，如【图 2 – 5 – 13】所示。

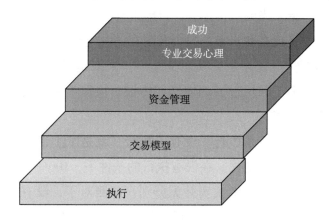

图 2 – 5 – 13　成功交易员四要素示意图

执行力是交易员必备的基本素质之一，也是交易的重中之重。没有了执行，交易模型、资金管理或交易心理都成了摆设。

在交易过程中，我们每天面对的事情就是：过去、现在和未来，如【图 2 – 5 – 14】所示。

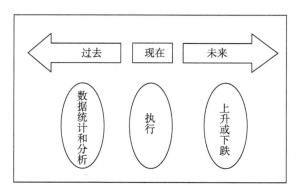

图 2 – 5 – 14　过去、现在和未来

　　过去，是指通过对过去的行情走势进行数据统计和分析，找到行情运行的规律性，根据大概率事件指导交易行为，避免交易的盲目性。

　　现在，是指执行。即根据交易系统发出的买卖信号，执行交易计划。

　　未来，是指未来的行情走势，可能上升，也可能下跌。

　　交易指的是现在和未来：投资者现在的决定是什么，是看涨买入，还是看跌卖出？不管你是买入还是卖出，未来是对现在决定的验证。人们的意识习惯于回忆过去的懊恼和悔恨、憧憬未来的美好，不愿意为现在的决定负责。

　　现在的决定，就是执行。没有了执行，就是纸上谈兵，无所谓预测的结果是正确还是错误。在没有执行的条件下，100%准确率的预测与零准确率的预测，二者其实并无分别：预测对了，没有执行，没有亏损也没有盈利；你预测错了，没有执行，也是没有亏损也没有盈利。

　　交易成功最重要的三个要素是：执行、执行和执行。

　　交易系统一旦发出买卖交易信号，就必须坚决地执行，而不考虑这笔交易的最后结果是盈利还是亏损，坚持用相同的交易规则迎接每一次新的挑战，这是交易能够成功的必要条件。

　　在学习趋势交易法的过程中，一开始投资者很难做到100%地执行趋势交易法的理论，因为潜意识中已经固化有一些自己的交易理念。因此，投资者需要制定明确的目标，一开始可以要求执行50%，之后是60%、70%，逐渐增加到80%、90%甚至100%，一点一点地消除潜意识中错误的交易理念。如果能坚持趋势交易法的交易行为21天，投资者就会形成稳定的交易行为；超过91天，它就可以成为交易习惯。

第六节　总　　结

通过第二章的学习，投资者需要掌握：

1. 什么是真正意义上的交易，对交易的理解能够上升到一个更高的高度；

2. 了解金融市场1:2:7法则，能够认识到自己在交易中的失败是一个必然事件，它是人们走向成功的重要台阶；

3. 通过投资者交易失败的原因，找出自己交易失败的主要原因；

4. 明白如何才能成功复制趋势交易法。

第三章
区间跨度

第一节　区间跨度的定义

一、上升趋势的区间跨度

上升趋势的区间跨度：是指价格创出新高，到再次创出新高并收市于新高之上的周期，简称为区间，用 Q_{jt} 表示。下面举例说明，【图 3 - 1 - 1】是一段欧元兑美元小时走势图。

【图 3 - 1 - 1】中出现了阶段性新高，开始计数再次突破新高并收市于新高之上的 K 线根数，【图 3 - 1 - 2】是之后的走势图。

由【图 3 - 1 - 2】可以看出，新高之后的第 15 根 K 线再次突破并收市于新高之上，第一个区间形成：$Q_{jt1} = 15$，如【图 3 - 1 - 3】所示。

【图 3 - 1 - 4】是之后的走势图。

【图 3 - 1 - 4】中价格形成了新的高点，未来只要价格在第一个区

图 3 - 1 - 1　欧元兑美元走势图

图 3 - 1 - 2　欧元兑美元走势图

图 3 - 1 - 3　欧元兑美元走势图

图 3 - 1 - 4　欧元兑美元走势图

间最低点与新高之间运行，就不停地计数，直到出现再次突破新高的
K线，【图3-1-5】是之后的走势图。

图3-1-5 欧元兑美元走势图

由【图3-1-5】可以看出，价格在第9根再次突破新高，由于
这是上升趋势的第二个区间，所以不需要价格收市于新高之上，确认
第二个区间形成：Qjt2 = 9，如【图3-1-6】所示。

【图3-1-7】是之后的走势图。

【图3-1-7】再次形成新的高点，再次开始计数，【图3-1-8】
是之后的走势图。

由【图3-1-8】可以看出，第13根K线再次突破新高，第三个
区间形成：Qjt3 = 13。

图 3 – 1 – 6　欧元兑美元走势图

图 3 – 1 – 7　欧元兑美元走势图

图 3 – 1 – 8　欧元兑美元走势图

二、下降趋势的区间跨度

下降趋势的区间跨度：是指价格创出新低，到再次创出新低并收市于新低之下的周期，简称为区间。下面举例说明，【图 3 – 1 – 9】是一段欧元兑美元小时走势图。

【图 3 – 1 – 9】中价格已经突破了之前上升趋势的第三个区间的最低点，这时开始寻找下降趋势的区间跨度，目前存在一个 3 的区间，如【图 3 – 1 – 10】所示。

【图 3 – 1 – 11】是之后的走势图。

由【图 3 – 1 – 11】可以看出，下降趋势中再次形成一个 4 的区间，【图 3 – 1 – 12】是之后的走势图。

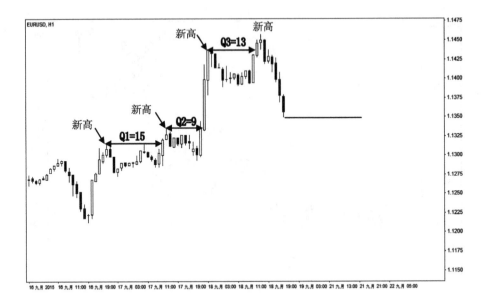

图 3 - 1 - 9　欧元兑美元走势图

图 3 - 1 - 10　欧元兑美元走势图

图 3 - 1 - 11　欧元兑美元走势图

图 3 - 1 - 12　欧元兑美元走势图

【图 3 - 1 - 13】是之后的走势图。

图 3 - 1 - 13   欧元兑美元走势图

由【图 3 - 1 - 13】可以看出，下降趋势中再次形成一个 2 的区间，【图 3 - 1 - 14】是之后的走势图。

图 3 - 1 - 14   欧元兑美元走势图

由【图 3 – 1 – 14】可以看出，下降趋势中最后形成了一个 16 的区间。

第二节　区间跨度的种类

一、外区间与内区间

1. 外区间

如果一个区间跨度内包含有内区间，称这个区间跨度为外区间。没有内区间的区间跨度，通常也称之为外区间。

2. 内区间

外区间内的更小级别的区间跨度，称之为内区间。

外区间与内区间，如【图 3 – 2 – 1】所示。

二、失败区间

在第二个或以上区间跨度形成过程中，虽然价格没有突破新高或新低，但是在设定的周期内（前一区间的 0.828 ~ 1.208）价格已经回到之前浪的 78.6% 位置，即可认定新的区间已经成立，这个区间有可能为失败区间。如【图 3 – 2 – 2】所示。

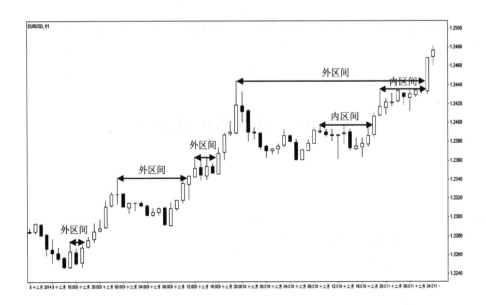

图 3 - 2 - 1　内、外区间

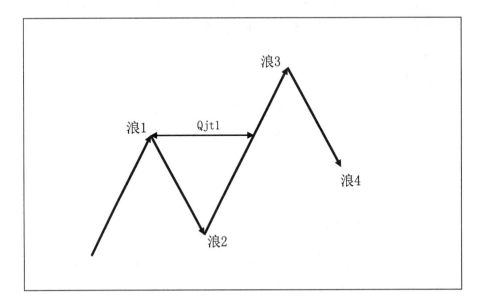

图 3 - 2 - 2　失败区间跨度

【图3-2-2】中已经形成了一个区间，目前正在形成第二个区间，如果价格能够在设定的周期内［（0.828～1.208）×Qjt1］回到浪4的78.6%位置，就可以认定第二个区间已经形成，如【图3-2-3】所示。

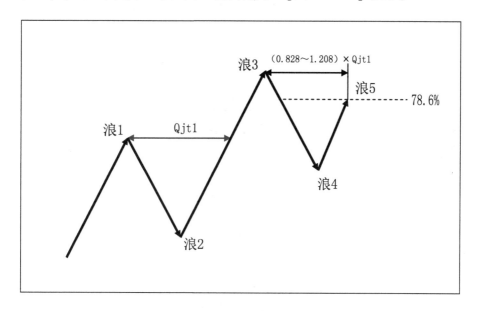

图3-2-3 失败区间

失败区间表示：如果价格不能突破78.6%区域，行情有可能演变成失败5浪。

三、隐形区间

在上升趋势中，隐形区间是指全部由阳线形成的区间，如【图3-2-4】所示。

在下降趋势中，隐形区间是指全部由阴线形成的区间，如【图3-2-5】所示。

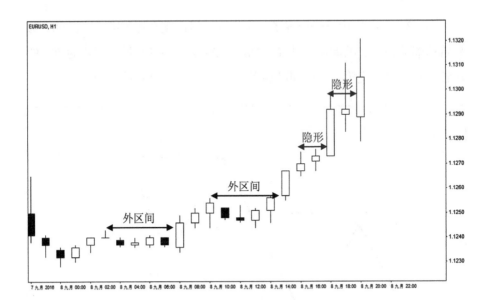

图 3 - 2 - 4　上升趋势中的隐形区间

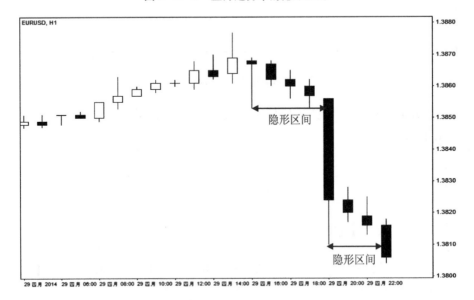

图 3 - 2 - 5　下降趋势中的隐形区间

第三节 区间跨度的归类

一、根据 dif 值归类

1. dif

两个区间跨度的值都小于或等于 10 时，前后两个区间跨度的差值称之为 dif，

$$dif = Qjt（n+1）- Qjt（n）$$

举例说明，【图 3-3-1】是一段欧元兑美元小时走势图。

【图 3-3-1】中，上升趋势中的两个区间 Q1 和 Q2 都小于 10，这两个区间的差值 dif = 3 - 8 = -5。【图 3-3-2】是之后的走势图。

【图 3-3-2】中，上升趋势中的后两个区间 Q2 和 Q3 都小于 10，这两个区间的差值 dif = 9 - 3 = 6。

2. 区间跨度归类

（1）同级别区间

如果 dif 介于 -2~2 之间，则后一区间相对于前一区间为同级别区间。

举例说明，【图 3-3-3】是一段欧元兑美元小时走势图。

【图 3-3-3】中，上升趋势的两个区间都小于 10，dif = Q2 -

图 3 − 3 − 1　欧元兑美元走势图

图 3 − 3 − 2　欧元兑美元走势图

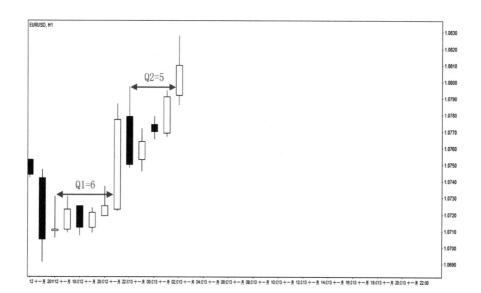

图 3 - 3 - 3　欧元兑美元走势图

Q1 = 5 - 6 = - 1。dif 的值介于 - 2 ~ 2 之间，区间 Q2 相对于 Q1 为同级
别区间，【图 3 - 3 - 4】是之后的走势图。

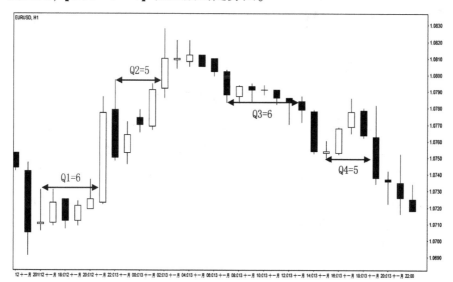

图 3 - 3 - 4　欧元兑美元走势图

【图3-3-4】中，下降趋势的两个区间都小于10，dif = Q4 −
Q3 = 5 − 6 = − 1。dif 的值介于 − 2 ~ 2 之间，区间 Q4 相对于 Q3 为同级
别区间。

（2）扩张区间

如果 dif 介于 3 ~ 5 之间，则后一区间相对于前一区间为扩张区间。

举例说明，【图3-3-5】是一段欧元兑美元小时走势图。

图3-3-5 欧元兑美元走势图

【图3-3-5】中，上升趋势的两个区间都小于或等于10，dif =
Q2 − Q1 = 10 − 5 = 5，dif 介于 3 ~ 5 之间，Q2 相对于 Q1 为扩张区间。

两个区间为扩张区间，预示这个上升趋势将由 3 个区间完成，也
就是说后边还会出现一个与 10 区间耦合的区间。耦合是指两个区间为
同级别、扩张或收缩，【图3-3-6】是之后的走势图。

（3）收缩区间

如果 dif 介于 − 3 ~ − 5 之间，则后一区间相对于前一区间为收缩
区间。

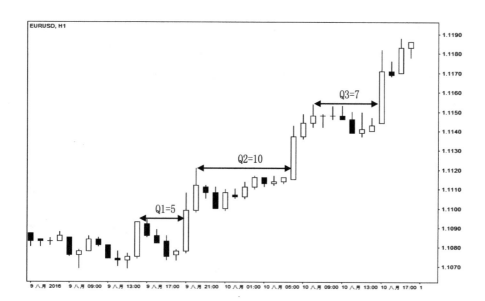

图 3 - 3 - 6 欧元兑美元走势图

举例说明，【图 3 - 3 - 7】是一段欧元兑美元小时走势图。

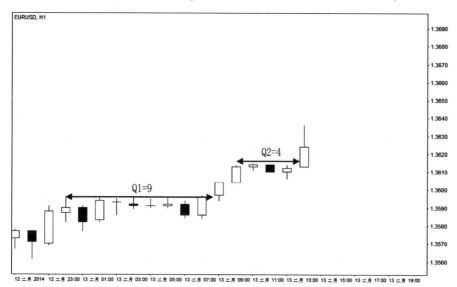

图 3 - 3 - 7 欧元兑美元走势图

【图3-3-7】中，上升趋势的两个区间都小于10，dif = Q2 -
Q1 = 4 - 9 = -5，dif介于 -3 ~ -5 之间，Q2 相对于 Q1 为收缩区间。

两个区间为收缩区间，预示后边还会出现一个与区间 Q2 = 4 耦合
的区间，【图3-3-8】是之后的走势图。

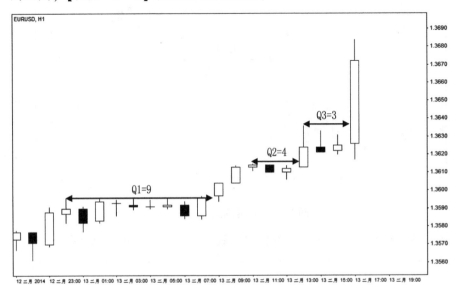

图3-3-8　欧元兑美元走势图

（4）升级区间

如果 dif 介于 6 ~ 8 之间，则后一区间相对于前一区间为升级区间。
举例说明，【图3-3-9】是一段欧元兑美元小时走势图。

【图3-3-9】中，下降趋势的两个区间都小于10，dif = Q2 -
Q1 = 9 - 3 = 6，Q2 区间相对于 Q1 为升级区间，根据区间耦合原则，
区间单独存在是小概率事件，所以需要寻找 Q1 = 3 是否存在耦合区
间，如【图3-3-10】所示。

【图3-3-10】中，q1 和 q2 两个区间为同级别区间，根据区间耦
合原则，下降趋势还会出现一个与区间 Q1 = 7 耦合的区间，【图3-
3-11】是之后的走势图。

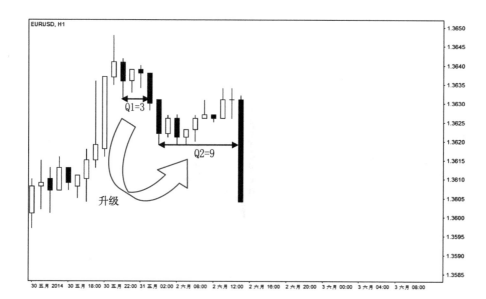

图 3 - 3 - 9　欧元兑美元走势图

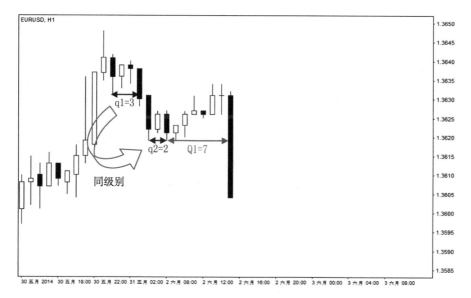

图 3 - 3 - 10　欧元兑美元走势图

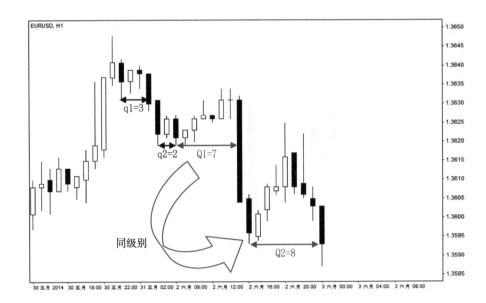

图 3 – 3 – 11　欧元兑美元走势图

【图 3 – 3 – 11】中，出现了一个 Q2 = 8 的区间，与 Q1 = 7 为同级别区间。

（5）降级区间

如果 dif 介于 – 6 ～ – 8 之间，则后一区间相对于前一区间为降级区间。

举例说明，【图 3 – 3 – 12】是一段欧元兑美元小时走势图。

【图 3 – 3 – 12】中，前后两个区间的 dif = 2 – 9 = – 7，Q2 相对于 Q1 为降级区间，【图 3 – 3 – 13】是之后的走势图。

【图 3 – 3 – 13】中，出现了一个 q2 = 3 的区间，与 q1 = 2 为同级别区间。两个区间相对 Q1 = 9 的区间都是降级区间，潜意识中可以忽略两个降级区间的存在，未来还会有一个与 Q1 = 9 耦合的区间，【图 3 – 3 – 14】是之后的走势图。

【图 3 – 3 – 14】中，出现了一个 Q2 = 8 的区间，与 Q1 = 9 为同级别区间。

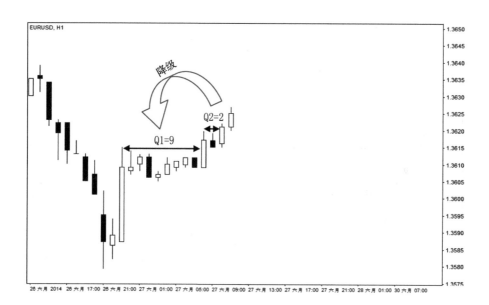

图 3 – 3 – 12　欧元兑美元走势图

图 3 – 3 – 13　欧元兑美元走势图

图 3 – 3 – 14　欧元兑美元走势图

3. dif 小结

前后区间根据 dif 的值进行归类总结，如【图 3 – 3 – 15】所示。

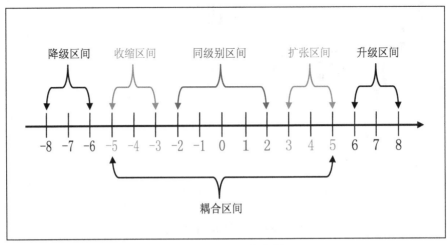

图 3 – 3 – 15　区间归类

为了便于记忆，可以总结如下：

0、1、2，同级别；

3、4、5，扩或缩；

6、7、8，升降级。

二、根据 δ 值归类

1. δ

如果前后两个区间的值有一个大于 10，前后两个区间的商值，我们称之为 δ。

$$\delta = Qjt\ (n+1)\ \div Qjt\ (n)$$

举例说明，【图 3 - 3 - 16】是一段欧元兑美元小时走势图。

图 3 - 3 - 16　欧元兑美元走势图

【图3-3-16】中，有一个区间 Q2 = 15 大于 10，前后两个区间的商值 δ = 15/8 = 1.88。

2. 区间跨度归类

（1）同级别区间

如果前后两个区间商值 δ 介于 0.828 ~ 1.208 之间，后一区间相对于前一区间为同级别区间。

举例说明，【图3-3-17】是一段欧元兑美元小时走势图。

图3-3-17　欧元兑美元走势图

【图3-3-17】中，两个区间都大于 10，δ = Q2/Q1 = 17/16 = 1.06，介于 0.828 ~ 1.208 之间，Q2 相对于 Q1 为同级别区间。同级别区间出现两个区间后，行情反转是大概率事件，【图3-3-18】是之后的走势图。

（2）扩张区间

如果前后两个区间商值 δ 介于 1.208 ~ 2.618 之间，后一区间相对

图 3 - 3 - 18 欧元兑美元走势图

于前一区间为扩张区间。

举例说明,【图 3 - 3 - 19】是一段欧元兑美元小时走势图。

图 3 - 3 - 19 欧元兑美元走势图

【图3－3－19】中，两个区间都大于10，δ＝18/13＝1.38，介于1.208～2.618之间，Q2相对于Q1为扩张区间，预示后边还会有一个与Q2＝18耦合的区间，【图3－3－20】是之后的走势图。

图3－3－20　欧元兑美元走势图

【图3－3－20】中，出现了Q3＝28的区间，与之前的两个区间存在耦合性，确认上升趋势完成了三个扩张区间，预示行情很快由上升趋势转为下降趋势是大概率事件。

（3）收缩区间

如果前后两个区间商值δ介于0.382～0.828之间，后一区间相对于前一区间为收缩区间。

举例说明，【图3－3－21】是一段欧元兑美元小时走势图。

【图3－3－21】中，上升趋势的前后两个区间的商值δ＝24÷43＝0.55，介于0.382～0.828之间，Q2相对于Q1为收缩区间，预示后边还会出现一个与Q2＝24耦合的区间，【图3－3－22】是之后的走势图。

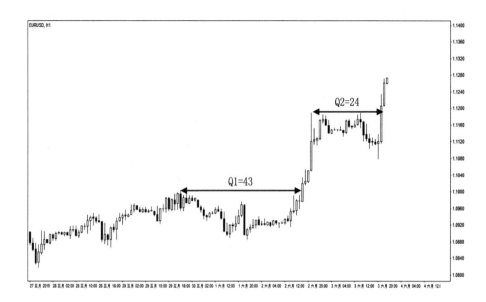

图 3 – 3 – 21　欧元兑美元走势图

图 3 – 3 – 22　欧元兑美元走势图

由【图3-3-22】可以看出，之后出现了一个与Q2=24耦合的区间，完成不同级别三个区间，预示行情将很快由上升趋势转为下降趋势。

（4）升级区间

如果前后两个区间的比值δ大于2.618，后一区间相对于前一区间为升级区间。

举例说明，【图3-3-23】是一段欧元兑美元小时走势图。

图3-3-23 欧元兑美元走势图

【图3-3-23】中，前后两个区间的比值δ = Q2/Q1 = 17/5 = 3.4，大于2.618，Q2 =17相对于Q1 =5为升级区间。

（5）降级区间

如果前后两个区间的比值δ小于0.382，后一个区间相对于前一区间为降级区间。

举例说明，【图3-3-24】是一段欧元兑美元小时走势图。

【图3-3-24】中，Q3 = 5与Q2的比值δ = 5/17 = 0.29，小于0.382，Q3相对于Q2为降级区间。

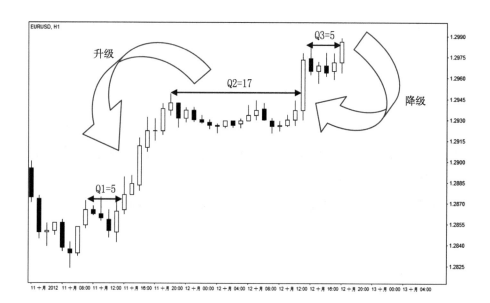

图 3 - 3 - 24　欧元兑美元走势图

3.δ 小结

前后区间根据 δ 的值进行归类总结，如【图 3 - 3 - 25】所示。

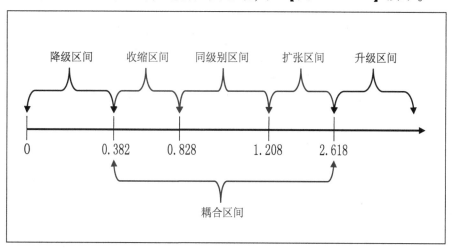

图 3 - 3 - 25　区间归类

第四节　区间跨度的特性

区间跨度具有耦合性，也就是一个上升趋势或下降趋势通常是由两个同级别，或三个不同级别区间跨度构成，区间跨度单独存在于趋势结构中是小概率事件。

各种趋势结构，如【图3-4-1】所示（以上升趋势为例）。

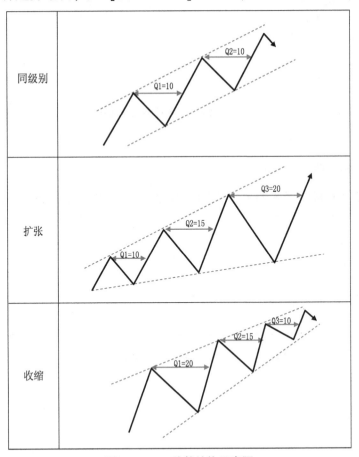

图3-4-1　趋势结构示意图

在三个区间构成的趋势结构中，引入两个特殊趋势结构：钻石和X型。如【图3-4-2】所示。

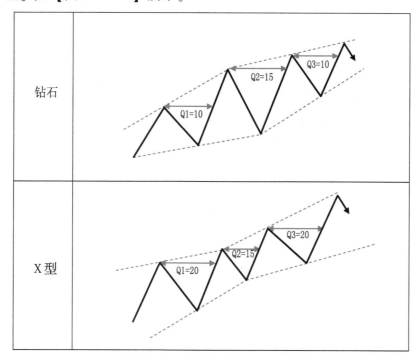

图3-4-2 特殊趋势结构示意图

第五节 区间跨度的应用

一、确定趋势方向

可以利用前后区间的相关性，来确定未来趋势的方向。举例说明，【图3-5-1】是一段欧元兑美元小时走势图。

图3－5－1　欧元兑美元走势图

　　【图3－5－1】中的下降趋势为扩张趋势结构，其中最小的区间为
25，可以根据这个区间值，预测未来上升趋势的区间一般不会小于
25，【图3－5－2】是之后的走势图。

图3－5－2　欧元兑美元走势图

【图3-5-2】中出现了一个19的区间，由于小于之前下降趋势的第一个区间25，所以目前根据19的区间确定未来上升趋势是小概率事件，只要价格不突破之前最后一个下跌浪的62%位置，仍然考虑目前的走势为下降趋势，仍然继续持有空头头寸，【图3-5-3】是之后的走势图。

图3-5-3 欧元兑美元走势图

【图3-5-3】中出现了一根大的阳线，虽然没有突破之前的高点，但是以这一根K线计算的区间Q_{jt}已经达到34，大于之前下降趋势的第一个区间25，所以，此时基本可以确立上升趋势已经开始，根据之前下降趋势结构由三个区间构成，可以预测未来上升趋势也是三个区间是大概率事件，如【图3-5-4】所示。

【图3-5-5】是之后的走势图。

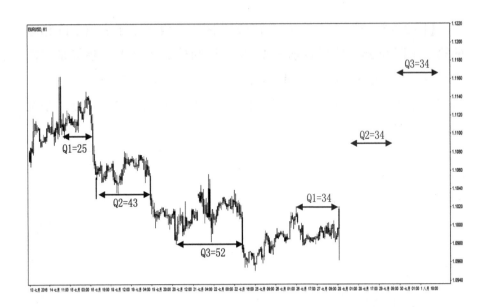

图 3 - 5 - 4　欧元兑美元走势图

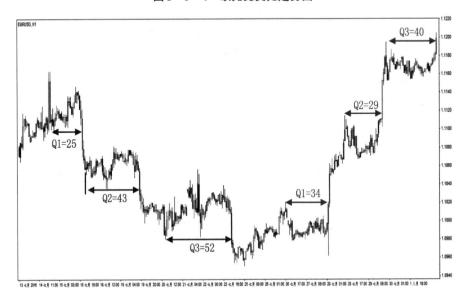

图 3 - 5 - 5　欧元兑美元走势图

二、数浪

我们可以根据前后区间比率关系进行数浪。我们通过实例进行讲解。【图3－5－6】是一段欧元兑美元小时走势图。

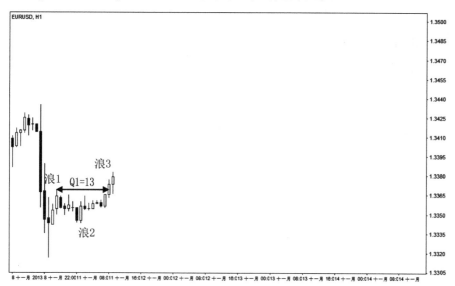

图3－5－6　欧元兑美元走势图

【图3－5－6】中最大的区间是13，我们根据最大的区间可以确定出目前的浪1、浪2和浪3，【图3－5－7】是之后的走势图。

【图3－5－7】中形成了一个3的区间，由于前后区间比值δ＝3/13＝0.23，小于0.382属于降级区间，表示浪3是一个复合浪，也就是由2个同级别区间5浪（或3个不同级别区间7浪）构成，在确定子浪结构过程中，首先要观察之前是否存在内区间，13的区间内存在一个6的内区间，所以目前的浪3运行在子浪5中，通过前后区间dif＝3－6＝－3，可以确定浪3有可能是一个收缩的7浪结构，如【图3－5－8】所示。

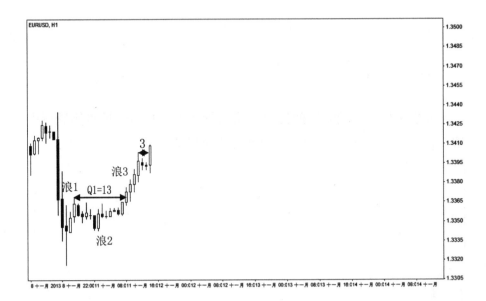

图 3 - 5 - 7　欧元兑美元走势图

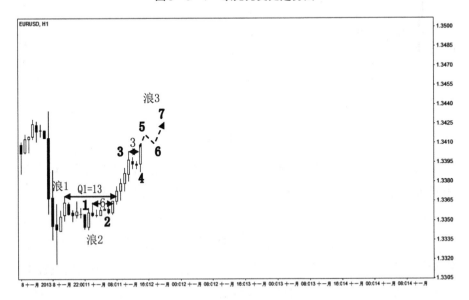

图 3 - 5 - 8　欧元兑美元走势图

【图 3 - 5 - 9】是之后的走势图。

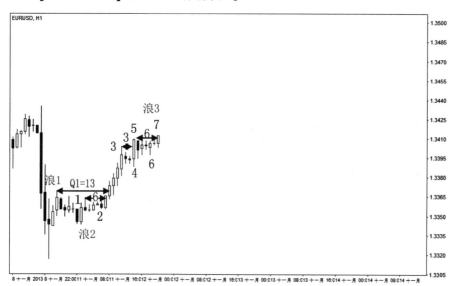

图 3 - 5 - 9　欧元兑美元走势图

由【图 3 - 5 - 9】可以看出，浪 3 是一个 X 型结构，已经完成 7 浪结构，预示浪 3 已经接近结束，目前要考虑的是下一个区间的形成，也就是浪 4 和浪 5 的走势。根据前后区间耦合原则，上升趋势的第二个区间不会小于 $0.382 \times 13 = 5$，需要等待大于 5 的区间出现，确立浪 4 和浪 5，【图 3 - 5 - 10】是之后的走势图。

【图 3 - 5 - 10】中，形成了大于 5 的区间：18，确立了上升趋势的浪 4 和浪 5，根据前后区间的比值 $\delta = 18/13 = 1.38$，介于 $1.208 \sim 2.618$ 之间，确认目前的上升趋势为扩张或钻石结构为大概率事件，也就是出现浪 6 和浪 7 是大概率事件，需要耐心等待第三个区间的出现，【图 3 - 5 - 11】是之后的走势图。

【图 3 - 5 - 11】中形成了第三个区间 $Qjt = 28$，上升趋势结构已经完成，预示行情转为下降趋势是大概率事件，【图 3 - 5 - 12】是之后的走势图。

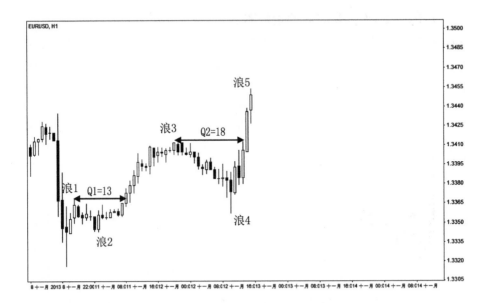

图 3 – 5 – 10　欧元兑美元走势图

图 3 – 5 – 11　欧元兑美元走势图

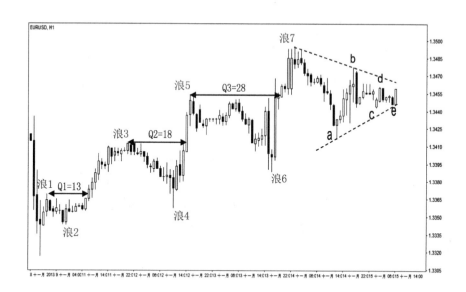

图 3 – 5 – 12 欧元兑美元走势图

由【图 3 – 5 – 12】可以看出，在扩张 7 浪结构完成后，出现了一个收缩三角形，预示小概率事件将要发生，也就是说上升趋势在扩张 7 浪结构完成后并没有结束，上升趋势将继续，【图 3 – 5 – 13】是之后的走势图。

图 3 – 5 – 13 欧元兑美元走势图

由【图3－5－13】可以看出，最后出现了一个 Q4 = 56 的区间，此时需要将之前的扩张 7 浪合并成新的浪 1，开始重新数浪，如【图3－5－14】所示。

图3－5－14　欧元兑美元走势图

三、预测趋势结束点

投资者可以通过第一个区间跨度的值和浪 1 的周期，来计算整个上升趋势或下降趋势的结束点，

$$Tw = 2.5 \times (T1 + Q1)$$

Tw 为一个上升趋势或下降趋势的完整周期，T1 为浪 1 的周期，Q1 为第一个区间的周期，我们举例说明。【图3－5－15】是一段欧元兑美元小时走势图。

【图3－5－15】中，第一个区间的值 Q1 = 45，浪 1 的周期 T1 = 4，

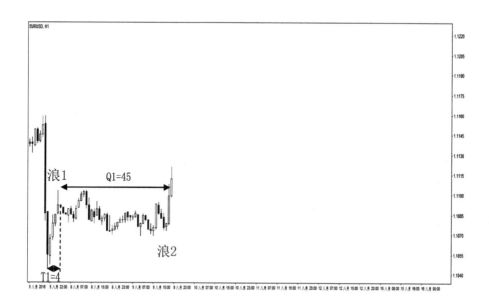

图3－5－15 欧元兑美元走势图

未来整个上升趋势的完整周期 Tw ＝ 2.5 × （T1 ＋ Q1） ＝ 2.5 × （45 ＋ 4） ＝ 122，如【图3－5－16】所示。

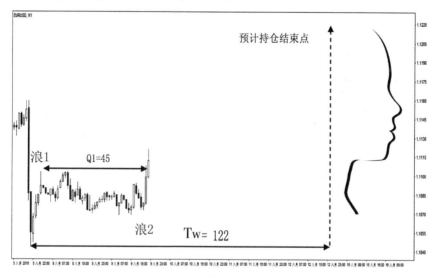

图3－5－16 欧元兑美元走势图

【图 3 – 5 – 17】是之后的走势图。

图 3 – 5 – 17　欧元兑美元走势图

由【图 3 – 5 – 17】可以看出，价格在接近 Tw = 122 位置完成了上升趋势同级别 5 浪结构。

四、止损转向点

用趋势区间形成的低点作为止损转向点，下面举例说明。【图 3 – 5 – 18】是一段欧元兑美元小时走势图。

首先，找出上升趋势的两个趋势区间，确定浪 1、浪 2、浪 3、浪 4 和浪 5，如【图 3 – 5 – 19】所示。

【图 3 – 5 – 19】中，区间 Q2 = 20 形成的低点，可以作为主动止损转向点。【图 3 – 5 – 20】是之后的走势图。

【图 3 – 5 – 20】中又形成了一个 10 的新的区间，根据前后区间比值（10/20 = 0.5），确定为收缩结构，目前的上升趋势结构变成了钻

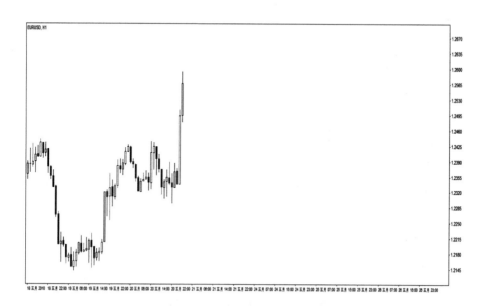

图 3 – 5 – 18 欧元兑美元走势图

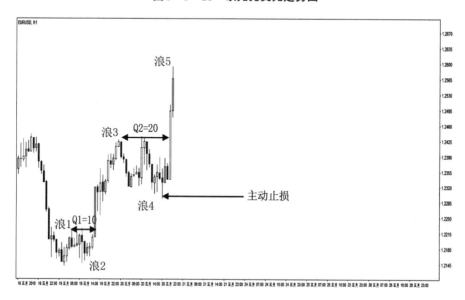

图 3 – 5 – 19 欧元兑美元走势图

图 3 – 5 – 20　欧元兑美元走势图

石 7 浪结构，新形成的区间为主趋势区间，可以将主动止损转向点移动至新区间形成的低点，如【图 3 – 5 – 21】所示。

图 3 – 5 – 21　欧元兑美元走势图

【图3-5-22】是之后的走势图。

图3-5-22 欧元兑美元走势图

由【图3-5-22】可以看出，价格已经突破主动止损转向点，预示趋势已经反转，这时找出下降趋势的区间，如【图3-5-23】所示。

图3-5-23 欧元兑美元走势图

【图 3－5－23】中形成的区间 Q1＝24 与之前上升趋势的三个区间
具有耦合性，所以，新形成的下降趋势的区间 Q1＝24 为主趋势区间，
区间的高点可以作为主动止损转向点。【图 3－5－24】是之后的走
势图。

图 3－5－24　欧元兑美元走势图

由【图 3－5－24】可以看出，价格形成了一个 11 的新的区间，
由于 24 的区间内存在一个 7 的内区间，所以新形成的区间不是趋势区
间，不能作为主动止损转向点，根据前后区间比值 δ＝11/7＝1.57，δ
值介于 1.208～2.618 之间，属于扩张区间，预示浪 3 是扩张（或钻
石）7 浪结构，【图 3－5－25】是之后的走势图。

【图 3－5－25】中浪 3 的结构已经完成，需要开始关注与 24 区间
具有耦合性的区间的出现，【图 3－5－26】是之后的走势图。

【图 3－5－23】中形成了 35 的区间，与 24 具有耦合性，δ＝
35/24＝1.46，属于扩张趋势区间，因此，新形成的区间 Q2＝35 的高
点可以作为止损转向点。

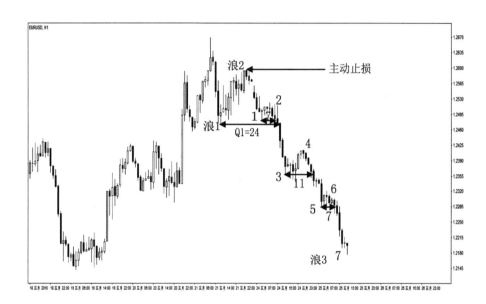

图 3 – 5 – 25　欧元兑美元走势图

图 3 – 5 – 26　欧元兑美元走势图

五、减仓

导航 A 点经常与标准 K 线的高点或低点一起，用作交易头寸的主动止损位置。举例说明，【图 3 – 5 – 27】是一段欧元兑美元小时走势图。

图 3 – 5 – 27　欧元兑美元走势图

【图 3 – 5 – 27】中出现了一个 Q1 = 21 的区间，确立了上升趋势的浪 1、浪 2 和浪 3，投资者通常在浪 2 的结束位置执行买入计划，浪 1 的最低点为被动止损转向点，浪 2 的低点为减仓点，如【图 3 – 5 – 28】所示。

浪 3 运行中出现了一根标准 K 线，这时需要将减仓点调整至标准 K 线的最低点位置，如【图 3 – 5 – 29】所示。

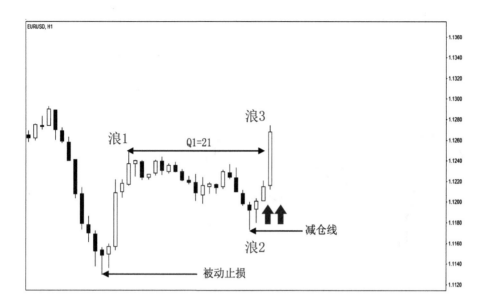

图 3 − 5 − 28　欧元兑美元走势图

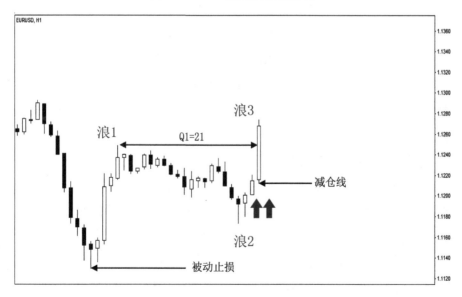

图 3 − 5 − 29　欧元兑美元走势图

【图 3 - 5 - 30】是之后的走势图。

图 3 - 5 - 30　欧元兑美元走势图

【图 3 - 5 - 30】中，出现了一个 q1 = 5 的区间，前后区间的比值 δ = 5/21 = 0.24，δ 值小于 0.382，属于降级区间，表示浪 3 是一个复合浪，由于 Q1 = 21 区间内不存在内区间，所以目前浪 3 运行在子浪 3 中，此时将减仓点调整至导航区间的低点，被动止损可调整至浪 2 低点，如【图 3 - 5 - 31】所示。

【图 3 - 5 - 32】是之后的走势图。

【图 3 - 5 - 32】中再次出现一个 q2 = 5 的区间，与之前的 q1 = 5 的区间为同级别区间，所以可以确认浪 3 已经完成了同级别子 5 浪结构，此时需要将减仓点调整至第二个导航区间的低点，由于最后一根 K 线为标准 K 线，标准 K 线的最低点与导航区间的低点的距离较近，这种情况下无需移动减仓点，【图 3 - 5 - 33】是之后的走势图。

【图 3 - 5 - 33】中再次出现了一个 q3 = 2 的区间，仍然属于子浪 3

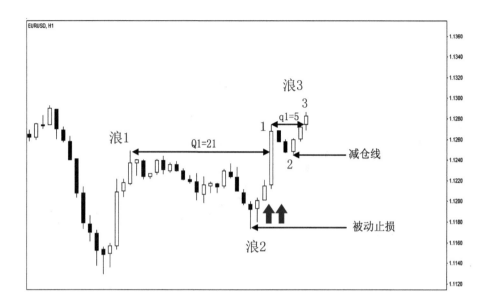

图3－5－31　欧元兑美元走势图

图3－5－32　欧元兑美元走势图

图 3 – 5 – 33　欧元兑美元走势图

的导航区间，所以，需要将减仓点调整至新的导航区间的低点，也就是子浪6的低点，【图3 – 5 – 34】是之后的走势图。

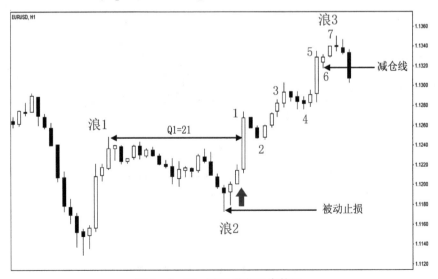

图 3 – 5 – 34　欧元兑美元走势图

由【图3-5-34】可以看出，最后一根标准 K 线收市于减仓点之下，投资者需要减少1/2多头头寸，并继续持有剩余的多头头寸，等待上升趋势浪4或下降趋势浪1和浪2的出现。

第六节 总 结

通过第三章的学习，投资者一定要熟练掌握：

1. 区间跨度的概念，它是学好波浪理论的重要理论基础；

2. 要系统掌握区间跨度的种类，以及它们各自会在行情的什么情况下出现；

3. 尤其需要掌握的是内区间与外区间的概念，它们是未来正确数浪的基础；

4. 掌握如何通过 dif 和 δ 的值，来确定区间的归属；

5. 熟练掌握区间跨度的特性以及应用。

第四章
K 线理论

第一节　阳线与阴线

一、阳线

如果收盘价大于开盘价，称为阳线，实体用白色表示（或选择不同的自己喜欢的颜色)，如【图4-1-1】所示。

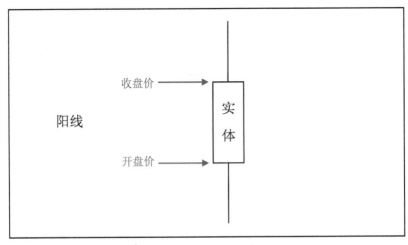

图4-1-1　阳线示意图

二、阴线

如果收盘价小于开盘价，称为阴线，实体用黑色（或选择不同的自己喜欢的颜色），如【图 4 - 1 - 2】所示。

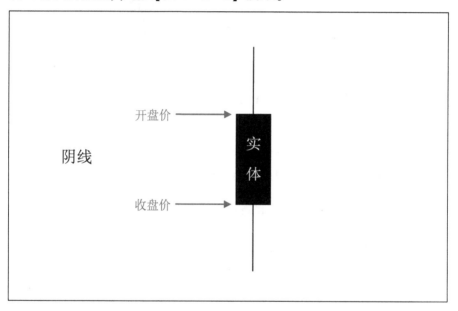

图 4 - 1 - 2　阴线示意图

三、影线

在实体的上方和下方，各有一条竖直线段，称为影线。实体上方的影线称为上影线，实体下方的影线称为下影线，如【图 4 - 1 - 3】所示。

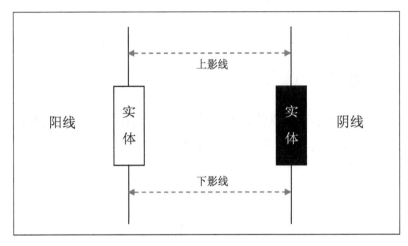

图4-1-3 影线示意图

四、K线的最高和最低点

上影线的顶端为 K 线的最高价，下影线的底端为 K 线的最低价，如【图4-1-4】所示。

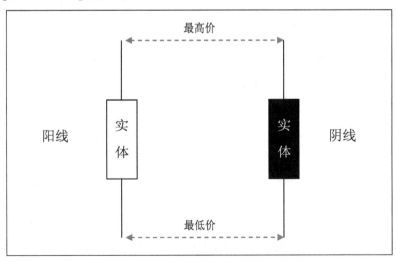

图4-1-4 K线的最高点和最低点示意图

五、K 线的力量暗示

投资者可以将 K 线想象成一个发动机的汽缸，实体的长短代表缸体的冲程长短，实体越长，代表缸体的冲程越大，产生的压强也就越大，表示市场上升或下跌的动能越强。

上、下影线的长短表示活塞已经运动过的行程，影线越长，代表运动行程越大，产生的压力越大，反之，产生的压力越小。通过汽缸的运行轨迹，可以想象出买卖双方力量的对比，从而预测未来上升或下跌的概率有多大，如【图 4 - 1 - 5】所示。

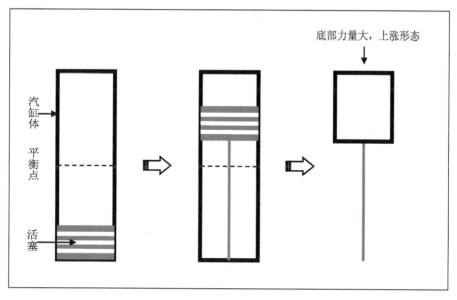

图 4 - 1 - 5　K 线示意图

举例说明 K 线的力量暗示。【图 4 - 1 - 6】是一段欧元兑美元小时走势图。

图 4 – 1 – 6　欧元兑美元走势图

【图 4 – 1 – 6】中，最后一根 K 线的下影线是所有 K 线中最长的，预示行情向上的动能较大，【图 4 – 1 – 7】是之后的走势图。

图 4 – 1 – 7　欧元兑美元走势图

【图4-1-7】中，最后一根 K 线的开盘价和收盘价距离较大，可以想象这个缸体冲程较长，向上的动能进一步增大，如【图4-1-8】所示。

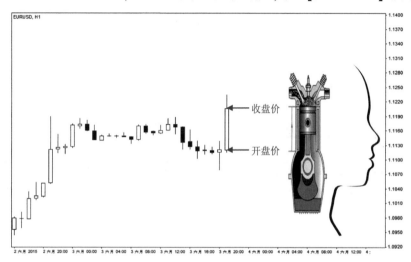

图 4-1-8 欧元兑美元走势图

【图4-1-8】中，最后一根 K 线的力量大，预示价格上升为大概率事件。【图4-1-9】是之后的走势图。

图 4-1-9 欧元兑美元走势图

第二节 标准 K 线

一、标准 K 线

标准 K 线,是指最低点或最高点与收盘价达到一定距离的 K 线,直观上是指较大的 K 线。投资者可以通过计算量化所说的标准 K 线。

1. 选定 K 线范围

下面通过实例讲述。【图 4 - 2 - 1】是一段欧元兑美元小时走势图。

图 4 - 2 - 1 欧元兑美元走势图

选定【图 4 - 2 - 1】中，最后 40 根 K 线，如【图 4 - 2 - 2】所示。

图 4 - 2 - 2 欧元兑美元走势图

2. 从中选出 5 根较大 K 线，并计算每根 K 线开收盘的绝对值

从选定的 40 根 K 线中，选出 5 根较大的 K 线，如【图 4 - 2 - 3】所示。

3. 计算 5 根 K 线开、收盘的绝对值

统计所选的 5 根 K 线阴线的最高点至收盘的差值，阳线的收盘至最低点差值，如【图 4 - 2 - 4】所示。

图 4 – 2 – 3 欧元兑美元走势图

图 4 – 2 – 4 欧元兑美元走势图

4. 计算平均值

计算所选的 5 根 K 线的平均值：（12 + 19 + 13 + 15 + 18）÷ 5 = 16。

5. 标准 K 线判断

如果未来某根阳线（收盘至最低）或阴线（最高至收盘）的差值大于所选的 5 根 K 线的平均值（16），就定义这一根 K 线为标准 K 线。【图 4 - 2 - 5】是之后的走势图。

图 4 - 2 - 5　欧元兑美元走势图

由【图 4 - 2 - 5】可以看出，最后一根 K 线为阴线，这根 K 线的最高点至收盘的差值为 18，大于所选 K 线的平均值 16，所以最后一根 K 线为反向的标准 K 线，出现在上升趋势结构完成之后的标准 K 线，预示未来将展开下降趋势，【图 4 - 2 - 6】是之后的走势图。

图 4 - 2 - 6　欧元兑美元走势图

二、标准 K 线的应用

1. 提供减仓信号

形成标准 K 线后的上升或下降趋势较为明朗，可以将标准 K 线的低点（阳线）或高点（阴线）作为减仓点。下面举例说明，【图 4 - 2 - 7】是一段欧元兑美元小时走势图。

【图 4 - 2 - 7】中，投资者在浪 2 结构完成，并到达 78.6% 位置时，执行了买入计划，被动止损在浪 1 的低点，主动止损在浪 2 的低点。【图 4 - 2 - 8】是之后的走势图。

【图 4 - 2 - 8】中出现了一根标准 K 线，此时需要将减仓线调整至

图 4 - 2 - 7 欧元兑美元走势图

图 4 - 2 - 8 欧元兑美元走势图

标准 K 线的低点，如【图 4 - 2 - 9】所示。

图 4 - 2 - 9 欧元兑美元走势图

【图 4 - 2 - 10】是之后的走势图。

图 4 - 2 - 10 欧元兑美元走势图

【图4-2-10】中再次出现一根标准K线，需要将减仓线再次调整至最后一根标准K线的低点，如【图4-2-11】所示。

图4-2-11 欧元兑美元走势图

【图4-2-12】是之后的走势图。

【图4-2-12】中再次出现标准K线，投资者可再次将减仓线调整至最后一根标准K线的低点。由于价格已经突破了浪1的高点，浪3已经确立，投资者可以将被动止损点调整至浪2的低点，如【图4-2-13】所示。

【图4-2-14】是之后的走势图。

【图4-2-14】中再次出现标准K线，此时需要调整减仓点至最后一根标准K线的下方。【图4-2-15】是之后的走势图。

【图4-2-15】中最后一根K线突破了设定的减仓线，但是并没有收市在减仓线之下，所以可以继续持仓观察之后的走势。【图4-2-16】是之后的走势图。

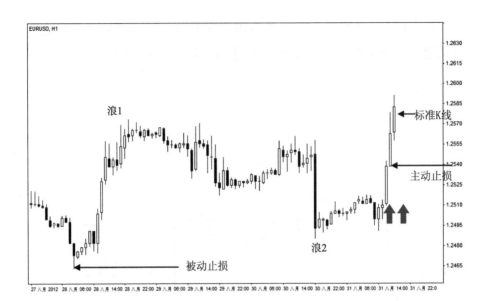

图 4 - 2 - 12　欧元兑美元走势图

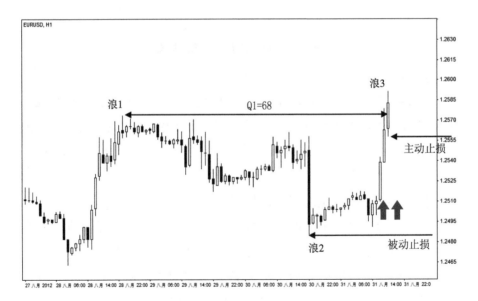

图 4 - 2 - 13　欧元兑美元走势图

图 4 - 2 - 14　欧元兑美元走势图

图 4 - 2 - 15　欧元兑美元走势图

图 4 – 2 – 16　欧元兑美元走势图

【图 4 – 2 – 16】中最后一根 K 线突破并收市于减仓线之下，此时需要减仓 1/2 头寸，并继续持仓剩余 1/2 多头头寸，直到出现下降趋势的浪 1 和浪 2 确立后，再平仓剩余的多头头寸，并反手做空。

2. 强 40 出现标准 K 线，提供买卖信号

举例说明，【图 4 – 2 – 17】是一段欧元兑美元小时走势图。

【图 4 – 2 – 17】中在强 40 位置出现了一根标准 K 线，提供买入交易信号，被动止损在浪 1 的低点，主动止损在标准 K 线的低点，【图 4 – 2 – 18】是之后的走势图。

3. 在 62% 的位置出现标准 K 线，提供买卖信号

举例说明，【图 4 – 2 – 19】是一段欧元兑美元小时走势图。

【图 4 – 2 – 19】中 62% 的位置出现了一根标准 K 线，提供买入交

图 4 – 2 – 17 欧元兑美元走势图

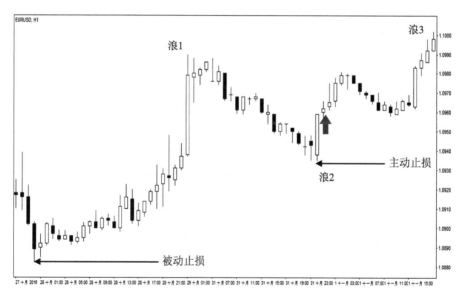

图 4 – 2 – 18 欧元兑美元走势图

图 4 - 2 - 19　欧元兑美元走势图

易信号，被动止损在浪 1 的低点，主动止损在标准 K 线的低点，
【图 4 - 2 - 20】是之后的走势图。

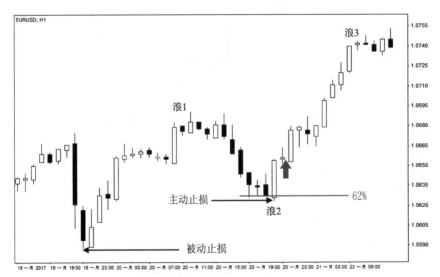

图 4 - 2 - 20　欧元兑美元走势图

4. 在 78.6% 的位置出现标准 K 线，提供买卖信号

举例说明，【图 4 - 2 - 21】是一段欧元兑美元小时走势图。

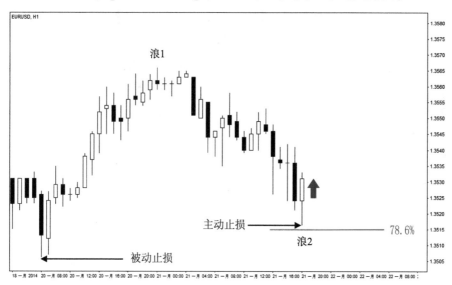

图 4 - 2 - 21　欧元兑美元走势图

【图 4 - 2 - 21】中在 78.6% 的位置出现了一根标准 K 线，提供买入交易信号，被动止损在浪 1 的低点，主动止损在标准 K 线的低点，【图 4 - 2 - 22】是之后的走势图。

5. 主浪结构完整后，出现标准 K 线，提供买卖信号

举例说明，【图 4 - 2 - 23】是一段欧元兑美元小时走势图。

【图 4 - 2 - 23】中上升趋势的主浪结构为 X7 浪结构，已经完成主浪和子浪结构，子浪 5 后出现了一个标准 K 线，提供卖出交易信号，主动止损在最高点的上方。【图 4 - 2 - 24】是之后的走势图。

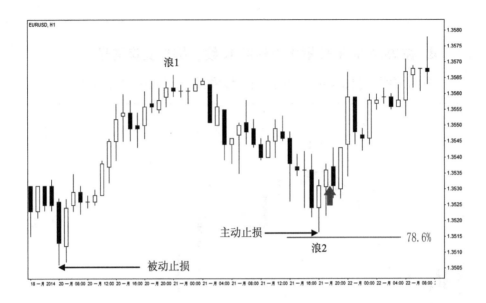

图4-2-22 欧元兑美元走势图

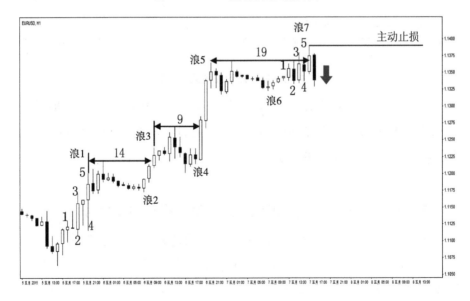

图4-2-23 欧元兑美元走势图

图 4-2-24 欧元兑美元走势图

6. 调整浪结构完整后，出现标准 K 线，提供买卖信号

举例说明，【图 4-2-25】是一段欧元兑美元小时走势图。

图 4-2-25 欧元兑美元走势图

【图4－2－25】中调整浪结束位置（e点）出现了一根标准K线，提供买入交易信号，被动止损在浪1的低点，主动止损在调整浪e点。【图4－2－26】是之后的走势图。

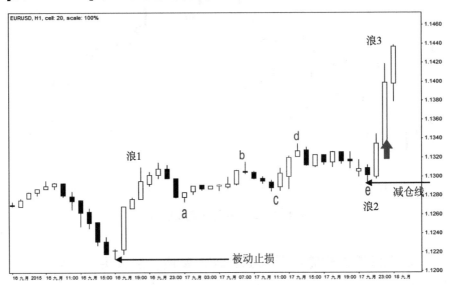

图4－2－26　欧元兑美元走势图

第三节　常用的反转K线

常用的反转K线只有达到标准K线才具备转向条件，不宜盲目使用以下反转K线作为入市信号，需要结合浪的位置和结构，提高入市的准确率。

一、单根 K 线

1. 十字星

十字星，是指开盘和收盘价相等，或开收盘差值在设定的范围内，如【图 4 – 3 – 1】所示。

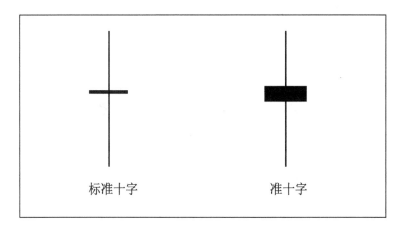

标准十字　　　　　　　准十字

图 4 – 3 – 1　十字星示意图

如果上影线的高度远远大于下影线的高度（2 倍以上），称之为看跌十字星，如【图 4 – 3 – 2】所示。

如果下影线的高度远远大于上影线的高度（2 倍以上），称之为看涨十字星，如【图 4 – 3 – 3】所示。

2. 锤子线和倒锤子线

锤子线，是指下影线的高度大于实体的高度 1.618 倍以上的 K 线；

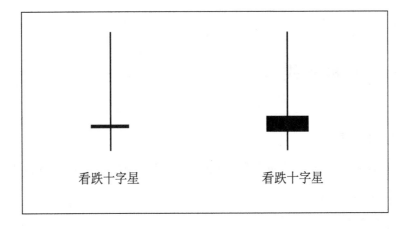

图 4 - 3 - 2　看跌十字星示意图

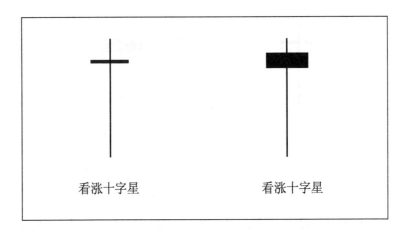

图 4 - 3 - 3　看涨十字星示意图

倒锤子线，是指上影线的高度大于实体 1.618 倍以上的 K 线，如【图 4 - 3 - 4】所示。

锤子线，预示行情将上涨，称为看涨锤子线；倒锤子线，预示行情将下跌，称为看跌锤子线。

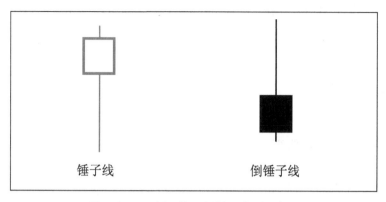

图 4 - 3 - 4 锤子线（倒锤子线）示意图

二、两根 K 线

1. 阳抱阴（阴抱阳）

阳抱阴，是指后一根的阳线实体完全覆盖前一根 K 线的阴线实体；阴抱阳，是指后一根的阴线实体完全覆盖前一根 K 线的阳线实体。如【图 4 - 3 - 5】所示。

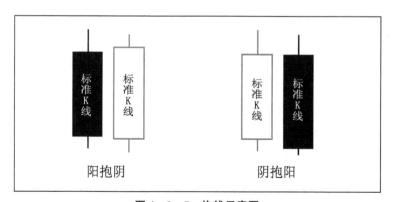

图 4 - 3 - 5 抱线示意图

阳抱阴，预示行情将上涨，称为看涨阳抱阴；阴抱阳，预示行情将下跌，称为看跌阴抱阳。

2. 补缺影线

补缺影线，是指后一根 K 线的实体完全覆盖前一根 K 线的影线，如【图 4 - 3 - 6】所示。

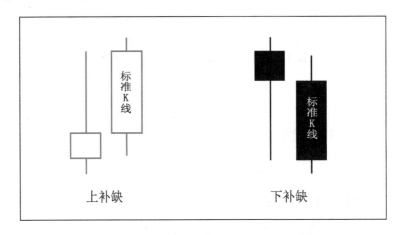

上补缺　　　　　　　　　　下补缺

图 4 - 3 - 6　补缺影线示意图

上补缺，预示行情将上涨；下补缺，预示行情将下跌。举例说明，【图 4 - 3 - 7】是一段欧元兑美元小时走势图。

由【图 4 - 3 - 7】可以看出，价格已经突破了趋势分界点 A，但是并没有收市于分界点 A 之上，如果投资者采用主动止损交易策略，就不需要现在转向做多，可以继续持有空头头寸，观察未来的走势。【图 4 - 3 - 8】是之后的走势图。

【图 4 - 3 - 8】中，之后的一根 K 线收市于分界点 A 之上，并形成了补缺影线 K 线反转，此时就可以执行买入计划，止损的设定如【图 4 - 3 - 9】所示。

执行了买入计划后，投资者也要随时防止补缺影线的失败，也就

图 4-3-7 欧元兑美元走势图

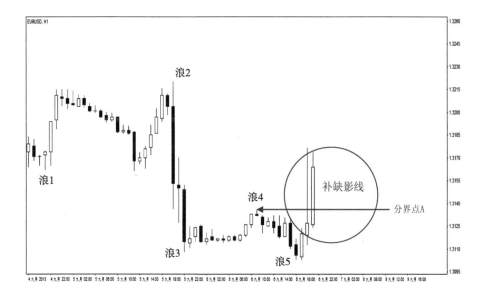

图 4-3-8 欧元兑美元走势图

图 4 – 3 – 9　欧元兑美元走势图

是要关注下一根 K 线是否会收市于最后一根标准 K 线的 62% 之下，【图 4 – 3 – 10】是之后的走势图。

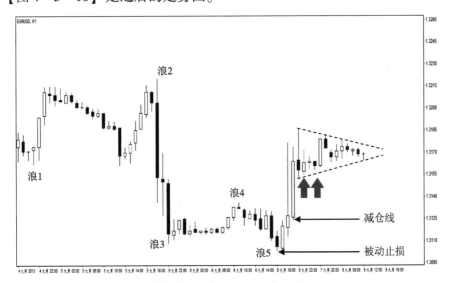

图 4 – 3 – 10　欧元兑美元走势图

【图 4 - 3 - 10】中形成了一个收缩三角形，下跌的"警报"可以解除，可以将减仓线调整至倒锤子线形成的低点，耐心地持仓观察之后的走势。【图 4 - 3 - 11】是之后的走势图。

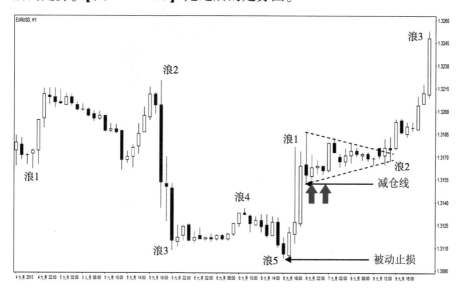

图 4 - 3 - 11 欧元兑美元走势图

3. 魂断蓝桥

魂断蓝桥，是指前后两根 K 线为光头对光脚或光脚对光头。如【图 4 - 3 - 12】所示。

光头对光脚，预示行情将上涨；光脚对光头，预示行情将下跌，举例说明，【图 4 - 3 - 13】是一段欧元兑美元小时走势图。

【图 4 - 3 - 13】中出现了魂断蓝桥，首先要对之前的走势进行结构数浪分析，如【图 4 - 3 - 14】所示。

通过结构数浪分析，确认魂断蓝桥 K 线反转发生在子浪 3 浪中，投资者需要马上在大脑中绘出未来可能的下降趋势运行轨迹，如【图

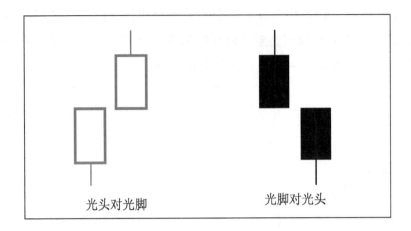

光头对光脚　　　　　　　光脚对光头

图4-3-12　魂断蓝桥示意图

图4-3-13　魂断蓝桥示意图

4-3-15】所示。

【图4-3-15】是之后的走势图。

由【图4-3-16】可以看出，实际走势与我们在大脑中绘制的图

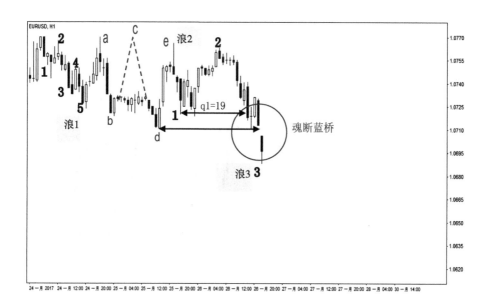

图 4 - 3 - 14　魂断蓝桥示意图

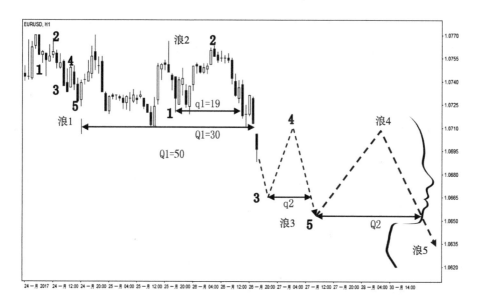

图 4 - 3 - 15　魂断蓝桥示意图

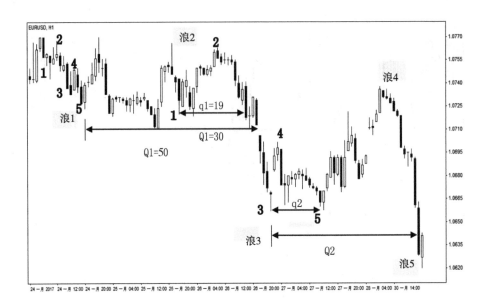

图 4 – 3 – 16　魂断蓝桥示意图

形基本相似。在交易过程中，投资者要养成在大脑中绘制未来走势图的习惯，逐渐形成一种潜意识，这是培养交易意识与交易行为一致性有效的训练方法。

4. 跳空

跳空分为跳空高开和跳空低开。

跳空高开，是指第二根 K 线的开盘价远远高于前一根 K 线的收盘价。跳空低开，是指第二根 K 线的开盘价远远低于前一根 K 线的收盘价。如【图 4 – 3 – 17】所示。

跳空高开时，可以想象第二根 K 线为开盘价等于前一根收盘价的大阳线。跳空低开时，可以想象第二根 K 线为开盘价等于前一根收盘价的大阴线。如【图 4 – 3 – 18】所示。

跳空高开或低开，未来上升或下降的概率为 62%，因此在启动 K

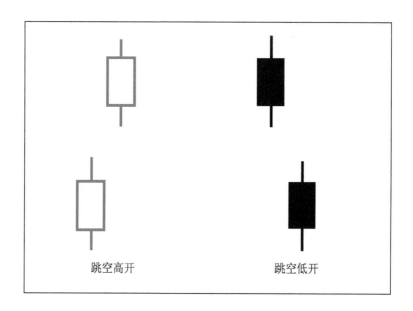

图 4 – 3 – 17　跳空高、低开示意图

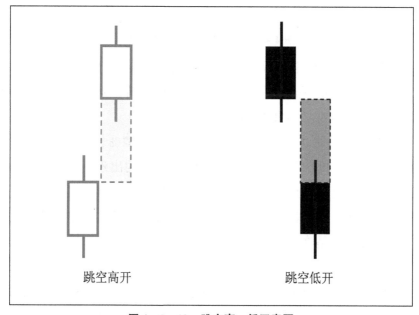

图 4 – 3 – 18　跳空高、低开意图

线跳空交易时，一定要结合浪的结构分析，切勿盲目迷信跳空高开和跳空低开。下面举例说明，【图4-3-19】是一段欧元兑美元小时走势图。

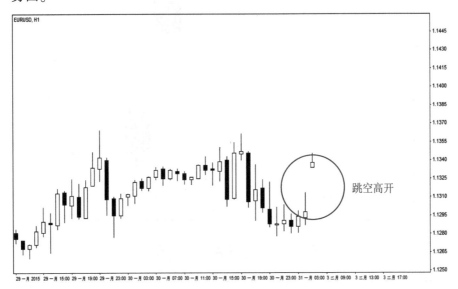

图4-3-19　欧元兑美元走势图

【图4-3-19】中最后一根K线出现了跳空高开，投资者可以想象最后一根K线的开盘价在前一根K线的收盘价，然后进行结构分析和数浪，如【图4-3-20】所示。

尽管出现了跳空高开，确认上升的概率为62%，但是浪2的结构可能并不完整，投资者可以等待调整浪d和e的出现。但是，等待的代价是，调整浪如果是abc结构，价格就有可能直接加速上升，需要在意识中绘制出调整浪为abc，价格加速上升的场景，并想象出买卖的位置，实际上是在通知潜意识未来需要如何操作，如【图4-3-21】所示。

做好了调整浪为abc结构的心理准备，投资者就可以耐心地等待调整浪d和e的出现。【图4-3-22】是之后的走势图。

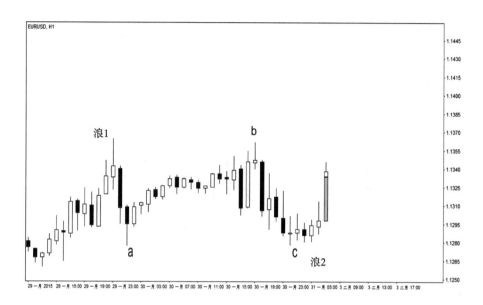

图 4 – 3 – 20　欧元兑美元走势图

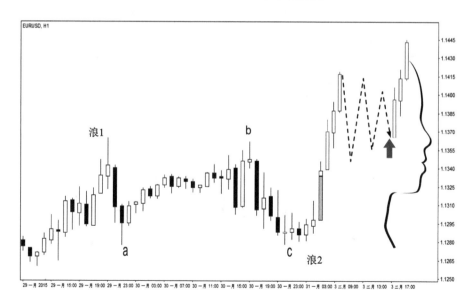

图 4 – 3 – 21　欧元兑美元走势图

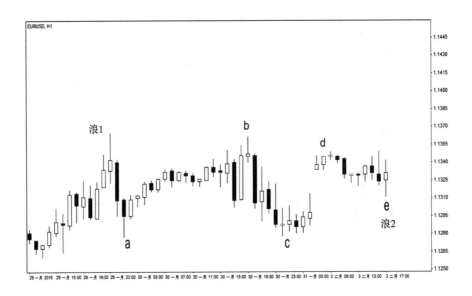

图4-3-22　欧元兑美元走势图

由【图4-3-22】可以看出，调整浪完成了 abcde 结构，立刻执行买入计划，【图4-3-23】是之后的走势图。

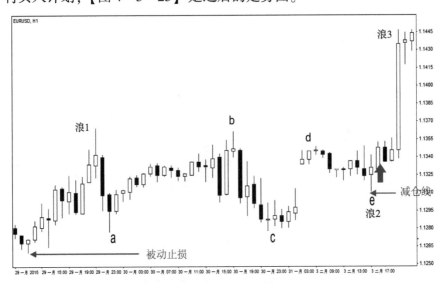

图4-3-23　欧元兑美元走势图

通过以上实例讲述，跳空高开只是提供了未来上升更为明确的交易信号，交易中的买卖过程，还是要以趋势结构为基础。

盲目迷信跳空高开，不参照趋势结构就匆匆执行买入或卖出计划，没有及时调整方向的技能，将蒙受较大的损失。举例说明，【图4-3-24】是一段欧元兑美元小时走势图。

图4-3-24 欧元兑美元走势图

如果不进行结构分析和数浪，会因为跳空高开而冲动地执行买入订单，造成交易的亏损。【图4-3-25】是之后的走势图。

笔者倾向于在价格出现跳空高开或低开时，在价格回调至关键位置，或出现调整浪结构时，再执行买入或卖出交易计划，如【图4-3-26】所示。

图 4 - 3 - 25   欧元兑美元走势图

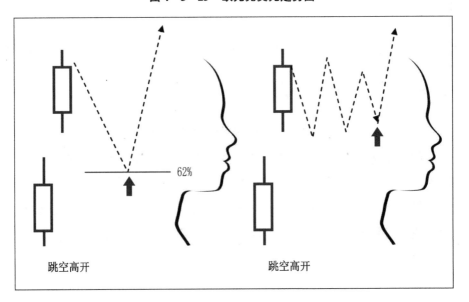

图 4 - 3 - 26   跳空高开操作示意图

三、三根或多根 K 线

1. 启明星（黄昏星）

（1）启明星

启明星由三根 K 线（或以上）组成，常见的结构如【图 4 – 3 – 27】所示。

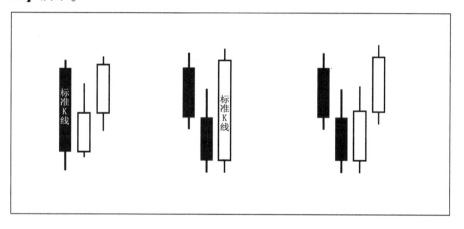

图 4 – 3 – 27　启明星示意图

在上升趋势中，如果启明星出现在回调浪的底部，提示重要的买入信号，如【图 4 – 3 – 28】所示。

在下降趋势中，启明星主要用于判断主跌浪结束的位置，提供减仓信号，如【图 4 – 3 – 29】所示。

（2）黄昏星

黄昏星，由三根 K 线（或以上）组成，常见的结构如【图 4 – 3 – 30】所示。

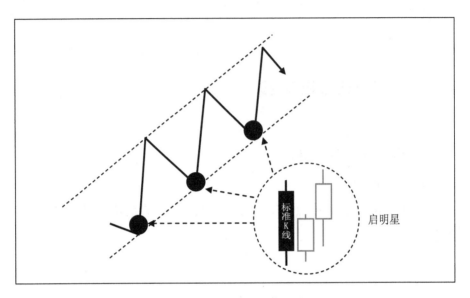

图 4 - 3 - 28 启明星应用示意图

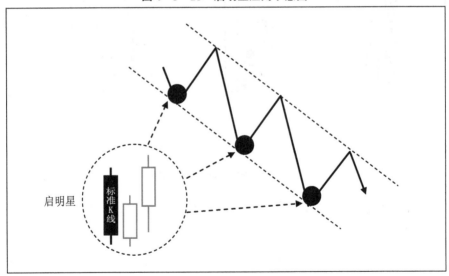

图 4 - 3 - 29 启明星应用示意图

在下降趋势中，如果黄昏星出现在回调浪的顶部，提示重要的卖出信号，如【图4 - 3 - 31】所示。

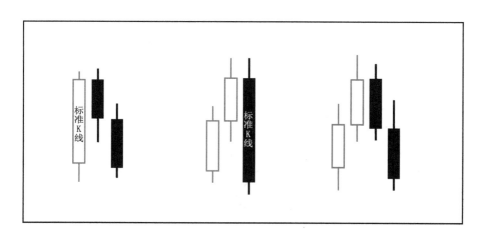

图 4 - 3 - 30　黄昏星示意图

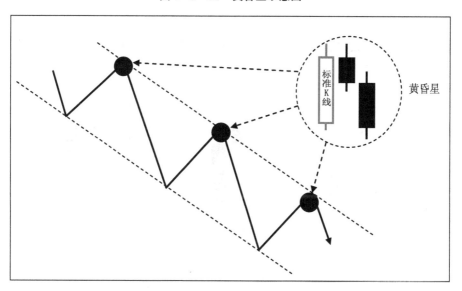

图 4 - 3 - 31　黄昏星应用示意图

在上升趋势中，黄昏星主要用于判断主升浪结束的位置，提供减仓信号，如【图 4 - 3 - 32】所示。

（3）鬼门关

鬼门关，是一种特殊的启明星和黄昏星 K 线组合，由一根标准 K

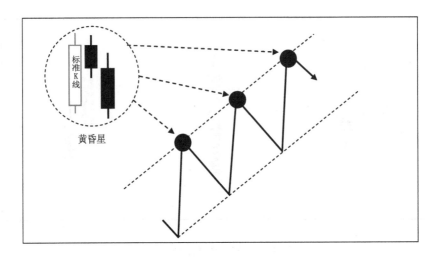

图 4 - 3 - 32 黄昏星应用示意图

线、十字星（或多根小 K 线）和另外一根反向标准 K 线组成，如【图
4 - 3 - 33】所示。

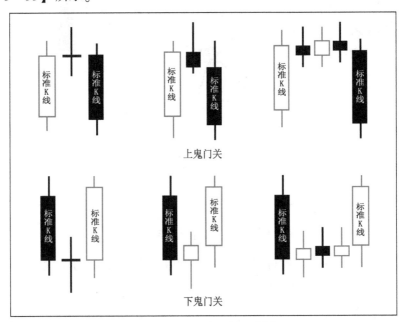

图 4 - 3 - 33 鬼门关示意图

在关键的位置，出现鬼门关与 K 线组合，像关门一样，将逆势交易的头寸关门后，等待机会逼迫逆势头寸被动止损。举例说明，【图 4－3－34】是一段欧元兑美元小时走势图。

图 4－3－34　欧元兑美元走势图

见到【图 4－3－34】中的走势图，立刻对之前的走势进行结构分析和数浪，并在意识中绘制出未来可能的走势图。如【图 4－3－35】所示。

【图 4－3－36】是之后的走势图。

【图 4－3－36】中，价格在 78.6% 的位置出现了鬼门关与 K 线组合，形成"关门打狗"之势，是最佳的卖出机会，【图 4－3－37】是之后的走势图。

声明：本人在书中引用"关门打狗"是为了说明价格的走势图，并不是对动物的歧视和不尊重，任何动物的生命与人一样，都具有生存权，作为人类的我们，要尊重其他生物的生存权，与它们和平共处。

图 4 - 3 - 35　欧元兑美元走势图

图 4 - 3 - 36　欧元兑美元走势图

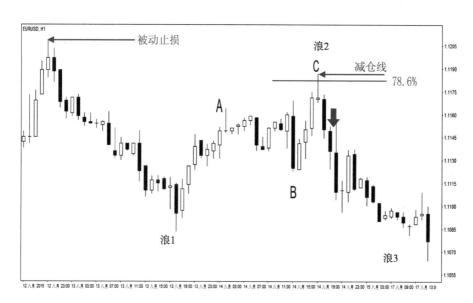

图 4 – 3 – 37　欧元兑美元走势图

2. 急停加速

急停加速 K 线组合，是由一根标准 K 线、一根小的 K 线和另外一根同向的标准 K 线组成，如【图 4 – 3 – 38】所示。

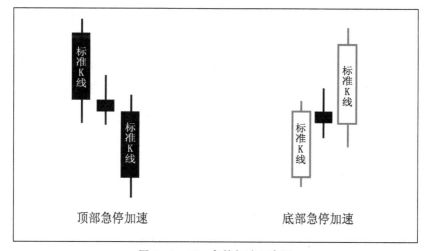

图 4 – 3 – 38　急停加速示意图

急停加速 K 线组合，通常是对之前位置的确认信号。举例说明，
【图 4 - 3 - 39】是一段欧元兑美元小时走势图。

图 4 - 3 - 39　欧元兑美元走势图

见到【图 4 - 3 - 39】中的走势图，立刻进行结构分析和数浪，并
在意识中绘制出未来可能的走势图，如【图 4 - 3 - 40】所示。

【图 4 - 3 - 41】是之后的走势图。

【图 4 - 3 - 41】中，价格并没有展开快速下跌 3 浪，而是出现了
一个小级别的下跌 5 浪，投资者此时意识中需要马上想到：小级别的
5 浪是未来下跌浪 3 的子浪 1，未来的下跌浪 3 是一个复合下跌浪，如
【图 4 - 3 - 42】所示。

【图 4 - 3 - 43】是之后的走势图。

【图 4 - 3 - 43】中出现了一个急停加速 K 线组合，它的出现，是
对之前的调整浪浪 2 结束位置的确认，可以进一步确认之前意识中预
测的未来下降趋势的走势。【图 4 - 3 - 44】是之后的走势图。

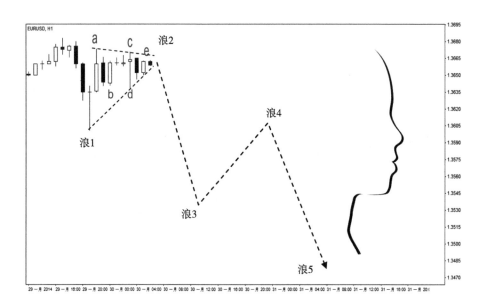

图 4 – 3 – 40　欧元兑美元走势图

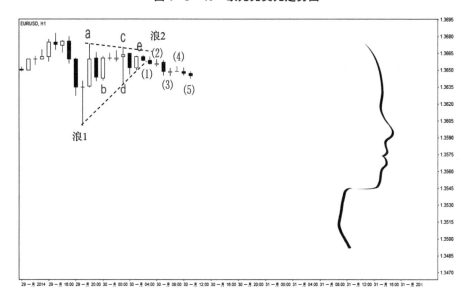

图 4 – 3 – 41　欧元兑美元走势图

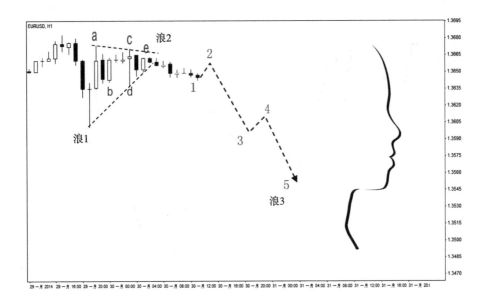

图 4 - 3 - 42　欧元兑美元走势图

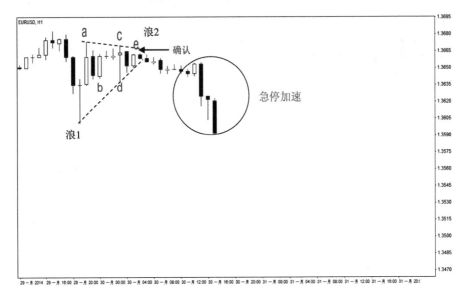

图 4 - 3 - 43　欧元兑美元走势图

图 4 – 3 – 44   欧元兑美元走势图

3. 阳阴阳和阴阳阴

阳阴阳和阴阳阴 K 线组合，如【图 4 – 3 – 45】所示。

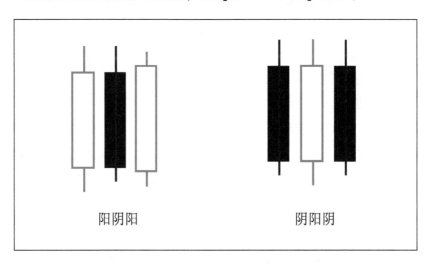

阳阴阳   阴阳阴

图 4 – 3 – 45   阳阴阳和阴阳阴示意图

阳阴阳或阴阳阴，主要用于对之前非标准 K 线反转形态或重要位置的确认。举例说明，【图 4 – 3 – 46】是一段欧元兑美元小时走势图。

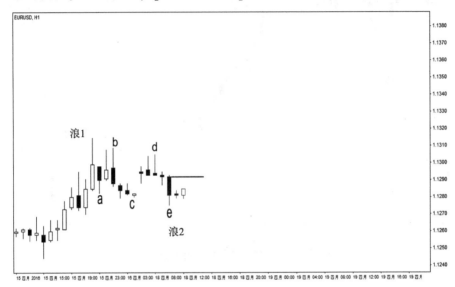

图 4 – 3 – 46　欧元兑美元走势图

【图 4 – 3 – 46】中浪 2 完成了 abcde 调整浪结构，出现启明星后，投资者可以执行买入订单。由于最后三根 K 线形成的是非标准启明星，也就是最后一根 K 线的收盘价没有在第一根阴线开盘价之上，此时投资者不急于执行买入计划，继续等待反转信号。【图 4 – 3 – 47】是之后的走势图。

【图 4 – 3 – 47】中最后形成的一阴和一阳，与之前的阳线组成了阳阴阳 K 线组合，对之前的非标准启明星进行了确认，此时可以立即执行买入计划，【图 4 – 3 – 48】是之后的走势图。

4. 海底捞月

海底捞月，是指行情在正常运行过程中的突然破低或破高，很快

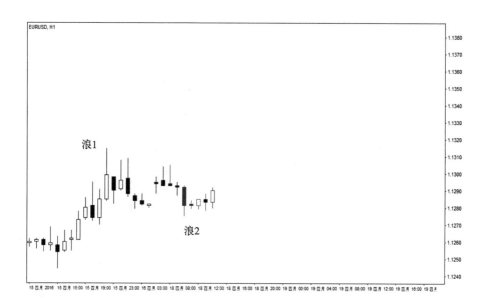

图 4 - 3 - 47 欧元兑美元走势图

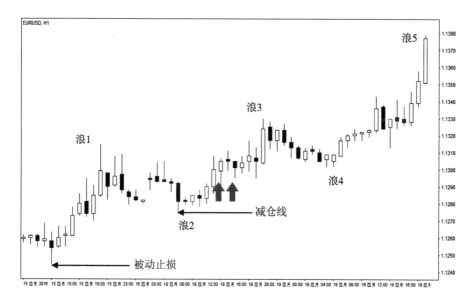

图 4 - 3 - 48 欧元兑美元走势图

又回到正常运行轨迹中的走势，如【图4-3-49】所示。

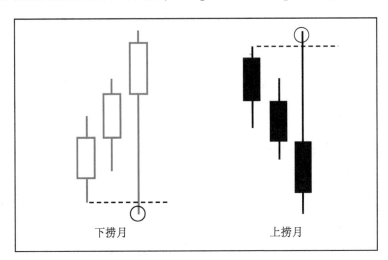

图4-3-49　海底捞月示意图

海底捞月可以暴露出市场暂时的底部和顶部。举例说明，【图4-3-50】是一段欧元兑美元小时走势图。

图4-3-50　欧元兑美元走势图

【图 4 - 3 - 50】中出现了海底捞月 K 线反转，此时需要对之前的走势进行结构分析和数浪，如【图 4 - 3 - 51】所示。

图 4 - 3 - 51　欧元兑美元走势图

通过结构分析和数浪，投资者应该知道海底捞月为的是完成子浪 5 浪结构，这个称之为隐形子浪 5。目前下跌趋势结构未完成，确认目前运行在浪 4 中，投资者需在大脑中立刻绘制出未来可能的走势图，如【图 4 - 3 - 52】所示。

【图 4 - 3 - 53】是之后的走势图。

由【图 4 - 3 - 53】可以看出，价格已经快速到达 62% 的回调位置，结合前后调整浪周期相似性，浪 2 的周期为 27 根，此时忽略海底捞月计算的浪 4 周期为 27 根，投资者可以在 62% 的位置出现黄昏星 K 线反转时，执行卖出计划。【图 4 - 3 - 54】是之后的走势图。

5. 三影线

三影线，是指在重要的反转位置连续出现三根或以上的上（下）

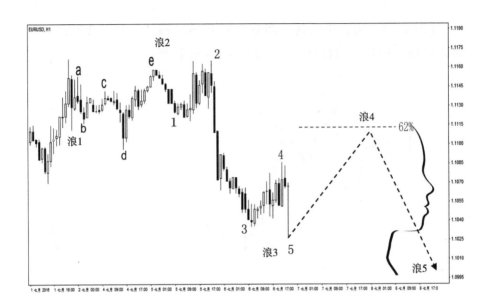

图4-3-52 欧元兑美元走势图

图4-3-53 欧元兑美元走势图

影线较长的 K 线。如【图 4 - 3 - 55】所示。

图 4 - 3 - 54　欧元兑美元走势图

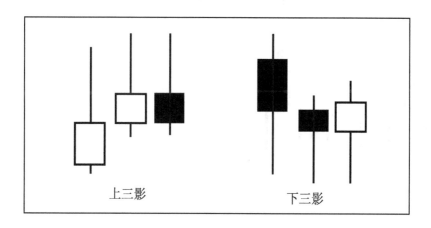

图 4 - 3 - 55　三影线示意图

上三影，预示行情将下跌；下三影，预示行情将上涨。举例说明，
【图 4 - 3 - 56】是一段欧元兑美元小时走势图。

图 4 - 3 - 56　欧元兑美元走势图

【图 4 - 3 - 56】中出现了三影线 K 线反转，投资者需要对之前的
走势进行微观数浪，如【图 4 - 3 - 57】所示。

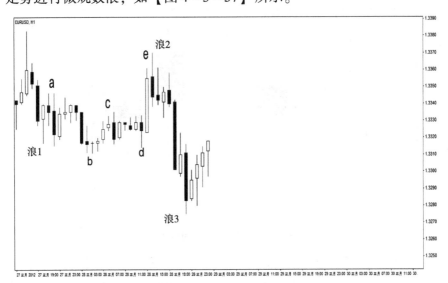

图 4 - 3 - 57　欧元兑美元走势图

通过微观数浪，投资者确认目前运行在下降趋势的浪 3 中，因此三影线提供的信号是浪 3 已经完成，行情将展开浪 4 走势，应立刻在大脑中绘制出未来的走势图，如【图 4 – 3 – 58】所示。

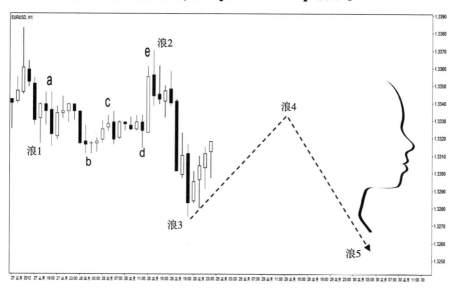

图 4 – 3 – 58　欧元兑美元走势图

【图 4 – 3 – 59】是之后的走势图。

由【图 4 – 3 – 59】可以看出，浪 4 运行至 18 根出现黄昏星 K 线反转，接近浪 2 的 20 根周期，预示浪 4 有可能已经结束，我们可以在此执行卖出计划。【图 4 – 3 – 60】是之后的走势图。

【图 4 – 3 – 60】中再次出现三影线 K 线反转，此次的三影线是出现在同级别下跌 5 浪之后，与之前的三影线不同，此次三影线提供的信号很可能是下降趋势结束的信号，激进的投资者可以尝试性地执行买入计划。【图 4 – 3 – 61】是之后的走势图。

图 4 – 3 – 59　欧元兑美元走势图

图 4 – 3 – 60　欧元兑美元走势图

图 4-3-61　欧元兑美元走势图

第四节　K 线反转的应用

K 线反转形态，只用在趋势交易法交易系统关键的入场和出场位置。下面分别讲述。

一、主浪结构完整，启动 K 线反转

不同级别完成 7 浪，或同级别完成 5 浪后，称之为主浪结构完整。

1. 不同级别 7 浪结构

举例说明,【图 4 - 4 - 1】是一段欧元兑美元小时走势图。

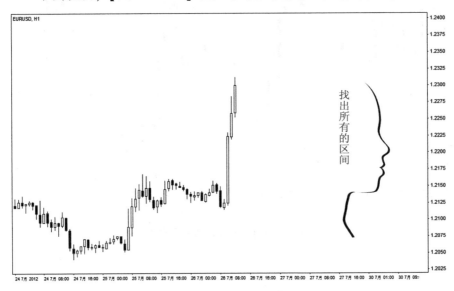

图 4 - 4 - 1 欧元兑美元走势图

投资者要养成这样的潜意识:见到任何一个走势图,立刻找出所有的区间,如【图 4 - 4 - 2】所示。

通过前后区间比值:δ = 24/12 = 2,介于 1.208 ~ 2.618 之间,确认目前的上升趋势为扩张或钻石 7 浪是大概率事件,上升趋势处于行情中期。投资者需要马上在大脑中绘制出未来的走势图,如【4 - 4 - 3】所示。

【图 4 - 4 - 3】中可以确定未来会出现第三个耦合区间,但是不能确定具体的数值。如果 Q3 与 Q2 为同级别或扩张区间,那么上升趋势就是扩张 7 浪结构;如果 Q3 与 Q2 为收缩区间,那么上升趋势就是钻石 7 浪结构。【图 4 - 4 - 4】是之后的走势图。

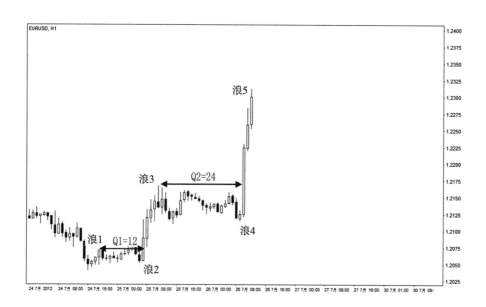

图 4 - 4 - 2　欧元兑美元走势图

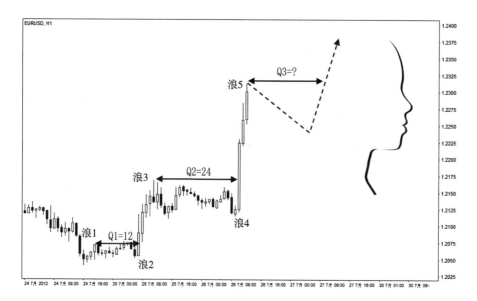

图 4 - 4 - 3　欧元兑美元走势图

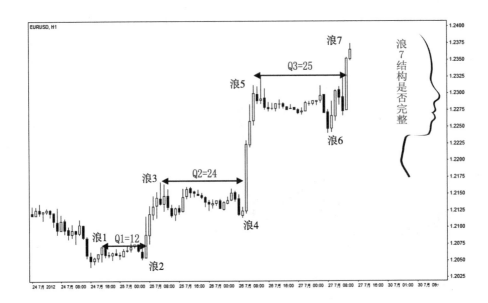

图 4 - 4 - 4　欧元兑美元走势图

由【图 4 - 4 - 4】可以看出，第三个区间（Qjt3 = 25）已经形成，上升趋势为扩张 7 浪结构。此时潜意识自动转移到：浪 7 是否已经完成？

要想知道浪 7 的结构是否完整，就要对浪 6 进行微观分析，找到浪 7 的起点，如【图 4 - 4 - 5】所示。

通过微观分析，投资者只能找到浪 7 的一个 $q1 = 2$ 的内区间，由于区间都是耦合存在，预示浪 7 的结构还没有完成，潜意识中自然出现第二个 $q2 = ？$ 的区间，【图 4 - 4 - 6】是之后的走势图。

【图 4 - 4 - 6】中形成了第二个 $q2 = 3$ 的子区间，而且为同级别区间，确认浪 7 结构已经完成，并出现反向标准 K 线和黄昏星 K 线反转，投资者可以采取较为激进的交易策略，及时平仓之前的多头头寸，并建立相应的空头头寸，被动止损在最高点的上方，【图 4 - 4 - 7】是之后的走势图。

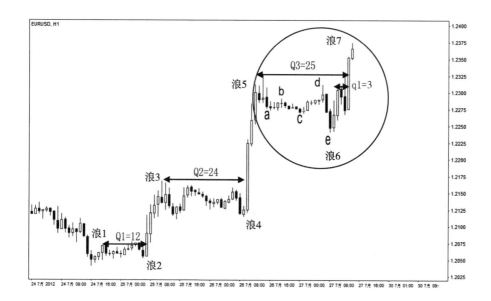

图 4 - 4 - 5　欧元兑美元走势图

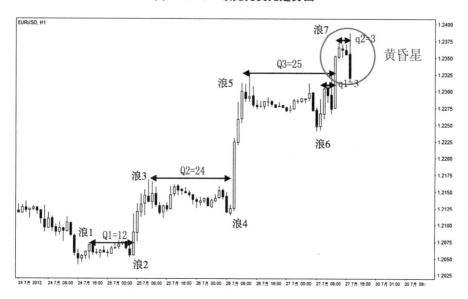

图 4 - 4 - 6　欧元兑美元走势图

图 4 – 4 – 7　欧元兑美元走势图

2. 同级别 5 浪结构

同级别 5 浪完成后，行情反转是大概率事件，因此在行情完成同级别 5 浪结构，并且子浪结构也完整，形成 K 线反转时，投资者就可以激进地采取买入或卖出的交易策略。举例说明，【图 4 – 4 – 8】是一段欧元兑美元小时走势图。

见到【图 4 – 4 – 8】的走势图，首先找出所有的区间，并进行微观数浪，如【图 4 – 4 – 9】所示。

通过微观数浪，投资者可以得到以下重要线索：（1）上升趋势为同级别 5 浪结构；（2）调整浪结构相似，都是 abcde 结构；（3）主浪结构一样，都是简单主浪结构（没有子浪区间的 3～5 根 K 线完成的主浪）。通过以上信息，投资者可以确认上升趋势所有浪的结构已经

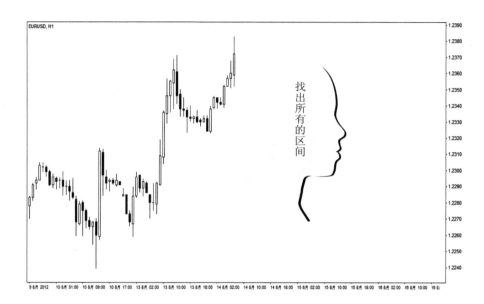

图 4 - 4 - 8　欧元兑美元走势图

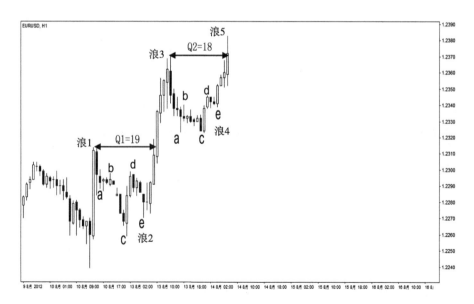

图 4 - 4 - 9　欧元兑美元走势图

完整，可以等待 K 线反转的出现，及时执行卖出的交易策略。【图 4 -
4 - 10】是之后的走势图。

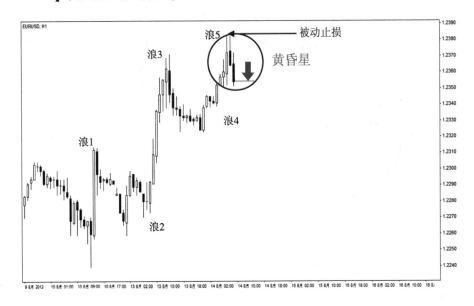

图 4 - 4 - 10　欧元兑美元走势图

【图 4 - 4 - 10】中，价格创出新高之后，形成了黄昏星 K 线反转，
因为潜意识已经做好了心理准备，可以立即平仓之前的多头头寸，并
建立相应的空头头寸，被动止损在最高点的上方，【图 4 - 4 - 11】是
之后的走势图。

由【图 4 - 4 - 11】可以看出，下降趋势完成了同级别 5 浪结构，
潜意识立刻将重心注意到浪 5 的结构是否完整。目前浪 5 内有一个
q1 = 2 的内区间，投资者需要等待第二个子区间的出现，【图 4 - 4 -
12】是之后的走势图。

【图 4 - 4 - 12】中出现了启明星 K 线反转，由于子浪 5 结构并不完
整，不能执行买入计划，需要观察之后的走势再做决定，【图 4 - 4 - 13】
是之后的走势图。

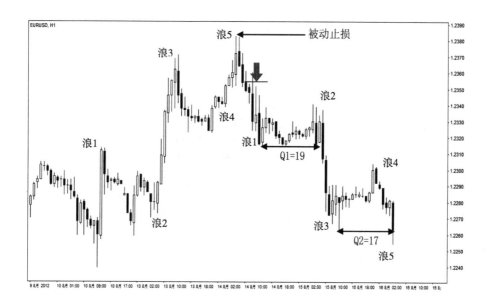

图 4 - 4 - 11　欧元兑美元走势图

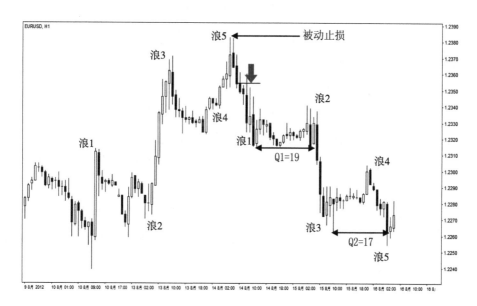

图 4 - 4 - 12　欧元兑美元走势图

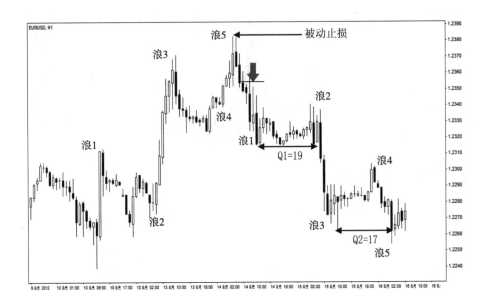

图 4 - 4 - 13　欧元兑美元走势图

【图 4 - 4 - 13】最后出现一阴一阳，与之前的 K 线形成了阳阴阳
K 线反转，投资者可以得到以下线索：（1）启明星成立了；（2）浪 5
是 3 浪结构。此时意识中马上想到：如果浪 5 是 3 浪结构，那么之前
的浪 1 或浪 3 也必须是 3 浪结构。通过观察，如果不考虑隐形浪，浪 1
和浪 3 都是 3 浪结构，此时可以确认下降趋势的所有结构已经完成，
立即执行买入计划，被动止损在最低点的下方。【图 4 - 4 - 14】是之
后的走势图。

【图 4 - 4 - 14】最后的走势，确认了之前的逻辑分析的正确性。
长时间坚持这样的逻辑分析，渐渐地就会成为一种潜意识，之后的交
易就会变得越来越轻松。

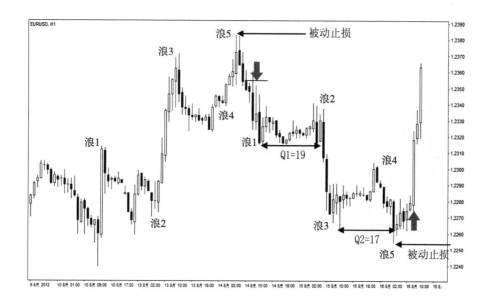

图 4 - 4 - 14 欧元兑美元走势图

二、调整浪结构完整，启动 K 线反转

举例说明，【图 4 - 4 - 15】是一段欧元兑美元小时走势图。

见到【图 4 - 4 - 15】中的小 5 浪结构，意识中应该立刻展现出【图 4 - 4 - 16】中的画面，这是长时间交易养成的一种交易习惯，成为一种潜意识。

意识中有了未来走势的宏观画面，下一步就要微观分析各浪的走势，首先面对的是浪 2 的走势，【图 4 - 4 - 17】是之后的走势图。

【图 4 - 4 - 17】中浪 2 完成了 abcde 结构，出现锤子线后，投资者的意识自然地想执行买入计划，被动止损在浪 1 的低点，【图 4 - 4 - 18】是之后的走势图。

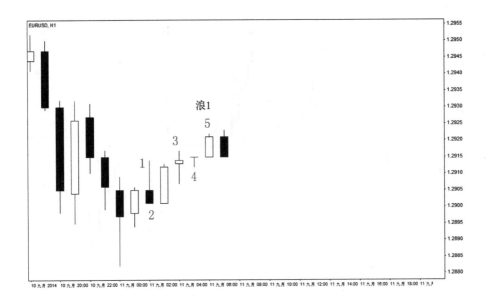

图 4 - 4 - 15　欧元兑美元走势图

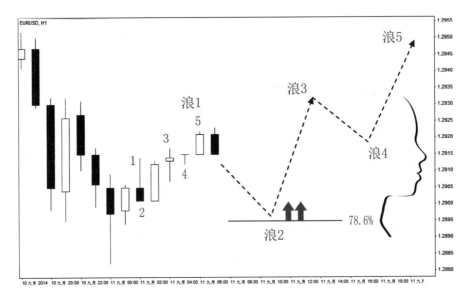

图 4 - 4 - 16　欧元兑美元走势图

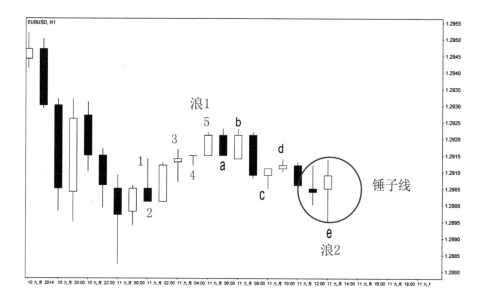

图 4 - 4 - 17　欧元兑美元走势图

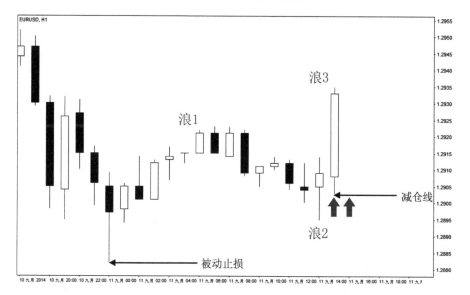

图 4 - 4 - 18　欧元兑美元走势图

三、强40位置启动K线反转

如果浪1、浪3或浪5走出了强势主浪，我们首先想到的是在40%回调位置会给我们提供一个入场买卖的机会。一旦在强势主浪在40%回调位置完成调整浪结构，我们就立刻执行交易计划。举例说明，【图4－4－19】是一段欧元兑美元小时走势图。

图4－4－19　欧元兑美元走势图

【图4－4－19】出现了一个强势主升浪，意识中马上展现出【图4－4－20】的画面。

我们已经通知自己的意识，如果在40%回调位置调整浪的结构完整，就执行买入计划。【图4－4－21】是之后的走势图。

由【图4－4－21】可以看出，价格到达了40%回调位置，并完成

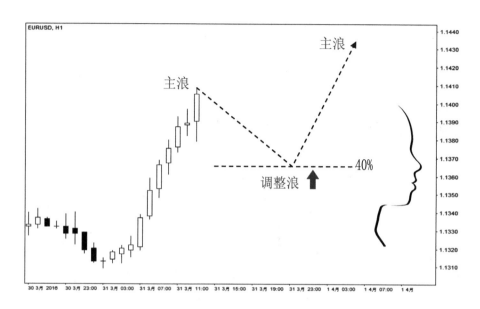

图 4 - 4 - 20　欧元兑美元走势图

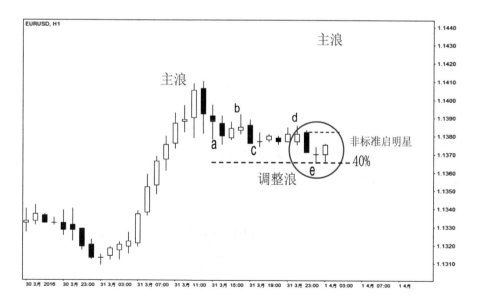

图 4 - 4 - 21　欧元兑美元走势图

了 abcde 调整浪结构。但由于形成的启明星为非标准结构（最后一根
K 线没有收市于之前阴线开盘价的上方），出现这样的情况，投资者
的意识中需要马上想到会有以下的两种情况出现：（1）下一根 K 线突
破之前标准 K 线开盘价；（2）不突破之前标准 K 线开盘价，但是出现
阳阴阳组合。如【图 4-4-22】所示。

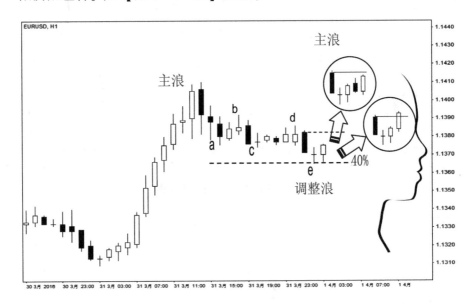

图 4-4-22　欧元兑美元走势图

　　投资者已经有了以上两种情况将会发生的心理准备，一旦出现的
结果与意识中的信息一致，他们的交易行为就是一种自然的行为。
【图 4-4-23】是之后的走势图。

　　【图 4-4-23】中出现了意识中的第二种结果，投资者立刻执行
买入订单，【图 4-4-24】是之后的走势图。

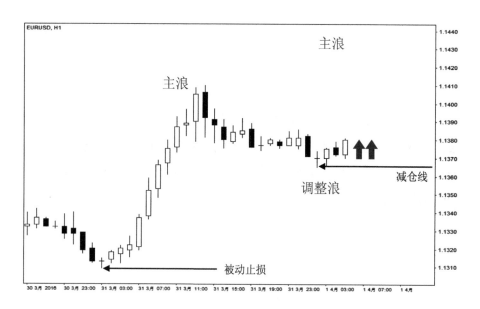

图 4 - 4 - 23　欧元兑美元走势图

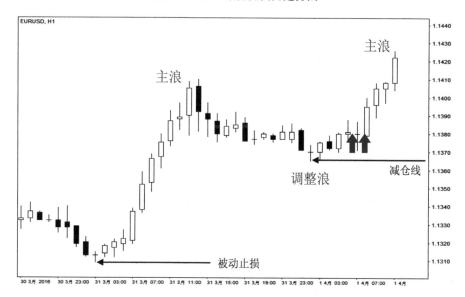

图 4 - 4 - 24　欧元兑美元走势图

四、G4 或 G6 位置启动 K 线反转

调整浪浪 4 在拐点附近完成，称浪 4 完成的点为 G4。同样，调整浪浪 6 在拐点附近完成，称浪 6 完成的点为 G6。G4 或 G6 通常是执行买卖计划的重要点位。举例说明，【图 4 - 4 - 25】是一段欧元兑美元小时走势图。

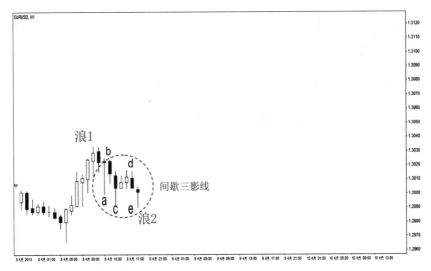

图 4 - 4 - 25　欧元兑美元走势图

【图 4 - 4 - 25】中浪 2 完成了 abcde 结构，并且出现了间歇的三影线，最后一根 K 线为锤子线，出现这样的情况，应马上想到调整浪浪 2 有可能结束，可以立刻执行买入计划，止损摆放如【图 4 - 4 - 26】所示。

【图 4 - 4 - 27】是之后的走势图。

由【图 4 - 4 - 27】可以看出，价格从浪 2 低点开始回升，并形成了一个 q1 = 2 的导航区间，首先想到的是将减仓线调整至区间 q1 = 2 形成的低点（导航 A）。由于浪 1 中只有一个子浪区间，此时，投资者

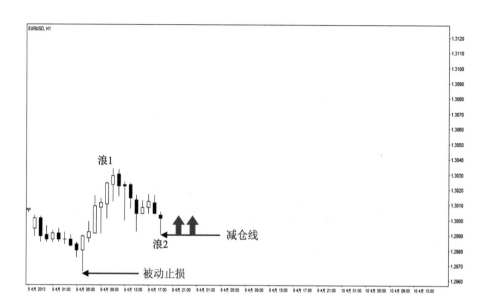

图 4 - 4 - 26　欧元兑美元走势图

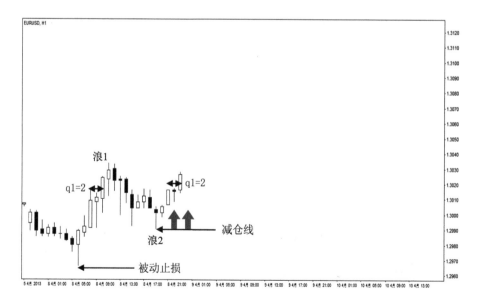

图 4 - 4 - 27　欧元兑美元走势图

的意识中要出现这样的画面，如【图4-4-28】所示。

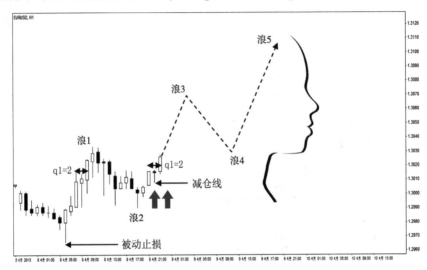

图4-4-28 欧元兑美元走势图

首先想到的是浪3中也是一样，只有一个子浪区间。【图4-4-29】是之后的走势图。

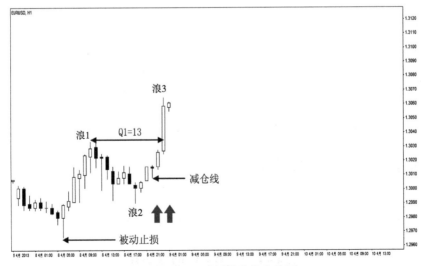

图4-4-29 欧元兑美元走势图

【图 4 - 4 - 29】中形成了 Q1 = 13 的主趋势区间，确认了浪 1、浪 2 和浪 3，此时大脑中需要立即出现绘制拐点线的意识，绘制的上升趋势拐点线如【图 4 - 4 - 30】所示。

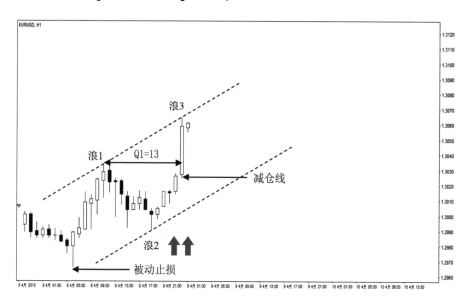

图 4 - 4 - 30　欧元兑美元走势图

如果未来价格回调至 G4 点，将为投资者提供上升趋势的第二次买入信号。【图 4 - 4 - 31】是之后的走势图。

由【图 4 - 4 - 31】可以看出，价格已经突破拐点线和减仓线，需要减仓 1/2 多头头寸，持有 1/2 剩余多头头寸，继续观察价格在 G4 点的走势。

浪 2 的周期为 8 根，目前浪 4 到达拐点 G4 的周期是 7 根，根据前后调整浪周期相似性，投资者可以观察后边一两根 K 线走势。如果第 8 根是阳线，就可以推断自浪 3 高点开始的下跌为简单调整浪浪 4 是大概率事件。【图 4 - 4 - 32】是之后的走势图。

由【图 4 - 4 - 32】可以看出，最后一根 K 线为阳线，接近出现阳

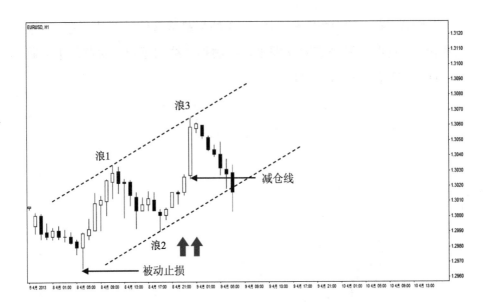

图 4-4-31　欧元兑美元走势图

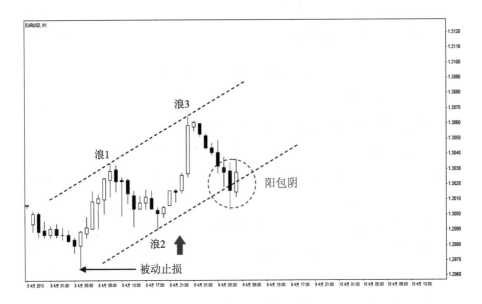

图 4-4-32　欧元兑美元走势图

抱阴K线反转，为投资者提供第二次买入信号。【图4-4-33】是之
后的走势图。

图4-4-33　欧元兑美元走势图

【图4-4-33】中完成了同级别5浪结构，而且浪5中出现了3
个子浪区间，确认上升趋势已经结束，应立即执行卖出的交易策略，
被动止损在浪5的最高点，如【图4-4-34】所示。

执行了卖出的交易计划后，意识中需要出现以下两个画面：（1）下
跌的小5浪结构；（2）连续的标准阴线。如【图4-4-35】所示。

这是下降趋势浪1的重要特征。【图4-4-36】是之后的走势图。

【图4-4-36】中的走势与意识中的两种情况都不吻合，此时投资
者会感觉不舒服，这是从潜意识发出的警觉信号，也就是现在的下跌是
调整浪的概率增大。此时，投资者需要重新进行浪的结构分析。首先对
浪5进行分析，之前确定浪5中存在3个子浪区间，如果是同级别区间，
应倾向于2个区间构成一个主浪，那么第三个子浪周期划分到调整浪浪
6中，浪6就完成了abcde结构，如【图4-4-37】所示。

图 4 - 4 - 34　欧元兑美元走势图

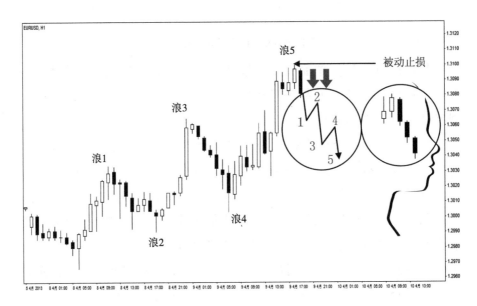

图 4 - 4 - 35　欧元兑美元走势图

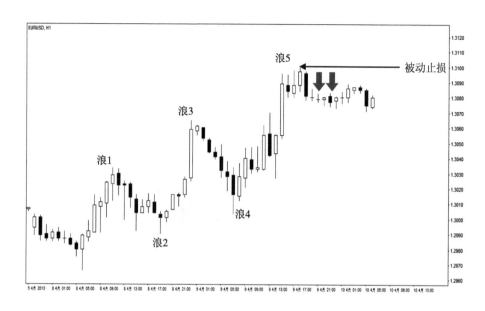

图 4 - 4 - 36　欧元兑美元走势图

图 4 - 4 - 37　欧元兑美元走势图

出现这样的情况后，投资者有两种选择：（1）减仓 1/2 空头头寸，持有 1/2 剩余头寸，观察之后的走势；（2）平仓所有空头头寸，并建立相应的多头头寸。由于目前运行在浪 6 和浪 7 中，处于行情末期，倾向于第一种选择，减仓 1/2 空头头寸，被动止损变为主动止损。【图 4 - 4 - 38】是之后的走势图。

图 4 - 4 - 38　欧元兑美元走势图

【图 4 - 4 - 38】中的价格虽然突破了最高点，投资者不用立即止损，最后一根 K 线为倒锤子线，这时可以选择补回之前平仓的 1/2 空头头寸，主动止损调整至倒锤子线的高点，如【图 4 - 4 - 39】所示。

执行了卖出计划后，意识中马上出现以上说的两个画面：（1）下跌小 5 浪；（2）连续标准 K 线（阴线）。【图 4 - 4 - 40】是之后的走势图。

【图 4 - 4 - 40】中的走势与意识中的第一种情况相吻合，确认目前的下跌为浪 1。

图 4 - 4 - 39　欧元兑美元走势图

图 4 - 4 - 40　欧元兑美元走势图

五、在78.6%回调位置启动K线反转

浪2通常在浪1的78.6%位置完成。当我们通过各种分析方法确立了浪1后，就可以在78.6%的位置结合调整浪的结构特性启动K线反转入市。

1. 上升趋势

举例说明，【图4-4-41】是一段欧元兑美元小时走势图。

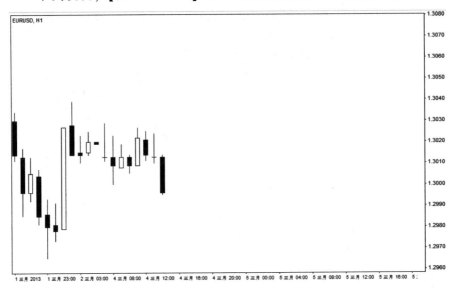

图4-4-41　欧元兑美元走势图

首先对【图4-4-41】中的走势进行结构分析和数浪，确定出浪1和浪2，如【图4-4-42】所示。

由于此时行情运行在浪2中，意识中马上出现78.6%的位置，并

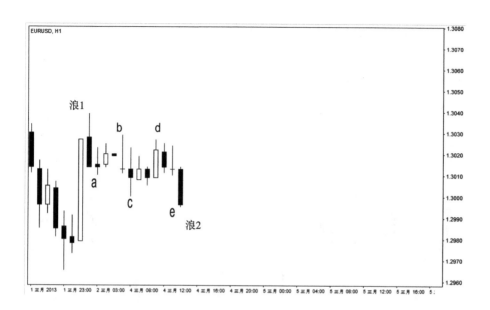

图 4 – 4 – 42 欧元兑美元走势图

绘制出未来的走势图，如【图 4 – 4 – 43】所示。

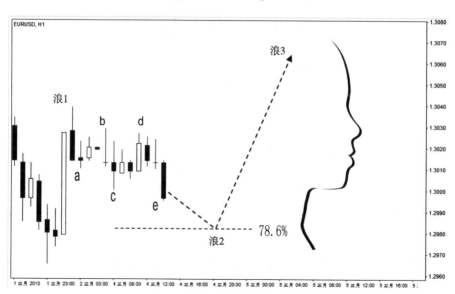

图 4 – 4 – 43 欧元兑美元走势图

由于已经在意识中做好了在 78.6% 位置执行买入计划的准备，一旦价格在 78.6% 位置出现 K 线反转，投资者执行买入计划的交易行为就成为一种自然。【图 4-4-44】是之后的走势图。

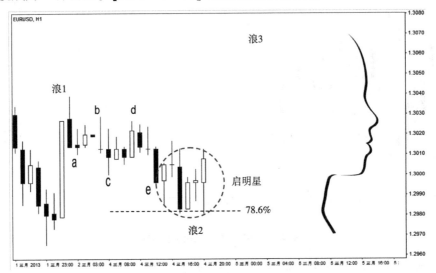

图 4-4-44　欧元兑美元走势图

由【图 4-4-44】可以看出，价格在 78.6% 位置出现了启明星 K 线反转，此时立刻执行买入计划，【图 4-4-45】是之后的走势图。

2. 下降趋势

举例说明，【图 4-4-46】是一段欧元兑美元小时走势图。

【图 4-4-46】中出现了下跌的小 5 浪结构，意识中立刻想到现在的下跌是主跌浪浪 1，并在意识中绘制出未来可能的走势图，如【图 4-4-47】所示。

此时在意识中开始推测浪 2 可能的走势，首先想到的是纵向的位置：62% ~78.6%。第二个考虑的是横向的周期：因为只有浪 1 可以参考，可以通过分析统计知道浪 2 与浪 1 的周期比率关系为 1.5 倍是

图 4 - 4 - 45 欧元兑美元走势图

图 4 - 4 - 46 欧元兑美元走势图

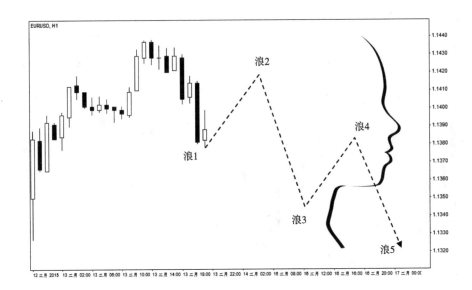

图 4 - 4 - 47　欧元兑美元走势图

最大概率分布，可以推测浪 2 完成的周期应该在 $1.5 \times 8 = 12$ 根之后，意识中给浪 2 一个完成的区域，如【图 4 - 4 - 48】所示。

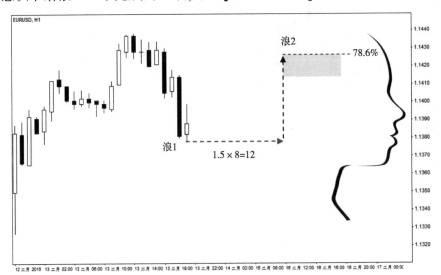

图 4 - 4 - 48　欧元兑美元走势图

【图 4 - 4 - 49】是之后的走势图。

图 4 - 4 - 49　欧元兑美元走势图

由【图 4 - 4 - 49】可以看出，价格在 78.6% 位置形成了黄昏星 K 线反转，与意识中的信息吻合，立即执行卖出计划，【图 4 - 4 - 50】是之后

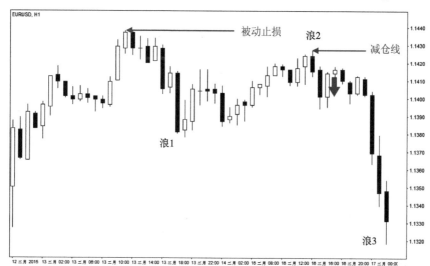

图 4 - 4 - 50　欧元兑美元走势图

的走势图。

【图4-4-50】中目前的运行轨迹与意识中的信息吻合，如果从心理感受上没有任何的不舒服，证明潜意识接受了意识的信息。

六、在62%回调位置启动 K 线反转

浪4或浪6通常在浪3或浪5的62%位置完成。因此投资者可以在浪3的62%回调位置启动 K 线反转入市，下面举例说明。

1. 上升趋势

【图4-4-51】是一段欧元兑美元小时走势图。

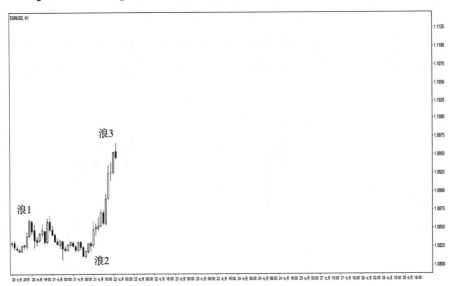

图4-4-51 欧元兑美元走势图

出现【图4-4-51】中的走势图，意识马上做如下的行为：

（1）绘制拐点线；（2）找到浪3的62%回调位置。并在意识中绘制出未来可能的走势图，如【图4－4－52】所示。

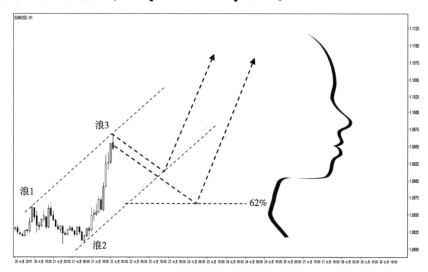

图4－4－52　欧元兑美元走势图

【图4－4－53】是之后的走势图。

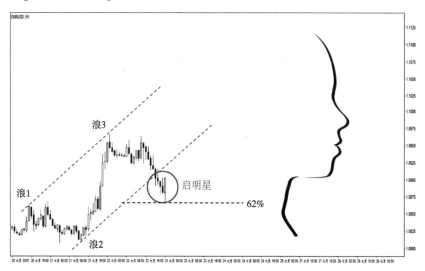

图4－4－53　欧元兑美元走势图

由【图4-4-53】可以看出，价格到达62%回调位置形成启明星K线反转，应立即执行买入计划，【图4-4-54】是之后的走势图。

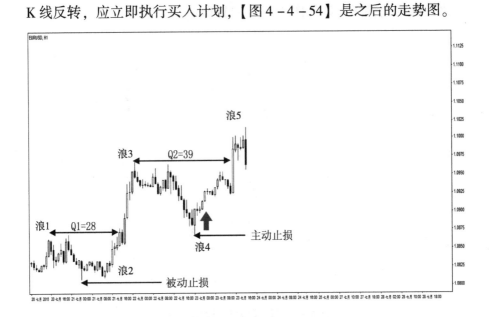

图4-4-54　欧元兑美元走势图

【图4-4-54】中出现了Q2=39的区间，前后区间的比值δ=39/28=1.39，介于1.208~2.618之间，目前的上升趋势为扩张7浪或钻石7浪结构是大概率事件，此时投资者意识到需要马上做以下的动作：（1）绘制趋势线；（2）找到浪5的62%回调位置；（3）在意识中绘制未来的走势图。如【图4-4-55】所示。

此时思考的重心应在浪6如何完成上。由于有浪4作参照，浪4的周期为24根K线，根据前后调整浪周期的相似性，可以推测浪6的周期也应该在24根K线左右完成，【图4-4-56】是之后的走势图。

由【图4-4-56】可以看出，价格在周期达到24根K线后，到达浪5的62%位置，并形成了启明星K线反转，这时可以立即执行买入计划，【图4-4-57】是之后的走势图。

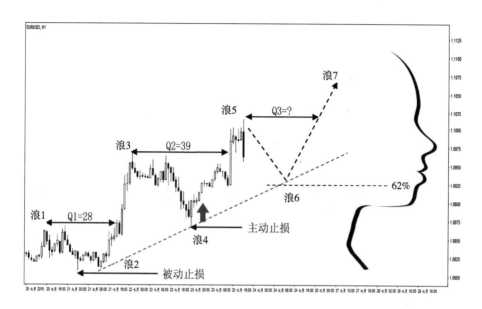

图 4 - 4 - 55　欧元兑美元走势图

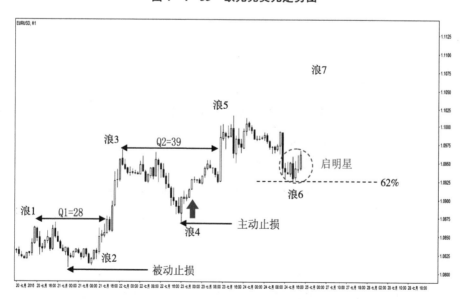

图 4 - 4 - 56　欧元兑美元走势图

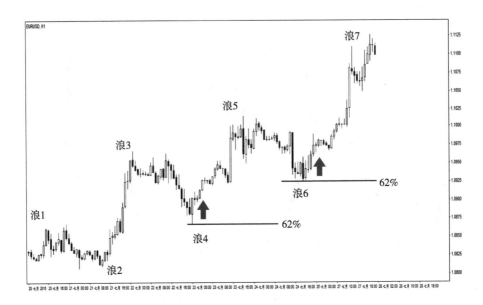

图4－4－57　欧元兑美元走势图

2. 下降趋势

【图4－4－58】是一段欧元兑美元小时走势图。

浪2完成了abcde调整浪结构，在78.6%位置出现了黄昏星K线反转，提供下降趋势的第一次卖出交易信号。看到这样的走势，投资者由于已经形成了在78.6%位置执行卖出计划的习惯，也就是成为一种潜意识，会不自觉地执行卖出计划，止损的摆放如【图4－4－59】所示。

【图4－4－60】是之后的走势图。

看到【图4－4－60】中的走势图，投资者应该不自觉地完成以下两个动作：（1）绘制下降趋势的拐点线；（2）找到浪3的62%回调位置。如【图4－4－61】所示。

图 4 - 4 - 58 欧元兑美元走势图

图 4 - 4 - 59 欧元兑美元走势图

图 4 - 4 - 60　欧元兑美元走势图

图 4 - 4 - 61　欧元兑美元走势图

由【图 4 - 4 - 61】可以看出，价格突破减仓线，应首先减仓 1/2
空头头寸。因为意识中的走势图仍然是下降趋势，所以投资者应会等
待浪 4 完成，并出现 K 线反转，继续执行卖出计划。

浪 2 的周期为 37 根，那么浪 4 的周期也应该在 37 根左右完成。
【图 4 - 4 - 62】是之后的走势图。

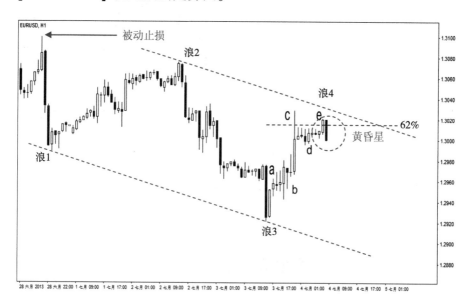

图 4 - 4 - 62　欧元兑美元走势图

由【图 4 - 4 - 62】可以看出，价格在调整浪周期达到 17 根时提
供了如下信号：（1）浪 4 完成了 abcde 调整浪结构；（2）价格到达 G4
敏感位置；（3）价格到达浪 3 的 62% 位置；（4）形成黄昏星 K 线反
转。综合以上信息，投资者可以立即执行卖出计划，空单被止损是小
概率事件。【图 4 - 4 - 63】是之后的走势图。

图4-4-63 欧元兑美元走势图

第五节 总 结

通过第四章的学习，投资者需要掌握：

1. 标准 K 线的定义，以及标准 K 线的应用。

2. 需要熟练掌握书中讲述的 K 线反转形态，以及 K 线反转的应用的重要位置。

K 线的优点是它给出的信号相当灵敏，人们往往能够利用 K 线的这一优点，捕捉到市场趋势转变最早的交易信号，从而获得最大的利润。但是它的优点也是交易的一个缺点，过早入市虽然可以获得最大的利润，但是 K 线经常会出现假的信号，投资者被市场左右扇耳光，从而迷失交易的方向。

因此，在确定以 K 线反转作为交易转向信号时，一定要选择关键的位置，并结合浪的结构分析，这样执行的 K 线反转的准确率相对较高，被动止损将是小概率事件。

第五章
趋 势 线

第一节 趋 势 线

一、上升趋势线的定义

上升趋势线是指连接某一时间周期内最低点（或相对低点）与最高点之前的某一调整浪的低点，中间不穿越任何价位的一条直线。或用浪表述为：连接浪1的低点与浪2、浪4或浪6的低点，中间不穿越任何价位的一条直线。如【图5-1-1】中虚线所示。

二、下降趋势线的定义

下降趋势线是指连接某一时间周期内最高点（或相对高点）与最低点之前的某一调整浪的高点，中间不穿越任何价位的一条直线。或用浪表述为连接浪1的高点与浪2、浪4或浪6的高点，中间不穿越任何价位的一条直线。如【图 5 – 1 – 2】中虚线所示。

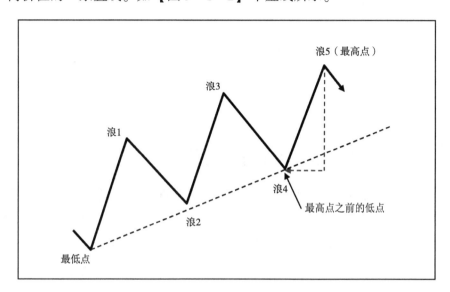

图 5 – 1 – 1　上升趋势线示意图

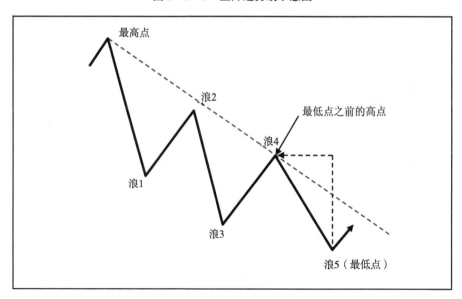

图 5 – 1 – 2　下降趋势线示意图

第二节　趋势线的种类

一、上升趋势线和下降趋势线

按照趋势方向，趋势线分为：上升趋势线和下降趋势线。上升趋势线出现在上升趋势中，下降趋势线出现在下降趋势中，如【图5－2－1】所示。

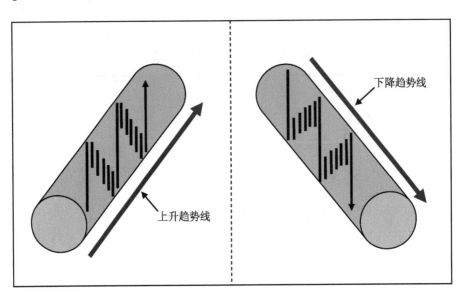

图5－2－1　趋势线位置示意图

二、主趋势趋势线和导航趋势线

按照趋势大小，趋势线分为：主趋势趋势线和导航趋势线。

1. 主趋势趋势线

主趋势趋势线是根据整个上升趋势或下降趋势绘制出的趋势线。

2. 导航趋势线

导航趋势线是根据上升趋势或下降趋势中的子浪绘制出的趋势线。

主趋势趋势线和导航趋势线，如【图5-2-2】所示。

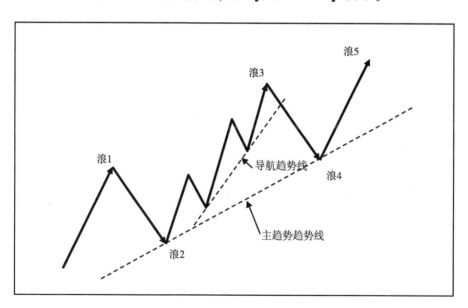

图5-2-2 主趋势趋势线和导航趋势线示意图

3. 实例讲述

下面举例说明主趋势趋势线与导航趋势线，【图5－2－3】是一段欧元兑美元小时走势图。

图5－2－3　欧元兑美元走势图

看到【图5－2－3】的走势图，投资者会很容易地绘制出趋势线，如【图5－2－4】所示。

【图5－2－4】中，绘制的上升趋势线是主趋势趋势线还是导航趋势线呢?

如果不加以分析，投资者很容易将以上绘制的趋势线当成是主趋势趋势线，出现以下的交易过程。【图5－2－5】是之后的走势图。

【图5－2－5】中，价格已经突破了投资者绘制的趋势线，并且突破的K线为大的阴线，此时就会机械地执行卖出订单，【图5－2－6】是之后的走势图。

图 5 - 2 - 4 欧元兑美元走势图

图 5 - 2 - 5 欧元兑美元走势图

图 5 - 2 - 6　欧元兑美元走势图

　　此时由于错误地认为绘制的趋势线为主趋势趋势线，投资者会告诉潜意识：等待浪 4 和浪 5 的出现。投资者不会选择获利了结，【图5 - 2 - 7】是之后的走势图。

　　由于潜意识中已经确定了空头思维，所以出现的三根阳线并不能引起投资者的任何警觉，仍然会错误地认为是浪 4 运行中，下跌将很快发生的信息已经传达到了潜意识中，【图 5 - 2 - 8】是之后的走势图。

　　【图 5 - 2 - 8】中，如果此时仍然坚持空头思维，潜意识就会帮助投资者寻找各种下跌的理由，此时投资者在想："是不是下跌的浪 2 没有结束？"按照这个思维逻辑，自然会找到【图 5 - 2 - 9】的结构分析方法。

　　【图 5 - 2 - 9】中，分析的思路看上去非常符合逻辑，找到了扩张 abcde 调整浪结构，更坚信下跌将很快发生。【图 5 - 2 - 10】是之后的走势图。

图5-2-7 欧元兑美元走势图

图5-2-8 欧元兑美元走势图

图 5 - 2 - 9　欧元兑美元走势图

图 5 - 2 - 10　欧元兑美元走势图

【图5-2-10】中价格已经快速上升到最高点附近，投资者已经开始意识到之前的分析是错误的，但是为时已晚。【图5-2-11】是之后的走势图。

图5-2-11 欧元兑美元走势图

【图5-2-11】中，看到价格在之前的高点遇阻回落，出现一个大的阴线，心中又燃起希望，祈祷价格能快速下跌，挽救自己亏损的头寸，【图5-2-12】是之后的走势图。

【图5-2-12】中，之后的走势彻底粉碎了投资者的最后一线希望，被迫止损出局。所以看错了方向后，看似合理的分析过程，却有可能是违背趋势的歪理邪说。

确定绘制的上升趋势线是主趋势趋势线还是导航趋势线的方法是：（1）找出目前的上升趋势的最大的区间跨度；（2）找出之前下降趋势的最后一个区间跨度；（3）计算两个区间的δ值。如果两个区间为同级别区间，绘制的上升趋势线为主趋势趋势线，否则绘制的趋势

图 5 – 2 – 12　欧元兑美元走势图

线为导航趋势线。

【图 5 – 2 – 12】中找出的所有区间，如【图 5 – 2 – 13】所示。

图 5 – 2 – 13　欧元兑美元走势图

　　由【图 5 – 2 – 13】可以看出，绘制的上升趋势线中的最大的区间跨度
为 $q3 = 15$，之前的下降趋势的区间跨度为 $Qjt = 25$，$\delta = 15/21 = 0.71$，两个
区间不属于同级别区间，确认绘制的上升趋势线为导航趋势线。价格突破
上升趋势线，确认上升趋势的浪 1 已经完成，而不是趋势反转。

　　突破趋势线之后出现的 $Q1 = 28$ 的区间，与之前的下降趋势的
$Qjt = 25$ 区间具有耦合性，此时绘制的上升趋势线才是真正的主趋势趋
势线，如【图 5 – 2 – 14】所示。

图 5 – 2 – 14　欧元兑美元走势图

　　如果价格突破【图 5 – 2 – 14】中绘制的上升趋势线，转向后被止
损才是小概率事件。【图 5 – 2 – 15】是之后的走势图。

　　由【图 5 – 2 – 15】可以看出，价格已经突破了上升趋势线，此时
执行卖出计划后，由于方向正确，不管怎么分析，都会验证你的分析
的正确性。之前分析的上升趋势浪 1、浪 2 和浪 3，实际是之前下降趋
势的 abc 调整浪。

图 5 – 2 – 15　欧元兑美元走势图

第三节　绘制趋势线注意事项

一、不能连接最高点（或最低点）之后的点

在绘制趋势线时，不能连接最高点或最低点之后的点。举例说明，【图 5 – 3 – 1】是一段欧元兑美元小时走势图。

【图 5 – 3 – 1】中，绘制的上升趋势线，不是现在上升趋势的真正趋势线，因为连接了最高点（浪 3 的高点）之后的点，如【图 5 – 3 – 2】所示。

图 5 - 3 - 1　欧元兑美元走势图

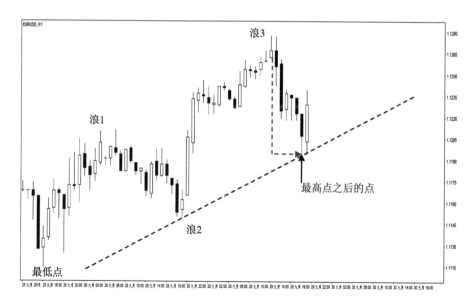

图 5 - 3 - 2　欧元兑美元走势图

正确的上升趋势线画法，如【图5-3-3】所示。

图5-3-3　欧元兑美元走势图

此时投资者应该这样思考，如果价格能回到78.6%的位置，就可以绘制最高点之后的点。【图5-3-4】是之后的走势图。

图5-3-4　欧元兑美元走势图

【图5-3-4】中，价格已经回升至之前调整浪的78.6%位置，有可能出现失败浪5，此时可以连接最高点之后的点绘制上升趋势线，如【图5-3-5】所示。

图5-3-5 欧元兑美元走势图

【图5-3-6】是之后的走势图。

二、绘制的上升趋势线不能穿越任何价位

【图5-3-7】是一段欧元兑美元小时走势图。

【图5-3-7】中，绘制的上升趋势线有价格穿越的情况，是错误的画法。正确的上升趋势线如【图5-3-8】所示。

【图5-3-8】中的两条上升趋势线都是符合定义的正确的上升趋势线，那么究竟应该以哪条上升趋势线作为转向条件呢？

图 5 - 3 - 6　欧元兑美元走势图

图 5 - 3 - 7　欧元兑美元走势图

图5-3-8 欧元兑美元走势图

如果存在两条上升趋势线，首先要通过结构分析和数浪确定目前的上升趋势处于几浪运行中，如果主趋势的结构已经完整，我们就选择转向较早的上升趋势线Ⅱ作为转向条件，否则，就选择上升趋势线Ⅰ作为转向条件。

【图5-3-8】中的上升趋势已经是7浪结构，如【图5-3-9】所示。

由于上升趋势所有结构已经完成，就可以选择上升趋势线Ⅱ作为转向条件，当然也可以直接转向做空，因为已经出现了反向标准K线。【图5-3-10】是之后的走势图。

在绘制趋势线时，投资者需要过滤掉消息影响产生的假的低点或高点，因此允许出现价格穿越所绘制的趋势线。下面举例说明。

实例1：

【图5-3-11】是一段欧元兑美元小时走势图。

图 5 - 3 - 9　欧元兑美元走势图

图 5 - 3 - 10　欧元兑美元走势图

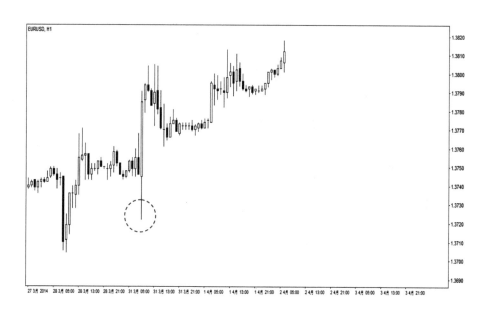

图 5 - 3 - 11 欧元兑美元走势图

【图 5 - 3 - 11】中，圆圈中的低点就是由于消息影响产生的调整浪低点，通过调整浪结构分析，我们知道真实的调整浪低点（e 点）在之前已经完成，所以我们绘制上升趋势线时，过滤掉这个消息低点，就会产生价格穿越趋势线的情况，如【图 5 - 3 - 12】所示。

【图 5 - 3 - 13】是之后的走势图。

【图 5 - 3 - 13】中，圆圈中形成的调整浪高点也是由于消息影响而形成的，因此，在绘制下降趋势线时，过滤掉这个高点，绘制的下降趋势线如【图 5 - 3 - 14】所示。

实例 2：

【图 5 - 3 - 15】是一段欧元兑美元小时走势图。

【图 5 - 3 - 15】圆圈内价格的运行轨迹与整个上升趋势运行轨迹不在一个节奏上，它是由于出现了与上升趋势相反的基本面消息而形成的快速下跌，之后又很快回到上升趋势中。在绘制上升趋势线时，需要过滤掉这

图 5 – 3 – 12　欧元兑美元走势图

图 5 – 3 – 13　欧元兑美元走势图

图 5 - 3 - 14 欧元兑美元走势图

图 5 - 3 - 15 欧元兑美元走势图

个消息低点，绘制的上升趋势线如【图5-3-16】所示。

图5-3-16 欧元兑美元走势图

实例3：

【图5-3-17】是一段欧元兑美元小时走势图。

【图5-3-17】中，圆圈中的部分是消息引起的走势，过滤掉消息高点，绘制的下降趋势线如【图5-3-18】所示。

三、拐点线替代趋势线

浪2的回调过深（≥78.6%）或浪3的加速过快时，此时的趋势线不能作为转向的趋势线。如果拐点线的转向早于趋势线，启动拐点线转向。下面举例说明，【图5-3-19】是一段欧元兑美元小时走势图。

图 5 – 3 – 17　欧元兑美元走势图

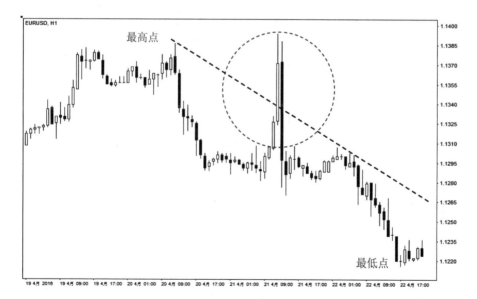

图 5 – 3 – 18　欧元兑美元走势图

图 5 – 3 – 19　欧元兑美元走势图

　　看到【图 5 – 3 – 19】中的走势图，我们立刻进行结构分析和数浪，并绘制出下降趋势线，如【图 5 – 3 – 20】所示。

图 5 – 3 – 20　欧元兑美元走势图

由【图5－3－20】可以看出，浪3加速过快，此时绘制的趋势线
不能作为转向条件，因为转向过晚，容易出现左右扇耳光的情况。这
时我们启动拐点线作为转向工具，如【图5－3－21】所示。

图5－3－21　欧元兑美元走势图

【图5－3－22】是之后的走势图。

由【图5－3－22】可以看出，拐点线转向要远远早于趋势线转
向，实盘交易过程中拐点线转向会更主动，心态会更平和。

再来举一个上升趋势的例子。【图5－3－23】是一段欧元兑美元
小时走势图。

首先进行结构分析和数浪，确定浪1、浪2和浪3，并绘制出上升
趋势线，如【图5－3－24】所示。

由于【图5－3－24】中，浪2的回调过深，到达了浪1的78.6%
位置，此时绘制的趋势线没有实际的参照意义，我们用拐点线代替，
如【图5－3－25】所示。

图 5 – 3 – 22　欧元兑美元走势图

图 5 – 3 – 23　欧元兑美元走势图

图 5 - 3 - 24   欧元兑美元走势图

图 5 - 3 - 25   欧元兑美元走势图

【图5-3-26】是之后的走势图。

图5-3-26 欧元兑美元走势图

【图5-3-26】中，价格已经突破了外延线，需要进行重新数浪，如【图5-3-27】所示。

图5-3-27 欧元兑美元走势图

　　【图 5 - 3 - 27】中的上升趋势为收缩趋势，再次启动趋势线作为转向工具，【图 5 - 3 - 28】是之后的走势图。

图 5 - 3 - 28　欧元兑美元走势图

第四节　直接转向和延时转向

一、直接转向

　　如果价格突破趋势线时为标准 K 线，且距离最高点（或最低点）距离较近（止损小），投资者就需要平仓之前的所有头寸，并直接转向。

　　下面通过实例来讲述直接转向。【图5-4-1】是一段欧元兑美元小时走势图。

图5-4-1　欧元兑美元走势图

　　由【图5-4-1】可以看出，价格已经突破之前绘制的趋势线，突破的K线为标准K线，并且距离最高点较近，目前止损较小，此时可以立即平仓之前的多头头寸，并立即建立空头头寸，被动止损在最高点的上方，如【图5-4-2】所示。

　　【图5-4-3】是之后的走势图。

　　再来举一个突破下降趋势线的例子。【图5-4-4】是一段欧元兑美元小时走势图。

　　由【图5-4-4】可以看出，价格已经突破之前绘制的下降趋势线，突破的K线为标准K线，距离最低点较近，并且止损小。此时可以平仓之前的空头头寸，立即建立相应的多头头寸，被动止损在最低点的下方，如【图5-4-5】所示。

图 5 - 4 - 2　欧元兑美元走势图

图 5 - 4 - 3　欧元兑美元走势图

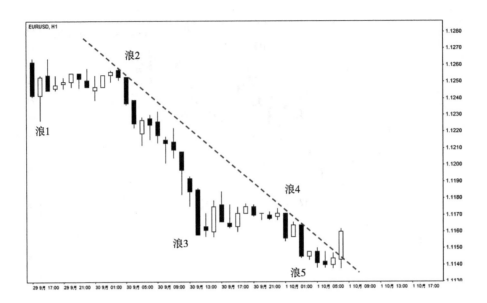

图 5 - 4 - 4　欧元兑美元走势图

图 5 - 4 - 5　欧元兑美元走势图

【图 5 - 4 - 6】是之后的走势图。

图 5 - 4 - 6　欧元兑美元走势图

二、延时转向

延时转向，是指价格突破趋势线的那根 K 线并不立即转向，而是再等 2 根 K 线，根据三根 K 线形成的低点或高点——延时转向点，决定是否转向。如果之后的任何一根 K 线收市于延时转向点绘制的延时转向线之下或之上，就立即转向。

以下三种情况是通常采取的延时转向的交易策略。

1. 非标准 K 线

如果价格突破趋势线的 K 线为非标准 K 线，需要延时转向，举例说明，【图 5 - 4 - 7】是一段欧元兑美元小时走势图。

图 5 - 4 - 7　欧元兑美元走势图

【图 5 - 4 - 7】中，前后两个区间 δ = 19/26 = 0.73，介于 0.382 ~ 0.828 之间，属于收缩趋势，可以绘制上升趋势线，如【图 5 - 4 - 8】所示。

【图 5 - 4 - 8】中，以绘制的上升趋势线作为转向工具，【图 5 - 4 - 9】是之后的走势图。

由【图 5 - 4 - 9】可以看出，最后一根 K 线突破了上升趋势线，为一根十字线，是非标准 K 线，此时并不需要立即转向，而是再观察之后的两根 K 线的走势，如【图 5 - 4 - 10】所示。

【图 5 - 4 - 10】中，最后三根 K 线形成了一个延时低点，以此低点绘制出一条横向直线，称之为延时转向线。如果未来任何一根 K 线

图 5 - 4 - 8　欧元兑美元走势图

图 5 - 4 - 9　欧元兑美元走势图

图 5 – 4 – 10　欧元兑美元走势图

收市于延时转向线之下，就立即执行卖出计划。否则，继续持有多头头寸，【图 5 – 4 – 11】是之后的走势图。

图 5 – 4 – 11　欧元兑美元走势图

由【图5－4－11】可以看出，价格突破上升趋势线之后，再次突破之前的高点，通过延时转向，投资者过滤掉了这次假突破。

2. 突破趋势线时，距离最高点（或最低点）较远，止损较大

如果突破趋势线时，距离最高点较远，由于执行卖出计划止损较大，可以采取延时转向的交易策略。下面通过实例说明。【图5－4－12】是一段欧元兑美元小时走势图。

图5－4－12　欧元兑美元走势图

由【图5－4－12】可以看出，价格已经突破之前绘制的上升趋势线，由于突破点距离最高点已经过远，执行卖出计划的止损也就较大，而且下跌已经形成小的5浪结构，此时投资者并不用着急立即执行卖出计划，而是启动延时转向，等待调整浪的出现，并在意识中绘制出未来的操作计划，如【图5－4－13】所示。

由【图5－4－13】可以看出，意识已经通知了潜意识未来两种可能发生的情况的处理方案。【图5－4－14】是之后的走势图。

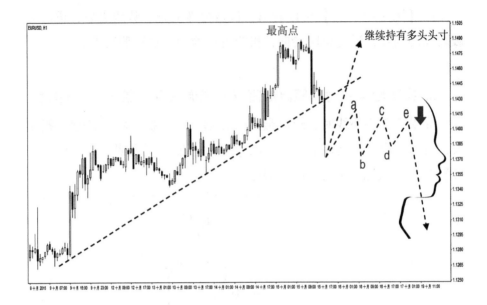

图 5 – 4 – 13　欧元兑美元走势图

图 5 – 4 – 14　欧元兑美元走势图

由【图5-4-14】可以看出，a浪等于b浪，都是3根K线，投资者先按照a=b的逻辑进行推算，c浪应该等于d浪，【图5-4-15】是之后的走势图。

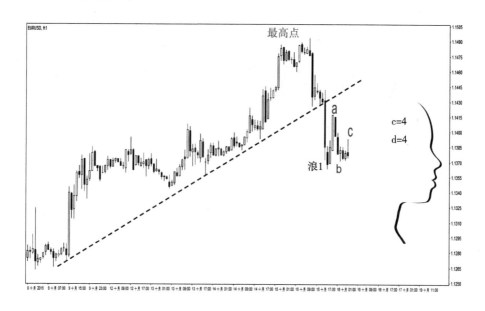

图5-4-15 欧元兑美元走势图

由【图5-4-15】可以看出，c浪为4根，那么按照逻辑推理，如果a=b，那么c=d，d浪也应该是4根K线，【图5-4-16】是之后的走势图。

由【图5-4-16】看出，d浪为4根，确认了之前的逻辑推理：a=b，c=d，那么e浪应该等于a浪或c浪，也就是e浪可能是3根或4根完成。需要观察第3根和第4根K线，决定是否执行卖出计划，【图5-4-17】是之后的走势图。

由【图5-4-17】中可以看出，e浪在第4根出现了阴线，投资者可以执行卖出计划，被动止损在最高点的上方，主动止损在调整浪e点，如【图5-4-18】所示。

图 5 - 4 - 16　欧元兑美元走势图

图 5 - 4 - 17　欧元兑美元走势图

图 5 - 4 - 18　欧元兑美元走势图

【图 5 - 4 - 19】是之后的走势图。

图 5 - 4 - 19　欧元兑美元走势图

3. 突破趋势线的位置正好落入 62.0% ~ 78.6% 的位置

如果价格突破趋势线后，K 线落入 62.0% ~ 78.6% 的位置时，投资者可以启动延时转向，下面举例说明。【图 5 - 4 - 20】是一段欧元兑美元小时走势图。

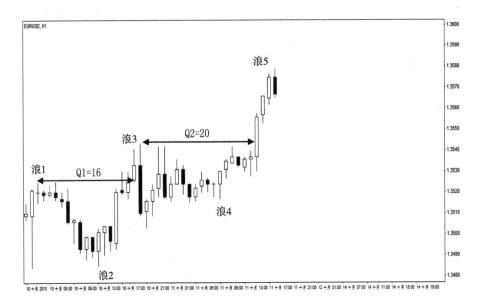

图 5 - 4 - 20　欧元兑美元走势图

【图 5 - 4 - 20】中，前后两个区间的比值 δ = 20/16 = 1.25，介于 1.208 ~ 2.618 之间，属于扩张趋势，可以绘制上升趋势线作为转向工具，如【图 5 - 4 - 21】所示。

【图 5 - 4 - 22】是之后的走势图。

由【图 5 - 4 - 22】可以看出，价格已经突破上升趋势线，并且是标准 K 线突破，按照规则应该立即执行卖出计划。但由于突破的标准 K 线正好到达浪 5 的 78.6% 位置，出现这样的情况，通常会启动延时转向的交易策略。【图 5 - 4 - 23】是之后的走势图。

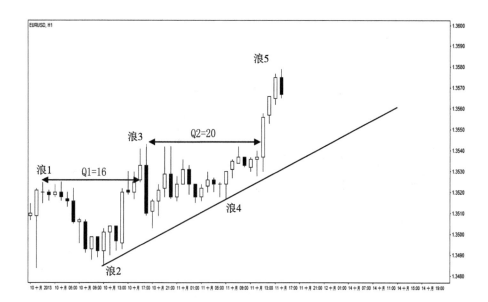

图 5 – 4 – 21　欧元兑美元走势图

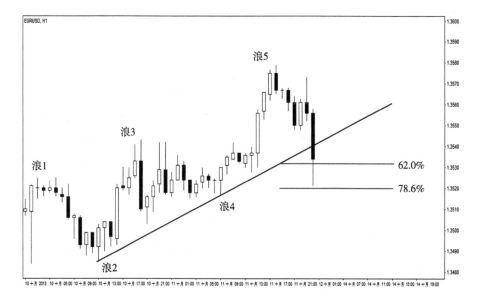

图 5 – 4 – 22　欧元兑美元走势图

图 5 – 4 – 23　欧元兑美元走势图

由【图 5 – 4 – 23】可以看出，通过延时确立了未来的延时转向线，如果未来价格突破并收市于延时转向线之下，投资者就执行卖出计划。延时后的两根 K 线都是平头线，也就是收市价与最高价相同，通过统计分析知道，出现这样的 K 线反转组合，未来突破延时转向线将是小概率事件，【图 5 – 4 – 24】是之后的走势图。

由【图 5 – 4 – 24】可以看出，价格没有再突破延时转向线，并再次突破之前的高点。通过延时转向，投资者可以过滤掉了趋势线的假突破。

【图 5 – 4 – 24】中，延时转向后，价格再次突破了浪 5 的最高点，此时需要重新绘制上升趋势线，如【图 5 – 4 – 25】所示。

【图 5 – 4 – 26】是之后的走势图。

由【图 5 – 4 – 26】可以看出，价格突破上升趋势线的 K 线为非标准 K 线，此时延时三根 K 线，形成了延时低点，【图 5 – 4 – 27】是之后的走势图。

由【图 5 – 4 – 27】可以看出，价格已经突破并收市于延时转向线

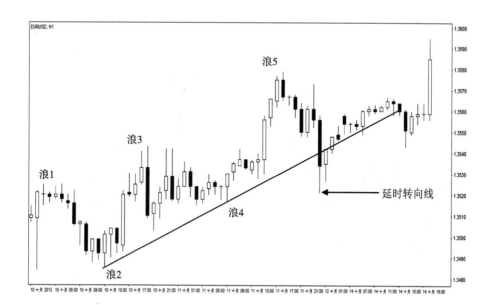

图 5 – 4 – 24 欧元兑美元走势图

图 5 – 4 – 25 欧元兑美元走势图

图 5 - 4 - 26　欧元兑美元走势图

图 5 - 4 - 27　欧元兑美元走势图

之下，此时立刻执行卖出订单，止损摆放如【图 5 - 4 - 28】所示。

图 5 - 4 - 28 欧元兑美元走势图

【图 5 - 4 - 29】是之后的走势图。

图 5 - 4 - 29 欧元兑美元走势图

第五节　总　　结

通过第五章的学习，投资者需要掌握：

1. 趋势线的绘制原则；

2. 趋势线的种类及应用；

3. 绘制趋势线需要注意的事项；

4. 突破趋势线的直接转向和延时转向。

趋势线需要与波浪理论进行很好的结合，才能收到好的交易绩效。对于初级交易者来说，学习初期不是以盈利为目的时，可以单独使用趋势线，设计自己的交易系统。

第六章
拐　点　线

拐点线是趋势交易法理论重要的应用工具，它的应用频率高于趋势线。下面讲述拐点线的概念和具体应用。

第一节　拐点线与拐点

一、拐点线

外延线的平行线，称之为拐点线，如【图6-1-1】所示。

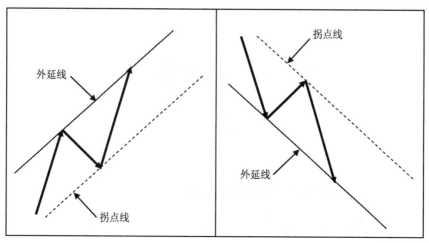

图6-1-1　拐点线示意图

二、拐点

价格与拐点线相交的点，称之为拐点，如【图6-1-2】所示。

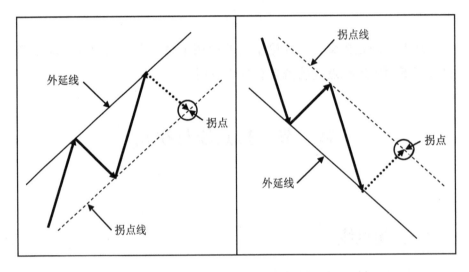

图6-1-2　拐点示意图

第二节　拐点线的绘制

一、上升趋势拐点线的绘制

举例说明上升趋势拐点线的绘制。【图6-2-1】是一段欧元兑美元小时走势图。

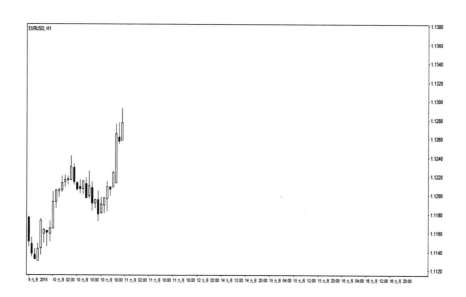

图6－2－1 欧元兑美元走势图

见到【图6－2－1】中的走势图，应立刻找出上升趋势中最大的区间跨度，通过结构数浪，确定浪1、浪2和浪3的位置，并绘制出上升趋势的外延线，如【图6－2－2】所示。

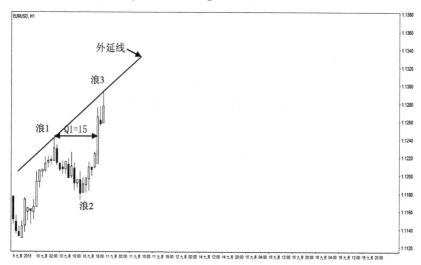

图6－2－2 欧元兑美元走势图

　　将【图6-2-2】中的外延线平行移动至浪2的低点，确保上升趋势的所有价格包含在外延线以内，这条平行移动的外延线就是上升趋势的拐点线，如【图6-2-3】所示。

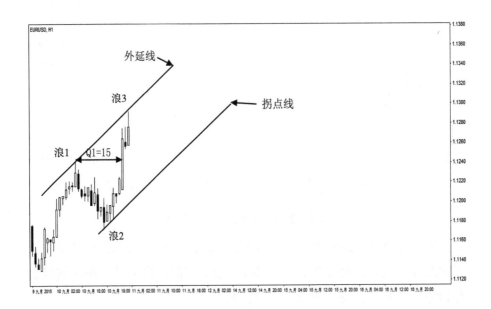

图6-2-3　欧元兑美元走势图

　　有了拐点线，就可以在意识中绘制出未来浪4可能结束的位置，也就是拐点的位置，如【图6-2-4】所示。

　　由【图6-2-4】可以看出，拐点（G4）将随着时间周期的推移而逐渐升高。【图6-2-5】是之后的走势图。

　　由【图6-2-5】可以看出，价格在拐点G4展开了主升浪浪5走势。

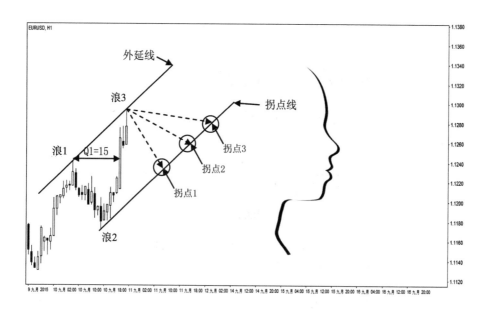

图 6 - 2 - 4　欧元兑美元走势图

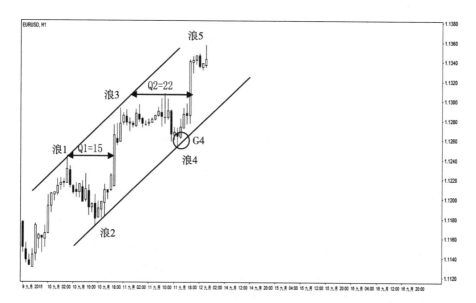

图 6 - 2 - 5　欧元兑美元走势图

二、下降趋势拐点线的绘制

举例说明下降趋势拐点线的绘制。【图 6 - 2 - 6】是之后的走势图。

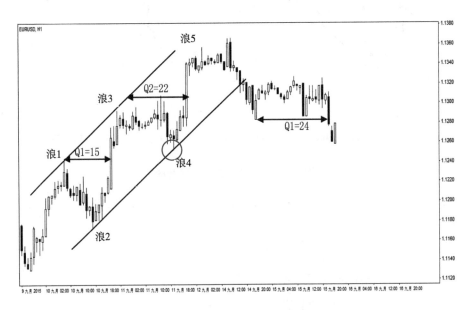

图 6 - 2 - 6　欧元兑美元走势图

【图 6 - 2 - 6】中，形成了一个反向 Q1 = 24 的区间，确立下降趋势的浪 1、浪 2 和浪 3，可以绘制出下降趋势的外延线，如【图 6 - 2 - 7】所示。

将【图 6 - 2 - 7】中的外延线平行移动至浪 2 的高点，确保下降趋势的所有价格包含在外延线以内，这条平行移动的外延线就是下降趋势的拐点线，如【图 6 - 2 - 8】所示。

通过绘制的拐点线，意识中马上绘制出浪 4 可能结束的拐点 G4

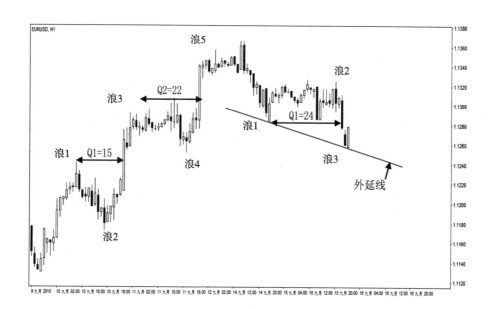

图 6 - 2 - 7 欧元兑美元走势图

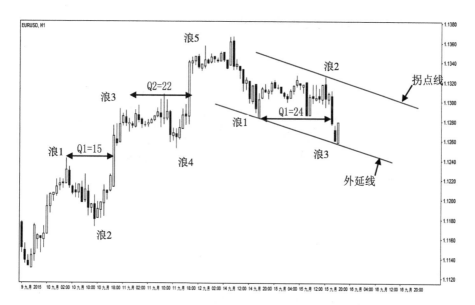

图 6 - 2 - 8 欧元兑美元走势图

的轨迹，如【图6-2-9】所示。

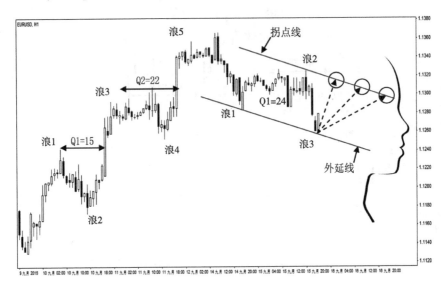

图6-2-9 欧元兑美元走势图

【图6-2-10】是之后的走势图。

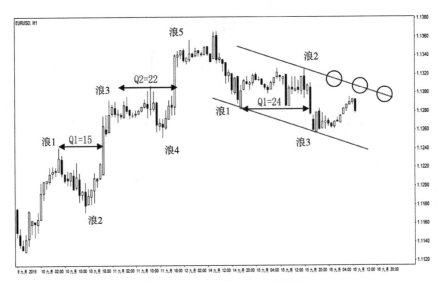

图6-2-10 欧元兑美元走势图

【图6-2-10】中，价格距离拐点还有一段距离时，形成了一个黄昏星K线反转。此时需要进行结构分析和数浪，确定调整浪浪4是否已经完成。首先需要确定各个浪的起始点位置，如【图6-2-11】所示。

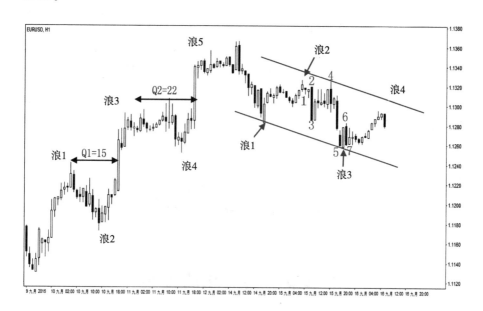

图6-2-11　欧元兑美元走势图

通过对各个浪的起始点定位，我们可以知道浪2的周期为13根，浪4的周期现在为12根，通过前后调整浪周期比率关系（1:1），我们可以推算浪4已经完成，【图6-2-12】是之后的走势图。

由【图6-2-12】可以看出，如果不进行结构分析和数浪，投资者就可能错过入场卖出的最佳时机，因为价格并没有到达拐点G4，调整浪浪4就完成了。

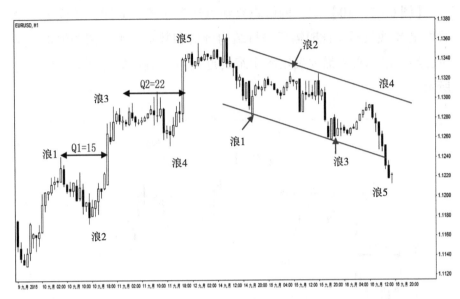

图 6 – 2 – 12　欧元兑美元走势图

第三节　拐点线的种类

拐点线分为趋势拐点线和导航拐点线。

一、趋势拐点线

根据最大区间，或与最大区间具有耦合性的区间绘制的拐点线，称之为趋势拐点线。举例说明，【图 6 – 3 – 1】是一段欧元兑美元小时走势图。

【图 6 – 3 – 1】中，最大的区间为 Q1 = 15，以此区间确定了上升

图 6 – 3 – 1　欧元兑美元走势图

趋势的浪 1、浪 2 和浪 3，此时绘制的拐点线就是趋势拐点线，如【图
6 – 3 –2】所示。

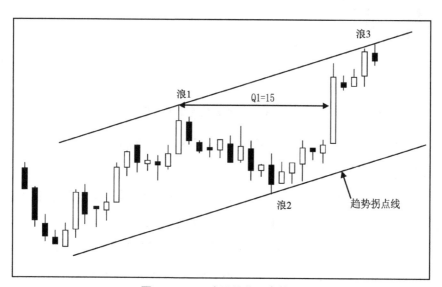

图 6 – 3 – 2　欧元兑美元走势图

二、导航拐点线

根据子浪区间绘制的拐点线，称之为导航拐点线。举例说明，【图6-3-3】是一段欧元兑美元走势图。

图6-3-3 欧元兑美元走势图

【图6-3-3】中，浪1中包含有子区间，我们可以根据子区间绘制出导航拐点线，如【图6-3-4】所示。

【图6-3-4】中，浪3中包含子浪区间，根据子浪区间绘制出的拐点线为导航拐点线，如【图6-3-5】所示。

价格突破趋势拐点线，表示之前的上升趋势或下降趋势已经结束。而价格突破导航拐点线，表示子浪或调整浪已经完成，而主趋势可能并没有结束。

图 6 - 3 - 4 欧元兑美元走势图

图 6 - 3 - 5 欧元兑美元走势图

三、如何判断趋势拐点线或导航拐点线

通过实例讲述。【图 6 - 3 - 6】是一段欧元兑美元小时走势图。

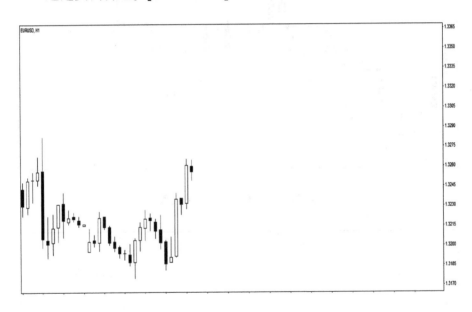

图 6 - 3 - 6　欧元兑美元走势图

　　首先找出上升趋势中最大的区间，并根据这个最大的区间绘制出上升趋势的拐点线，如【图 6 - 3 - 7】所示。

　　【图 6 - 3 - 7】中，绘制的拐点线是趋势拐点线还是导航拐点线呢？

　　投资者可以通过找出之前的下降趋势的最后一个区间跨度，与目前上升趋势确定的最大的区间跨度进行比较，如果两个区间为同级别区间，绘制的拐点线就是趋势拐点线，否则就是导航拐点线。

　　【图 6 - 3 - 7】中，下降趋势最后一个区间的值为 $Qjt = 16$，目前

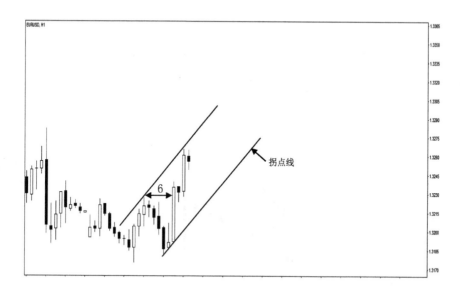

图 6 – 3 – 7　欧元兑美元走势图

的上升趋势的最大区间 6，不是同级别区间，因此绘制的拐点线是导航拐点线，【图 6 – 3 – 8】是之后的走势图。

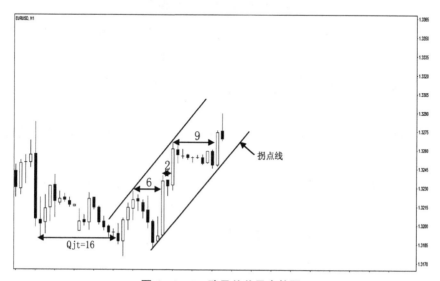

图 6 – 3 – 8　欧元兑美元走势图

由【图6-3-8】可以看出,目前的上升子浪结构是 X7 浪结构,预示价格将很快展开回调,【图6-3-9】是之后的走势图。

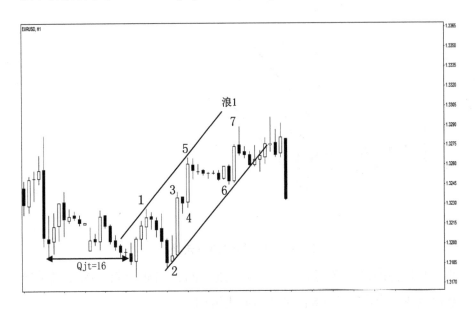

图6-3-9 欧元兑美元走势图

由【图6-3-9】可以看出,价格已经突破了我们绘制的导航拐点线,预示上升趋势的子浪已经完成,主趋势的浪1已经可以确立,目前运行在浪2中是大概率事件,【图6-3-10】是之后的走势图。

【图6-3-10】中,出现的区间 Q1 = 17 与之前的下降趋势的区间 Qjt = 16 为同级别区间,可以推测目前的区间 Q1 = 17 为主趋势区间,那么现在绘制的拐点线就是趋势拐点线,如【图6-3-11】所示。

【图6-3-12】是之后的走势图。

图 6 - 3 - 10　欧元兑美元走势图

图 6 - 3 - 11　欧元兑美元走势图

图 6 – 3 – 12　欧元兑美元走势图

第四节　绘制拐点线注意事项

一、方向

绘制拐点线的原则：要找下，先画上；要找上，先画下。

先画上的"上"是指将通道的上边最外延的至少 2 个点连接的直线，先画下的"下"是指将通道的下边最外延的至少 2 个点连接的直线。

二、过滤掉消息形成的假的高点或低点

举例说明，【图 6 – 4 – 1】是一段欧元兑美元小时走势图。

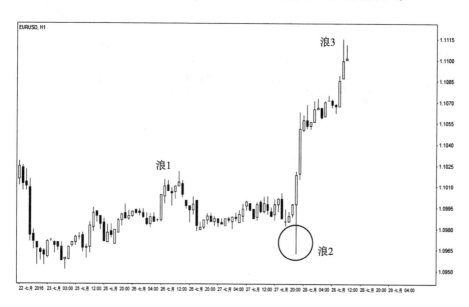

图 6 – 4 – 1　欧元兑美元走势图

【图 6 – 4 – 1】中，形成的浪 2 的低点是由消息引起的假的低点，在意识中过滤掉这个假的低点绘制拐点线，如【图 6 – 4 – 2】所示。

再来举一个消息形成的假低点的例子。【图 6 – 4 – 3】是一段欧元兑美元小时走势图。

【图 6 – 4 – 3】中，形成的低点，是由消息形成的假低点，投资者可以在意识中将这一段走势抹掉，绘制出的拐点线，如【图 6 – 4 – 4】所示。

【图 6 – 4 – 5】是之后的走势图。

图6-4-2　欧元兑美元走势图

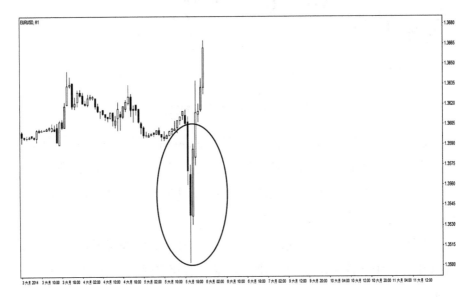

图6-4-3　欧元兑美元走势图

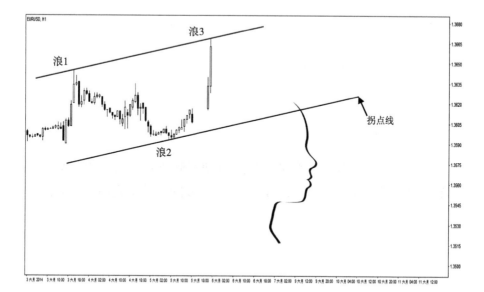

图 6 - 4 - 4　欧元兑美元走势图

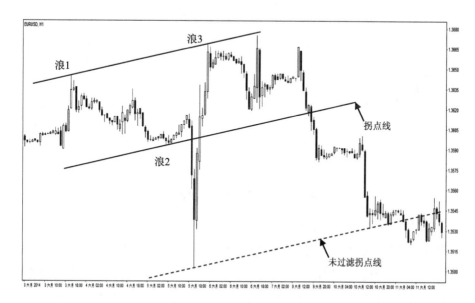

图 6 - 4 - 5　欧元兑美元走势图

三、趋势线取代拐点线

1. 假突破

价格突破拐点线为假突破，之后再创新高或新低后，用趋势线取代拐点线。举例说明，【图6-4-6】是一段欧元兑美元小时走势图。

图6-4-6　欧元兑美元走势图

看到【图6-4-6】中的走势图的第一反应应该是找出走势图中的最大的区间跨度，如【图6-4-7】所示。

找出最大的区间 Q1 = 45 后，再观察有无与 Q1 = 45 具有耦合性的区间，如果没有，就可以确认目前的上升走势为3浪结构，我们就可以绘制出拐点线，如【图6-4-8】所示。

图 6 - 4 - 7 欧元兑美元走势图

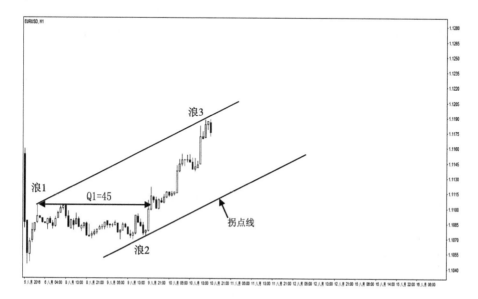

图 6 - 4 - 8 欧元兑美元走势图

【图6-4-9】是之后的走势图。

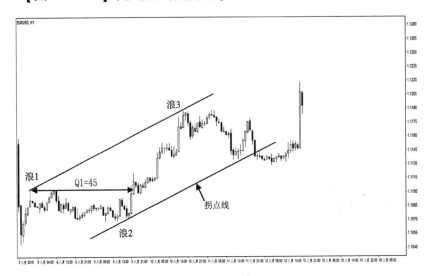

图6-4-9 欧元兑美元走势图

【图6-4-9】中，价格出现了假突破后，再次创出新高，此时需要用趋势线取代拐点线作为转向工具，如【图6-4-10】所示。

图6-4-10 欧元兑美元走势图

【图6-4-11】是之后的走势图。

图6-4-11 欧元兑美元走势图

由【图6-4-11】可以看出，如果启动拐点线转向，将再次发生假突破的情况。

2. 扩张

前后两个区间为扩张趋势时，用趋势线取代拐点线。举例说明，【图6-4-12】是一段欧元兑美元小时走势图。

【图6-4-12】中，前后两个区间比值 $\delta = 18:13 = 1.38$，介于 $1.208 \sim 2.618$ 之间，属于扩张趋势。此时启动趋势线，而不是拐点线作为转向工具，如【图6-4-13】所示。

【图6-4-14】是之后的走势图。

由【图6-4-14】可以看出，如果启动拐点线，出现一次假突破，一旦执行卖出的交易计划，将触发被动止损。【图6-4-15】是

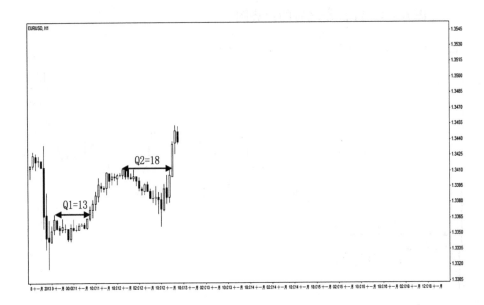

图 6 – 4 – 12　欧元兑美元走势图

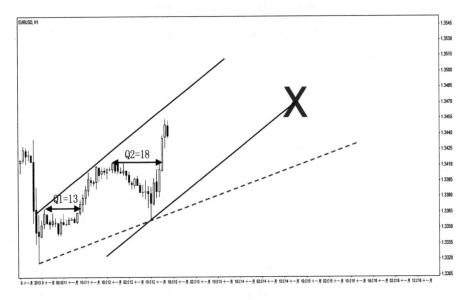

图 6 – 4 – 13　欧元兑美元走势图

图 6 - 4 - 14　欧元兑美元走势图

图 6 - 4 - 15　欧元兑美元走势图

之后的走势图。

由【图6-4-15】可以看出，价格未能突破上升趋势线，并再次突破之前的高点，形成一个更大的 Q1 = 56 的区间，确认上升趋势仍然处于行情中期。如果启动趋势拐点线转向，将再次出现假突破的情况。

3. 收缩

收缩趋势时，如果交易是以趋势结构分析为主要参考依据，可以启动趋势线转向，因为系统是以结构完整时发出买卖信号，所以拐点线的存在已经没有实际的意义，只是可以作为一种潜意识暗示：目前的行情处于上升趋势或下降趋势中。

如果是以拐点线为主的交易系统，则倾向于用趋势线替代拐点线作为转向工具。下面举例说明，【图6-4-16】是一段欧元兑美元小时走势图。

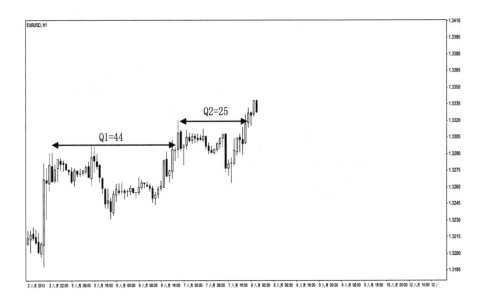

图6-4-16　欧元兑美元走势图

由【图6-4-16】可以看出，前后两个区间的比值 $\delta = 25/44 = 0.568$，介于 $0.382 \sim 0.828$ 之间，上升趋势为收缩趋势，需要绘制上升趋势线，作为转向工具，如【图6-4-17】所示。

图6-4-17 欧元兑美元走势图

【图6-4-18】是之后的走势图。

【图6-4-18】中，形成了第三个14的区间，为收缩区间，我们需要调整上升趋势线，如【图6-4-19】所示。

【图6-4-20】是之后的走势图。

4. 钻石

钻石分为两个部分，前半部分为扩张趋势，需要启动趋势线转向，后半部分为收缩趋势，同样需要启动趋势线转向。下面举例说明，【图6-4-21】是一段欧元兑美元小时走势图。

【图6-4-21】中的上升趋势为扩张趋势，我们以趋势线作为转

图 6 - 4 - 18　欧元兑美元走势图

图 6 - 4 - 19　欧元兑美元走势图

图 6 - 4 - 20 欧元兑美元走势图

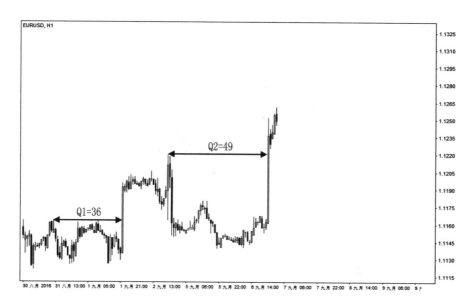

图 6 - 4 - 21 欧元兑美元走势图

向工具，需要绘制上升趋势线，如【图6－4－22】所示。

图6－4－22 欧元兑美元走势图

【图6－4－23】是之后的走势图。

图6－4－23 欧元兑美元走势图

由【图6-4-23】可以看出，新形成的第三个区间与第二个区间为收缩，形成了前扩张后收缩的钻石结构，此时我们需要调整上升趋势线，如【图6-4-24】所示。

图6-4-24 欧元兑美元走势图

【图6-4-25】是之后的走势图。

5. X型

X型分为两个部分，前半部分为收缩趋势，需要启动趋势线转向，后半部分为扩张趋势，同样需要启动趋势线转向。举例说明，【图6-4-26】是一段欧元兑美元小时走势图。

【图6-4-26】中的上升趋势为收缩趋势，需要启动趋势线作为转向工具，绘制的上升趋势线，如【图6-4-27】所示。

【图6-4-28】是之后的走势图。

【图6-4-28】中，出现了第三个区间，为扩张区间，上升趋势为

图 6 - 4 - 25　欧元兑美元走势图

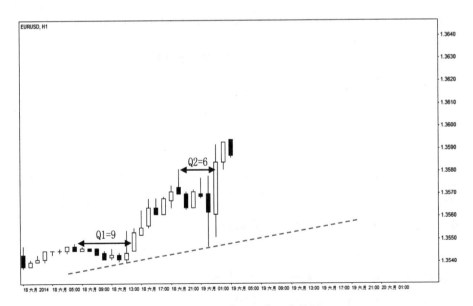

图 6 - 4 - 26　欧元兑美元走势图

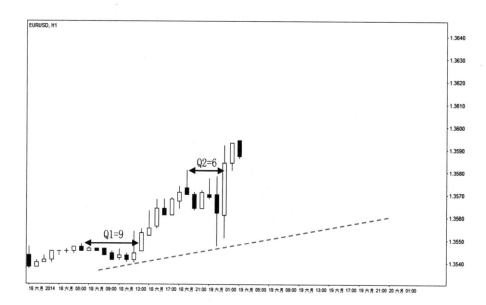

图 6 - 4 - 27　欧元兑美元走势图

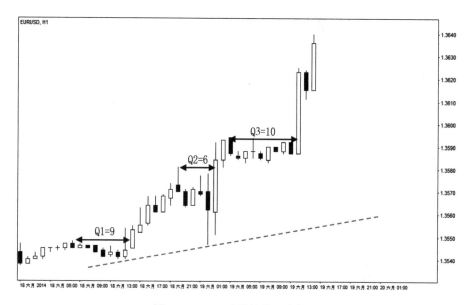

图 6 - 4 - 28　欧元兑美元走势图

X7浪结构，此时需要调整上升趋势线，如【图6-4-29】所示。

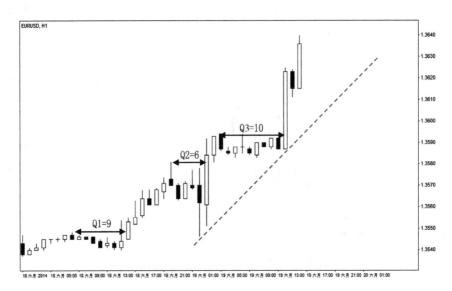

图6-4-29 欧元兑美元走势图

【图6-4-30】是之后的走势图。

图6-4-30 欧元兑美元走势图

四、请勿使用短周期设计拐点线交易系统

由于短周期的盈利空间有限，再加上拐点线的转向时间较晚，转向后盈利空间有限，所以在使用拐点线为主的交易系统时，请勿使用短周期。下面举例说明，【图6－4－31】是一段欧元兑美元5分钟走势图。

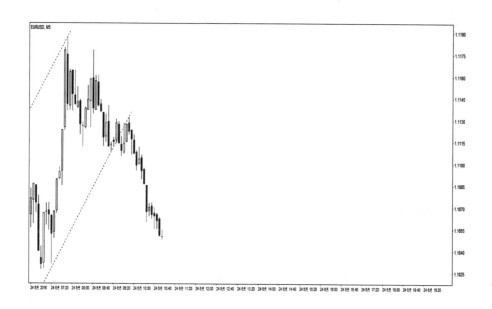

图6－4－31　欧元兑美元走势图

【图6－4－31】中，如果投资者采取延时转向的交易策略，卖出的入场点，如【图6－4－32】所示。

此时，需要绘制下降趋势的拐点线，如【图6－4－33】所示。

【图6－4－34】是之后的走势图。

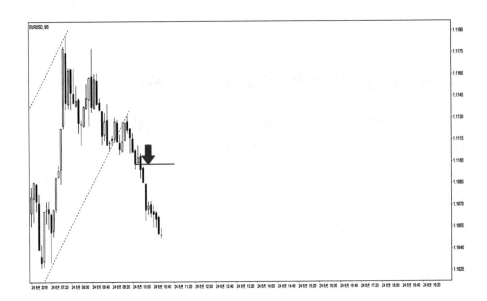

图 6 – 4 – 32　欧元兑美元走势图

图 6 – 4 – 33　欧元兑美元走势图

图6-4-34 欧元兑美元走势图

【图6-4-34】中，价格突破了拐点线，启动延时转向的交易策略，【图6-4-35】是之后的走势图。

图6-4-35 欧元兑美元走势图

由【图 6 – 4 – 35】可以看出，价格之后未能突破延时高点，确定为假突破。之后价格再次跌破之前形成的最低点，此时需要绘制下降趋势线，如【图 6 – 4 – 36】所示。

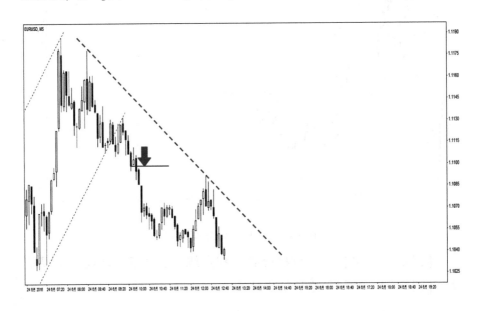

图 6 – 4 – 36　欧元兑美元走势图

【图 6 – 4 – 37】是之后的走势图。

由【图 6 – 4 – 37】可以看出，价格突破之前绘制的下降趋势线，由于 K 线的上影线较长，应继续执行延时转向的交易策略。【图 6 – 4 – 38】是之后的走势图。

由【图 6 – 4 – 38】可以看出，价格已经突破并收市于延时高点之上，此时平仓之前的空头头寸，立即建立相应的多头头寸。

此时，行情已经由下降趋势转为上升趋势，可是之前的下降趋势持有的空头头寸由于滞后转向，利润并没有保住，最后的结果是亏损。【图 6 – 4 – 39】是之后的走势图。

由【图 6 – 4 – 39】可以看出，价格已经突破了之前绘制的拐点

图 6 – 4 – 37   欧元兑美元走势图

图 6 – 4 – 38   欧元兑美元走势图

图 6 - 4 - 39　欧元兑美元走势图

线，为了保持前后规则的一致性，我们继续采取延时转向的交易策略，
【图 6 - 4 - 40】是之后的走势图。

图 6 - 4 - 40　欧元兑美元走势图

由【图 6 - 4 - 40】可以看出，再次出现了假突破，并很快突破了之前形成的最高点，此时应启动趋势线替代拐点线作为转向工具，绘制的上升趋势线，如【图 6 - 4 - 41】所示。

图 6 - 4 - 41　欧元兑美元走势图

【图 6 - 4 - 42】是之后的走势图。

【图 6 - 4 - 42】中，出现了 27 的最大主趋势区间，此时，需要根据这个最大的主趋势区间绘制上升趋势的趋势拐点线，如【图 6 - 4 - 43】所示。

【图 6 - 4 - 44】是之后的走势图。

【图 6 - 4 - 44】中，价格再次突破之前绘制的拐点线，应及时平仓之前的多头头寸，并建立相应的空头头寸。结果是，这次的上升趋势的利润也没有守住。

以上的 5 分钟的交易经历了从上升趋势到下降趋势、下降趋势到上升趋势、上升趋势再到下降趋势的过程，投资者用成功的交易系统

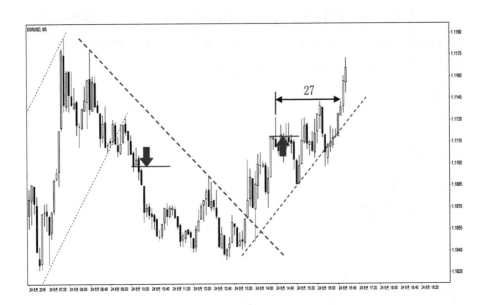

图 6 - 4 - 42　欧元兑美元走势图

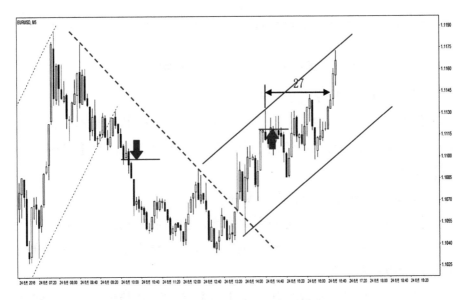

图 6 - 4 - 43　欧元兑美元走势图

图6-4-44 欧元兑美元走势图

在短周期上忙个不停，没有出现任何差错，最后却一无所获，造成这
样的结果主要有两个原因：一个是5分钟的交易盈利空间有限，另一
个是拐点线的转向较晚。

　　要想在5分钟内实现盈利，投资者需要很多交易技巧，需要准
确分析浪的结构，在行情接近趋势末期时，结构一旦完整，应及时
买入或卖出，确保每个趋势的利润最大化。这对普通投资者来说是
非常困难的。因此，在潜意识中还没有形成稳定盈利能力的交易系
统之前，不建议投资者使用短周期进行交易，否则，实现盈利是小
概率事件。

第五节　拐点线的应用

一、寻找入场点和出场点

趋势拐点线，主要用于把控市场的主方向，在 G4 或 G6 点，提供补仓买入（上升趋势）或卖出（下降趋势）信号。如【图 6 - 5 - 1】所示。

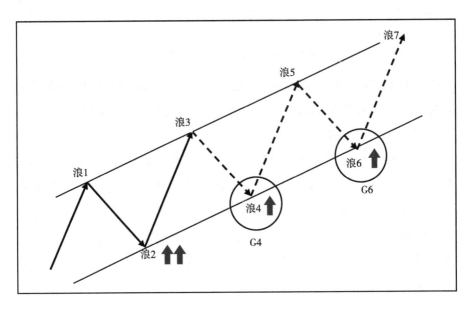

图 6 - 5 - 1　趋势拐点线的应用示意图

导航拐点线主要用于提供减仓信号，或在主浪结构已经完成时，提供买入或卖出转向信号，如【图 6 - 5 - 2】所示。

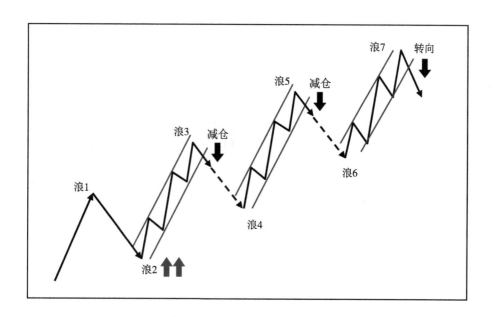

图 6 - 5 - 2　导航拐点线的应用示意图

二、数浪辅助工具

在导航拐点线里的所有运行轨迹，是一个主浪，突破导航拐点线的运行轨迹算为调整浪。举例说明，【图 6 - 5 - 3】是一段欧元兑美元小时走势图。

如果要对【图 6 - 5 - 3】中的走势进行宏观数浪，可以通过绘制导航拐点线，找出所有的主浪，如【图 6 - 5 - 4】所示。

每突破一次导航拐点线，就是确认上升趋势的一次调整。上升趋势完成了 3 次大的调整浪，趋势反转是大概率事件。【图 6 - 5 - 5】是之后的走势图。

图 6 – 5 – 3　欧元兑美元走势图

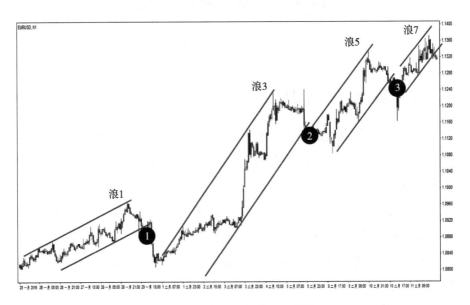

图 6 – 5 – 4　欧元兑美元走势图

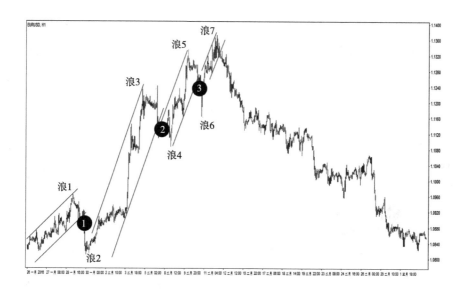

图 6 – 5 – 5　欧元兑美元走势图

同样，可以绘制出所有下降趋势的导航拐点线，如【图 6 – 5 – 6】所示。

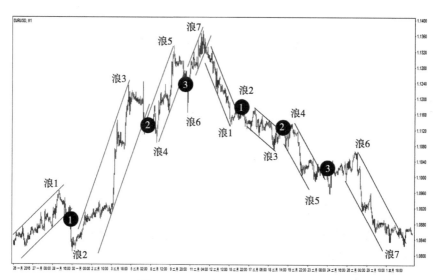

图 6 – 5 – 6　欧元兑美元走势图

下降趋势经过了 3 次突破导航拐点线，确认下降趋势已经形成 7 浪结构，未来行情发生反转是大概率事件，【图 6 - 5 - 7】是之后的走势图。

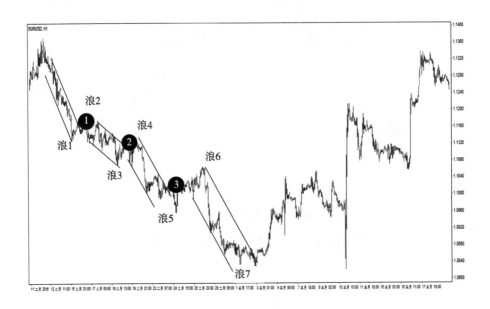

图 6 - 5 - 7　欧元兑美元走势图

第六节　总　　结

通过第六章的学习，投资者需要掌握：

1. 拐点线的绘制方法和绘制拐点线应该注意的事项；

2. 拐点线的种类；

3. 拐点线的应用；

4. 突破拐点线的直接转向和延时转向。

拐点线是非常有效的转向工具，可以与趋势线结合，形成一套独立的科学有效的交易系统。当然，如果再与波浪理论进行有机地结合，将使自己的交易系统更加科学，交易绩效会更高。

第七章
分界点 A

第一节　分界点 A 的定义

调整浪的结束点，定义为分界点 A，下面根据调整浪的类型分级讲述。

一、简单调整浪

简单调整浪的结束点，也就是区间的最低点，为分界点 A。举例说明，【图 7 – 1 – 1】是一段欧元兑美元小时走势图。

我们首先找出【图 7 – 1 – 1】中上升趋势的最大区间 4，确定上升趋势的浪 1、浪 2 和浪 3，如【图 7 – 1 – 2】所示。

由于调整浪浪 2 为简单调整浪，那么分界点 A1 就是区间的最低点。【图 7 – 1 – 3】是之后的走势图。

【图 7 – 1 – 3】中，形成了一个新的 Q2 = 6 的区间，前后两个区间

图 7－1－1　欧元兑美元走势图

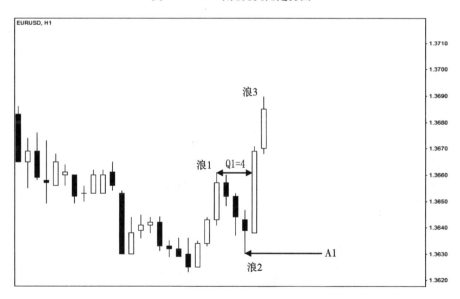

图 7－1－2　欧元兑美元走势图

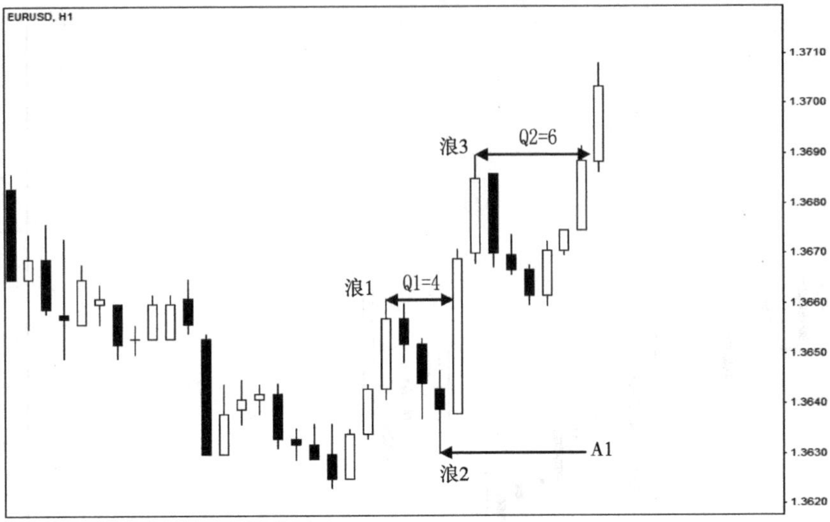

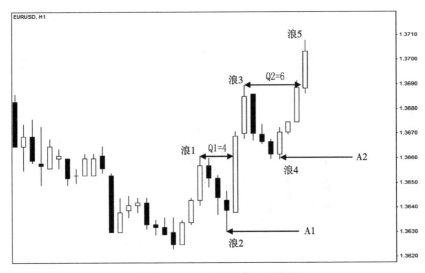

图 7-1-3　欧元兑美元走势图

为同级别区间，确认浪 4 和浪 5，浪 4 的低点，即第二个区间的最低点，就是第二个分界点 A2，如【图 7-1-4】所示。

图 7-1-4　欧元兑美元走势图

二、abc 调整浪

abc 调整浪时的结束点 c，为分界点 A。举例说明，【图 7 - 1 - 5】是一段欧元兑美元小时走势图。

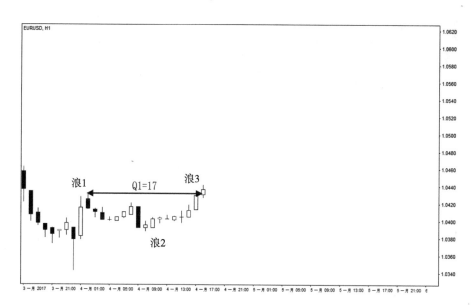

图 7 - 1 - 5　欧元兑美元走势图

首先划分主浪和调整浪，并对浪 2 进行结构分析和定位，浪 2 结束点 e 就是要找的分界点 A1，如【图 7 - 1 - 6】所示。

【图 7 - 1 - 7】是之后的走势图。

【图 7 - 1 - 7】中，形成了 5 的区间，通过前后区间对比知道这个新的区间是降级区间，也就是子浪区间。

由于区间独立存在是小概率事件，所以根据先内后外的配对原则，首先看之前 Q1 = 17 的区间最低点之后是否存在内区间，如果存

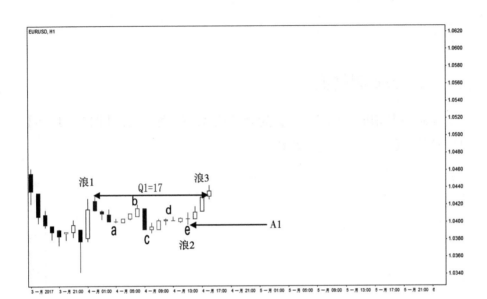

图 7 - 1 - 6　欧元兑美元走势图

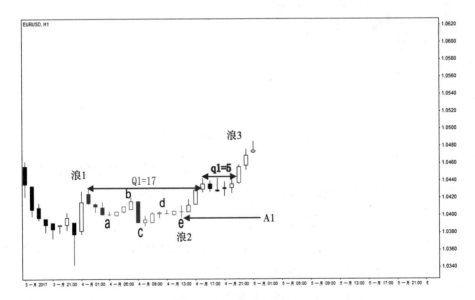

图 7 - 1 - 7　欧元兑美元走势图

在内区间，就首先耦合内区间，否则，等待之后出现新的耦合区间。

由于之前的主趋势区间内存在内区间，投资者需要将之前的调整浪结构调整为 abc 结构，那么分界点 A1 调整至 c 点，我们称这种情况为借用区间，也就是借助之前的内区间完成耦合，如【图 7 - 1 - 8】所示。

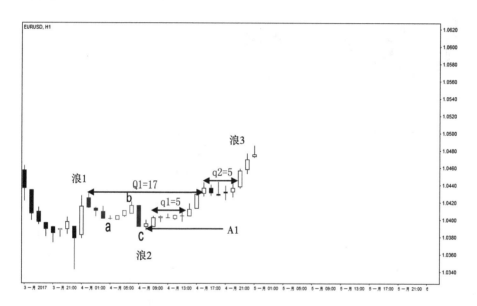

图 7 - 1 - 8 欧元兑美元走势图

【图 7 - 1 - 8】中，两个区间为同级别区间，耦合完成，潜意识中可以忽略它们的存在。【图 7 - 1 - 9】是之后的走势图。

【图 7 - 1 - 9】中，出现了一个 9 的区间，通过与 Q1 = 17 比较，确认为收缩区间，并确认浪 4 和浪 5，通过对浪 4 的结构分析和定位，找出趋势分界点 A2，【图 7 - 1 - 10】是之后的走势图。

【图 7 - 1 - 10】中，出现了一个 Q3 = 6 的收缩区间，确认浪 6 和浪 7，形成主趋势分界点 A3，如【图 7 - 1 - 11】所示。

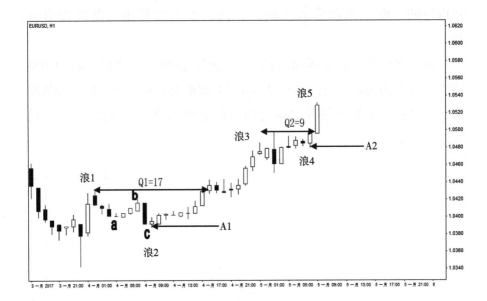

图7-1-9　欧元兑美元走势图

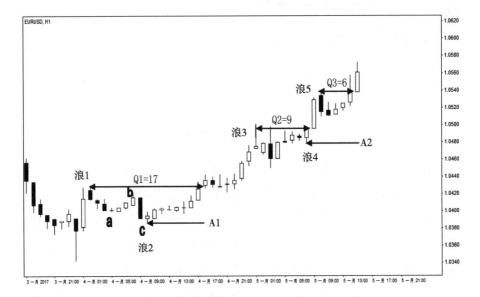

图7-1-10　欧元兑美元走势图

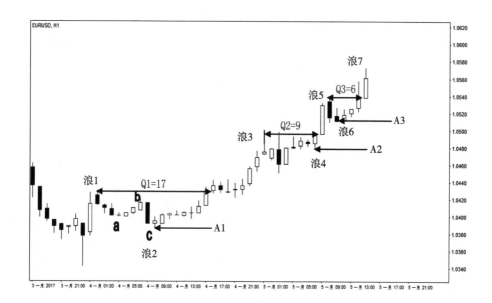

图 7 – 1 – 11　欧元兑美元走势图

【图 7 – 1 – 12】是之后的走势图。

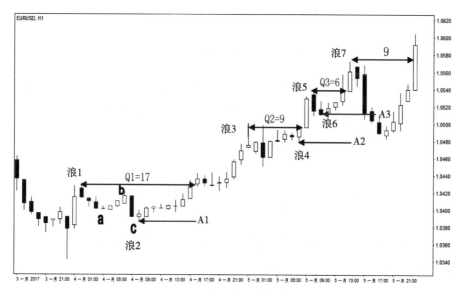

图 7 – 1 – 12　欧元兑美元走势图

由【图7-1-12】可以看出，在收缩7浪完成之后，又出现了一个9的区间，此时需要重新确定各区间的归属。投资者可以通过绘制拐点线，将通道内所有的区间归为一个主浪区间，如【图7-1-13】所示。

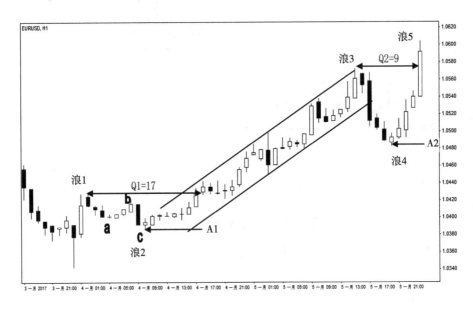

图7-1-13 欧元兑美元走势图

由【图7-1-13】可以看出，目前的上升趋势为收缩趋势，浪4的结构为简单调整浪，第二个区间的最低点就是要找的分界点A2。

三、三角形调整浪

三角形调整浪的结束点，就是分界点A。下面举例说明，【图7-1-14】是一段欧元兑美元小时走势图。

首先找出【图7-1-14】中主浪和调整浪，如【图7-1-15】所示。

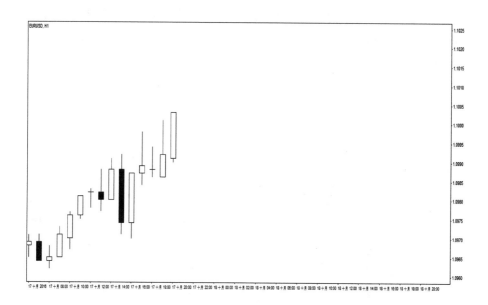

图 7 - 1 - 14　欧元兑美元走势图

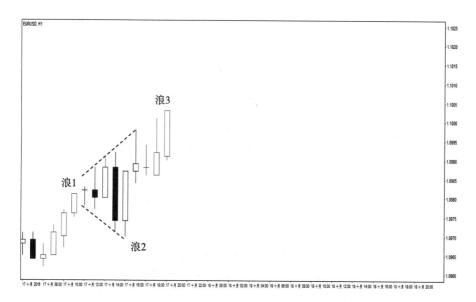

图 7 - 1 - 15　欧元兑美元走势图

由【图7-1-15】可以看出，浪2为扩张三角形调整浪，此时定位调整浪浪2的a点、b点、c点、d点和e点，e点就是要找的分界点A1，如【图7-1-16】所示。

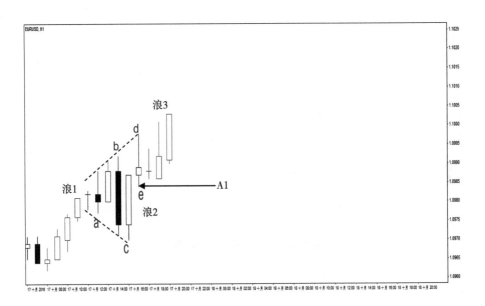

图7-1-16 欧元兑美元走势图

【图7-1-17】是之后的走势图。

【图7-1-17】中，形成了11的新的区间，与之前的Qjt的比值：11/9 = 1.22，为扩张区间，确认浪4和浪5，浪4为收缩三角形调整浪，此时定位调整浪浪4的a点、b点、c点、d点和e点，e点就是要找的分界点A2，如【图7-1-18】所示。

【图7-1-19】是之后的走势图。

【图7-1-19】中，再次出现了一个扩张三角形调整浪，定位调整浪浪6的a点、b点、c点、d点和e点，e点就是分界点A3，如【图7-1-20】所示。

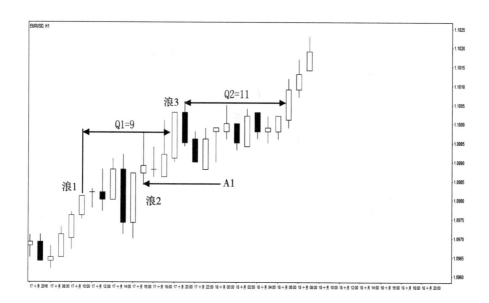

图 7 – 1 – 17 欧元兑美元走势图

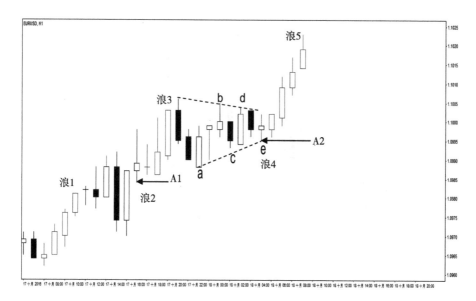

图 7 – 1 – 18 欧元兑美元走势图

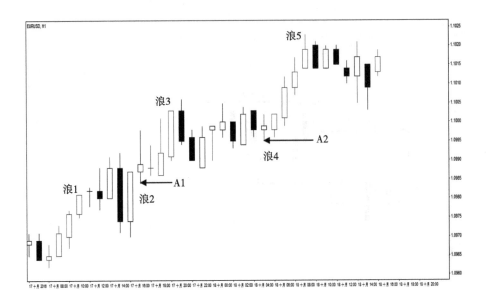

图 7 - 1 - 19　欧元兑美元走势图

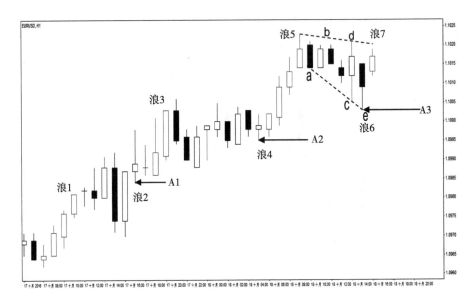

图 7 - 1 - 20　欧元兑美元走势图

【图 7 - 1 - 21】是之后的走势图。

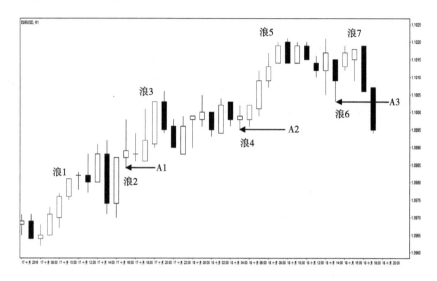

图 7 - 1 - 21　欧元兑美元走势图

由【图 7 - 1 - 21】可以看出，价格已经突破了第三个分界点 A3，确认上升趋势结束，【图 7 - 1 - 22】是之后的走势图。

图 7 - 1 - 22　欧元兑美元走势图

四、abcde 调整浪

abcde 调整浪的 e 点，就是分界点 A，【图 7－1－22】中，已经确立了下降趋势，需要重新对浪 6 和浪 7 进行结构分析和定位，如【图 7－1－23】所示。

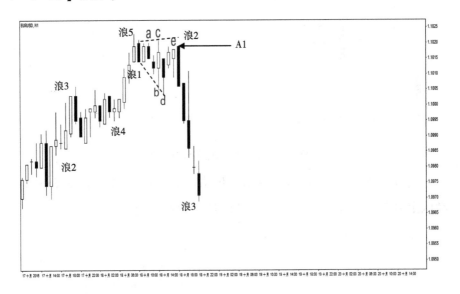

图 7－1－23　欧元兑美元走势图

【图 7－1－23】中，定位的 e 点，就是目前的下降趋势的第一个分界点 A1，【图 7－1－24】是之后的走势图。

【图 7－1－24】中，前后两个区间为扩张区间，确定浪 4 和浪 5，对浪 4 进行结构分析和定位，如【图 7－1－25】所示。

【图 7－1－25】中，定位的 e 点，就是目前的下降趋势的第二个分界点 A2，【图 7－1－26】是之后的走势图。

【图 7－1－26】中，形成了一个收缩区间，下降趋势为钻石 7 浪

图 7-1-24 欧元兑美元走势图

图 7-1-25 欧元兑美元走势图

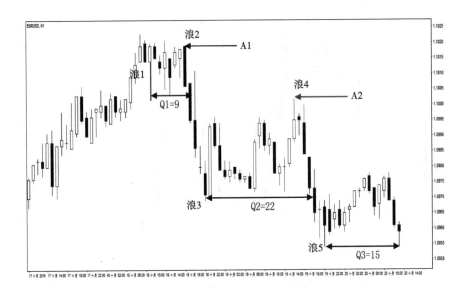

图 7 - 1 - 26　欧元兑美元走势图

结构，确立了浪6和浪7，投资者需要对浪6进行结构分析和定位，如
【图 7 - 1 - 27】所示。

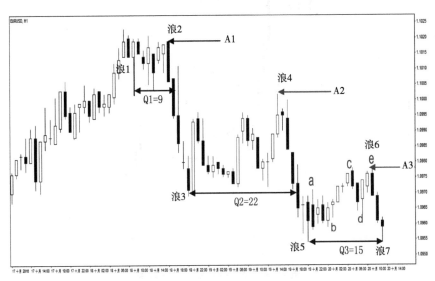

图 7 - 1 - 27　欧元兑美元走势图

【图7-1-27】中，调整浪6的e点，就是第三个分界点A3。

第二节　分界点 A 的种类

分界点 A 分为主趋势分界点 A 和导航分界点 A，简称为主趋势 A 点和导航 A 点。

主趋势分界点 A，为浪2、浪4 和浪6 的结束点。导航分界点 A 为子浪或孙浪的调整浪的结束点。

举例说明，【图7-2-1】是一段欧元兑美元小时走势图。

图7-2-1　欧元兑美元小时走势图

首先对上升趋势的主浪和调整浪进行划界，并对调整浪浪2 进行结构分析和定位，如【图7-2-2】所示。

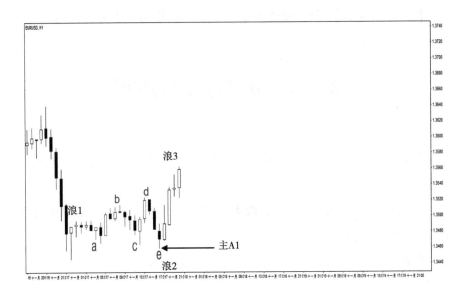

图7-2-2　欧元兑美元小时走势图

【图7-2-2】中，调整浪为扩张abcde，e点为主趋势分界点A1，【图7-2-3】是之后的走势图。

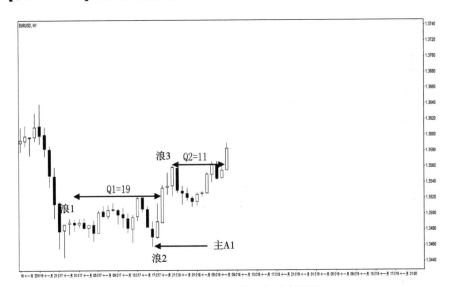

图7-2-3　欧元兑美元小时走势图

【图 7 - 2 - 3】中，前后两个区间为收缩比率关系，确认浪 4 和浪 5，浪 4 为简单调整浪，浪 4 的低点就是主趋势分界点 A2，如【图 7 - 2 - 4】所示。

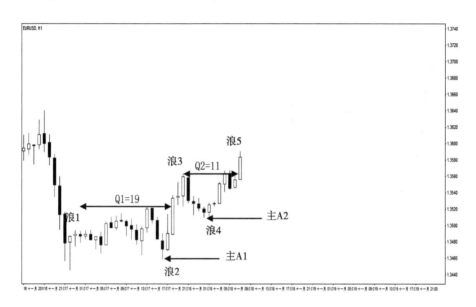

图 7 - 2 - 4　欧元兑美元小时走势图

【图 7 - 2 - 4】中，存在两个内区间，这两个区间的低点，就是导航 A 点，如【图 7 - 2 - 5】所示。

【图 7 - 2 - 6】是之后的走势图。

【图 7 - 2 - 6】中，新出现的 5 的区间与之前的两个区间具有耦合性，确认浪 6 和浪 7，浪 6 的结束点就是主趋势分界点 A3，如【图 7 - 2 - 7】所示。

【图 7 - 2 - 8】是之后的走势图。

【图 7 - 2 - 8】中，出现了一个 3 的区间，由于区间独立存在是小概率事件，相邻的区间为同级别区间，此时需要重新数浪，如【图 7 - 2 - 9】所示。

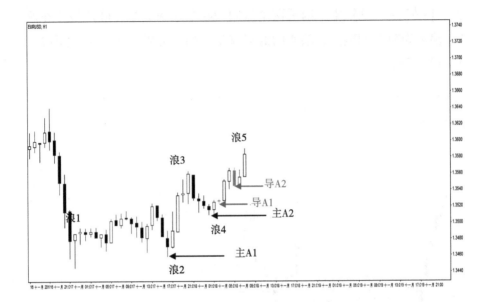

图7-2-5 欧元兑美元小时走势图

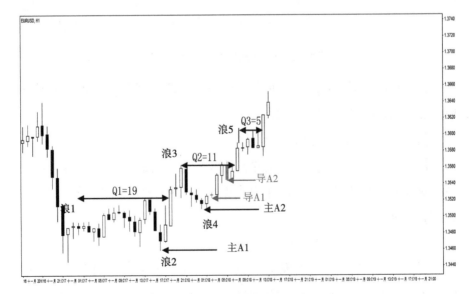

图7-2-6 欧元兑美元小时走势图

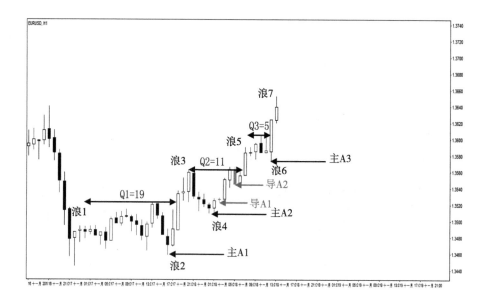

图 7 - 2 - 7　欧元兑美元小时走势图

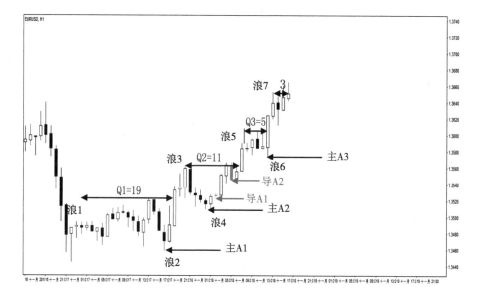

图 7 - 2 - 8　欧元兑美元小时走势图

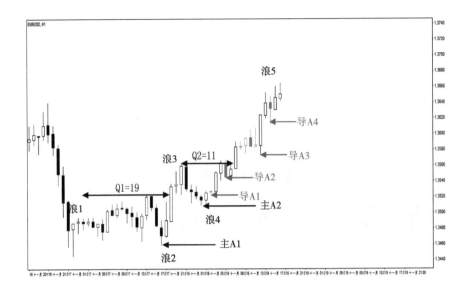

图7-2-9 欧元兑美元小时走势图

【图7-2-9】中的第三个主趋势分界点 A3，降级为导航分界点 A3，【图7-2-10】是之后的走势图。

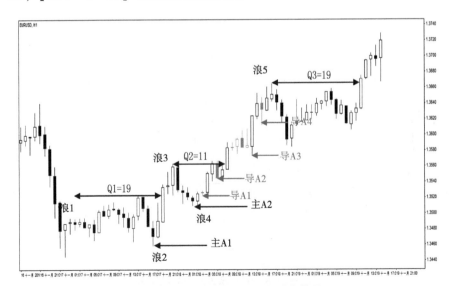

图7-2-10 欧元兑美元小时走势图

【图 7 - 2 - 10】中，形成了一个 19 的区间，确立浪 6 和浪 7，浪 6 为 abc 结构，c 点就是主趋势分界点 A3，如【图 7 - 2 - 11】所示。

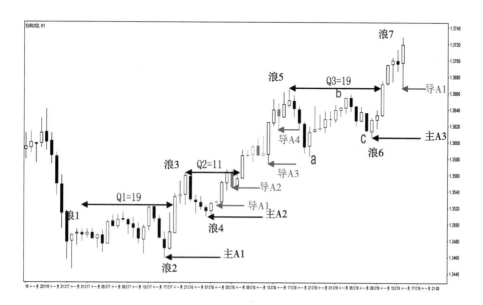

图 7 - 2 - 11　欧元兑美元小时走势图

第三节　分界点 A 的应用

主趋势分界点 A 通常用于主动止损点的设定，而导航分界点 A 通常用于减仓位置的设定。举例说明，【图 7 - 3 - 1】是一段欧元兑美元小时走势图。

【图 7 - 3 - 1】中，投资者通过 Tp/Ta 可以很清楚地看出上升趋势的浪 1 和浪 2，并通过对浪 2 的结构分析和定位，确认浪 2 已经调整结束，此时可以执行买入计划，如【图 7 - 3 - 2】所示。

图 7 - 3 - 1 欧元兑美元小时走势图

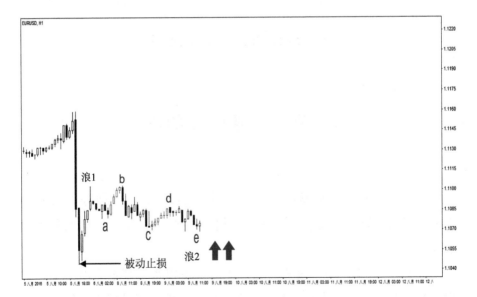

图 7 - 3 - 2 欧元兑美元小时走势图

【图 7 - 3 - 3】是之后的走势图。

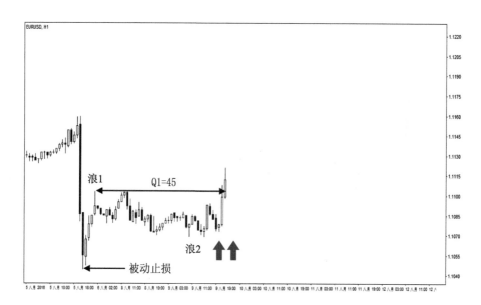

图 7 - 3 - 3　欧元兑美元小时走势图

由【图 7 - 3 - 3】可以看出，价格已经突破浪 1 的高点，形成了一个 45 的区间，那么浪 2 的 e 点就是主趋势分界点 A，由于存在一个内区间，内区间的低点就是导航 A 点，如【图 7 - 3 - 4】所示。

【图 7 - 3 - 4】中，主趋势分界点 A 可以作为主动止损点，导航 A 点可以作为减仓点，由于两个点的距离较近，主动止损点仍然选择在主趋势分界点 A，如【图 7 - 3 - 5】所示。

【图 7 - 3 - 6】是之后的走势图。

【图 7 - 3 - 6】中，形成了一个 10 的区间，首先与内区间 5 进行耦合，确认为子浪扩张区间，那么调整浪结束点 e，就是导航 A 点，此时可以将主动止损点调整至导航分界点 A2 点，如【图 7 - 3 - 7】所示。

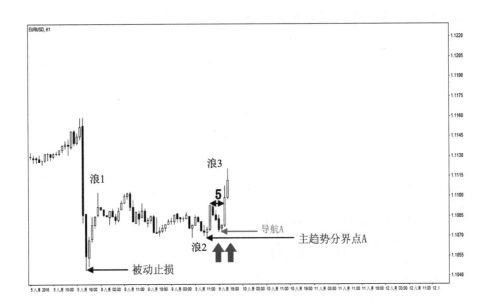

图 7 - 3 - 4　欧元兑美元小时走势图

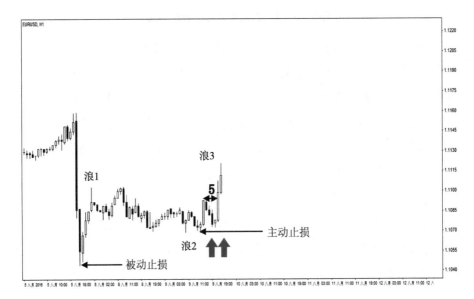

图 7 - 3 - 5　欧元兑美元小时走势图

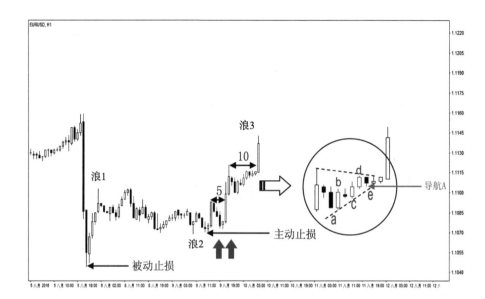

图7-3-6 欧元兑美元小时走势图

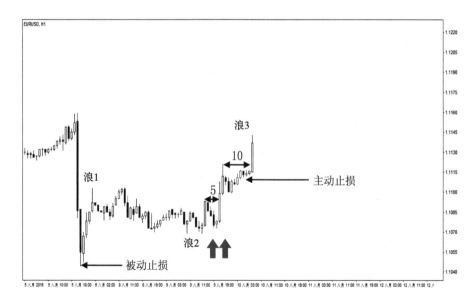

图7-3-7 欧元兑美元小时走势图

【图7－3－8】是之后的走势图。

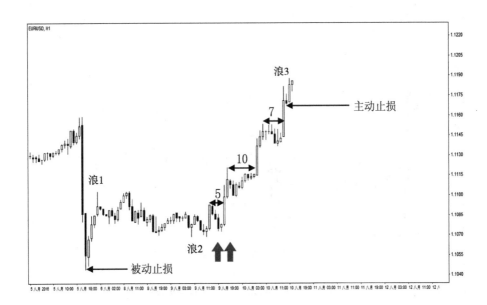

图7－3－8　欧元兑美元小时走势图

【图7－3－8】中，再次形成一个 7 的子浪区间，区间的最低点就是导航分界点 A。所以，可以将主动止损点调整至第三个导航分界点 A3 的位置。浪 3 的结构为钻石 7 浪已经完成，而且 7 浪也存在两个 2 的孙浪区间，所以，此时可以将主动止损点调整至第二个孙浪区间形成到导航 A2 位置，当然，由于浪 3 的所有结构已经完成，也可以在上升过程中直接减仓 1/2 多头头寸。【图7－3－9】是之后的走势图。

由【图7－3－9】可以看出，价格已经突破主动止损线，需要平仓 1/2 多头头寸，保留 1/2 多头头寸，观察之后的走势图。【图7－3－10】是之后的走势图。

【图7－3－10】中，出现的调整浪周期与浪 2 相同，并且为相同的 abcde 结构，可以确认为调整浪浪 4，投资者可以将之前获利了结的

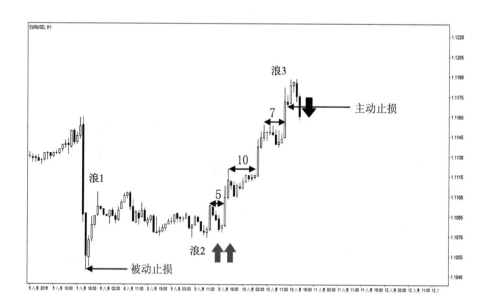

图 7 − 3 − 9　欧元兑美元小时走势图

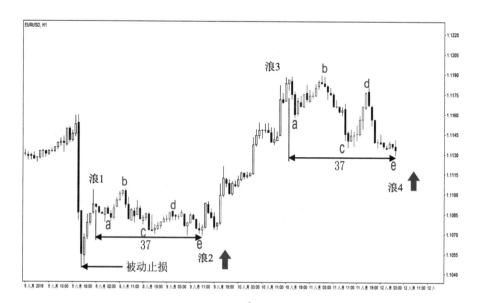

图 7 − 3 − 10　欧元兑美元小时走势图

1/2 多头头寸补回。【图 7 - 3 - 11】是之后的走势图。

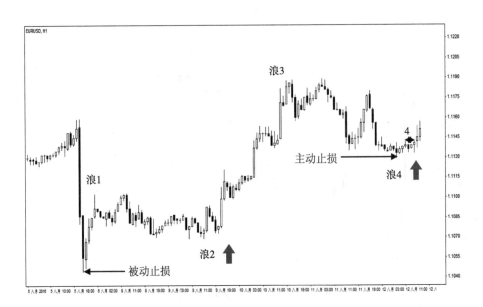

图 7 - 3 - 11　欧元兑美元小时走势图

　　【图 7 - 3 - 11】中，自浪 4 低点开始上升后，出现了一个 4 的子浪区间，这个区间的最低点为导航分界点 A1 点，投资者可以将减仓线设定在这个位置，由于它距离浪 4 的低点较近，通常选择将减仓线放在调整浪浪 4 低点的位置，【图 7 - 3 - 12】是之后的走势图。

　　【图 7 - 3 - 12】中，再次形成一个 4 的子浪区间，形成第二个导航分界点 A2，我们可以将减仓线调整至第二个导航分界点 A2 的位置。

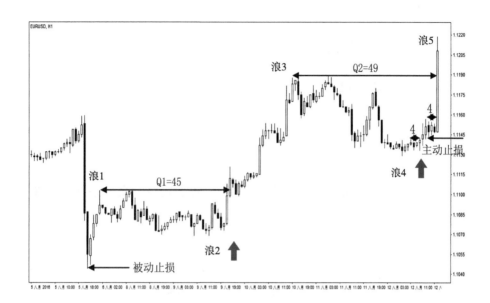

图 7 – 3 – 12　欧元兑美元小时走势图

第四节　总　　结

通过第七章的学习，投资者需要掌握：

1. 分界点 A 的定义；

2. 主趋势分界点 A 和导航分界点 A 的区别；

3. 分界点 A 的具体应用。

通过主趋势分界点 A 和导航分界点 A 的有机结合，适时启动合理的位置转向，可以收到非常好的交易绩效。因此，可以用分界点 A 独立设计自己的交易系统。

第八章
波浪理论

波浪理论是趋势交易法的核心内容，是建立科学交易系统的重要理论基础。

第一节 趋　势

一、趋势

趋势是价格未来可能的运行方向，分为上升趋势和下降趋势。上升趋势结束后，将展开下降趋势；下降趋势结束后，将展开上升趋势。价格在上升趋势和下降趋势中交替进行，循环不止。如【图8-1-1】所示。

下面通过实例，来观察上升趋势与下降趋势的交替循环过程。【图8-1-2】是一段欧元兑美元小时走势图。

【图8-1-2】中，一个5浪的下降趋势完成后，展开了一个7浪的上升趋势，【图8-1-3】是之后的走势图。

【图8-1-3】中，7浪的上升趋势结束后，紧接着完成了一个5浪的下降趋势，【8-1-4】是之后的走势图。

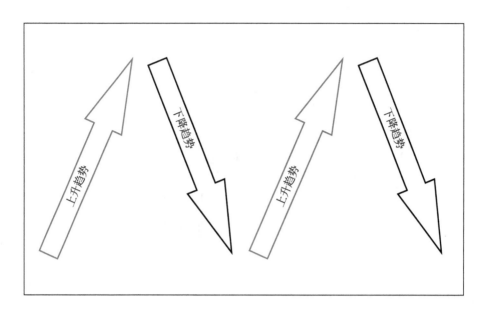

图 8 -1 -1　趋势示意图

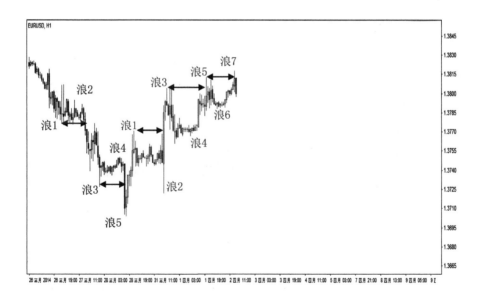

图 8 -1 -2　欧元兑美元走势图

图 8-1-3　欧元兑美元走势图

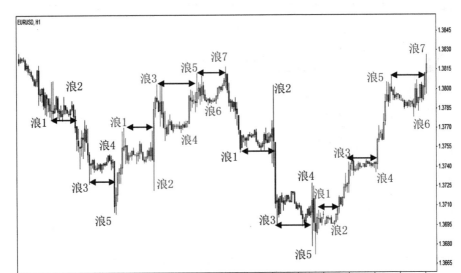

图 8-1-4　欧元兑美元走势图

【图8-1-4】中，5浪的下降趋势完成后，又开始了一个7浪的上升趋势。

通过宏观分析，投资者可以了解行情的总体运行规律。通过微观分析，可以了解趋势的结构特性，预测上升趋势和下降趋势可能结束的理论分界点，准确把控趋势的方向。

二、趋势结构

从结构上划分，趋势分为：同级别5浪结构、扩张7浪结构、收缩7浪结构、钻石7浪结构和X7浪结构。

下面分别讲述各种趋势结构及其趋势反转的概率。

1. 同级别5浪

同级别5浪，是指前后两个区间为同级别区间，或调整浪的周期相同。出现同级别5浪后，趋势反转的概率为78%，如【图8-1-5】所示。

2. 扩张7浪

扩张7浪，是指扩张5浪后，又出现一个相对第二区间为同级别或扩张的区间，出现扩张7浪后趋势反转的概率为89%，如【图8-1-6】所示。

3. 收缩7浪

收缩7浪，是指收缩5浪后，又出现一个相对第二区间为同级别

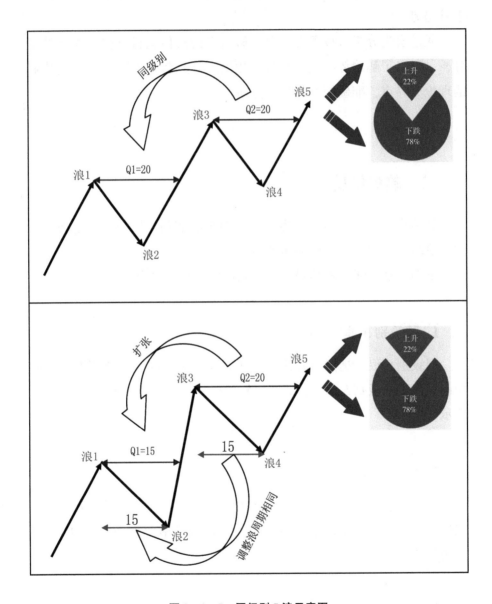

图 8 – 1 – 5　同级别 5 浪示意图

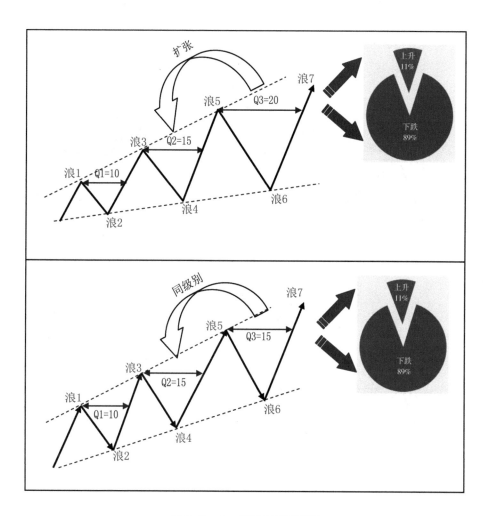

图 8 - 1 - 6　扩张 7 浪示意图

或收缩的区间，出现收缩 7 浪后趋势反转的概率为 89%，如【图
8 - 1 - 7】所示。

4. 钻石 7 浪

钻石 7 浪，是指扩张 5 浪后，又出现一个相对第二区间为收缩的

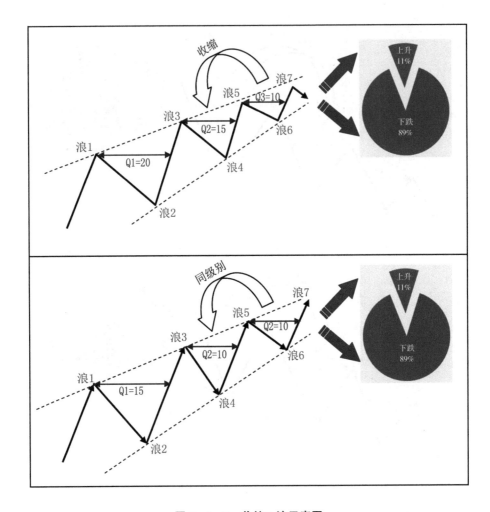

图 8-1-7　收缩 7 浪示意图

区间（前扩、后缩），或出现前升级后降级的情况，出现钻石 7 浪后趋势反转的概率为 89%，如【图 8-1-8】所示。

5. X7 浪

X7 浪，是指收缩 5 浪后，又出现一个相对第二区间为扩张的区间

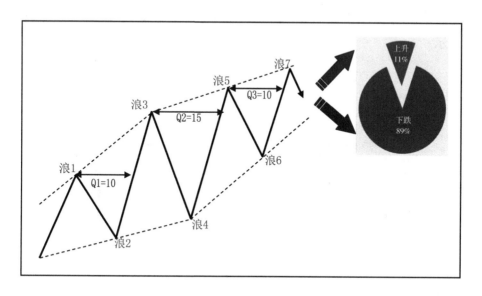

图 8－1－8　钻石 7 浪示意图

（前缩，后扩），出现 X7 浪后趋势反转的概率为 89%，如【图8－1－9】所示。

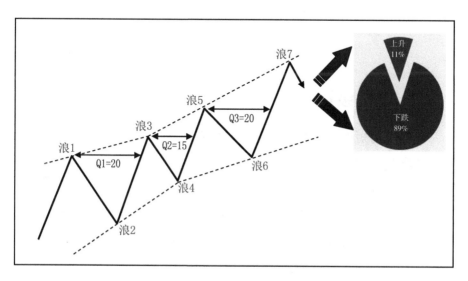

图 8－1－9　X7 浪示意图

价格将在以上 5 种结构中交替循环运行，如【图 8 - 1 - 10】所示。

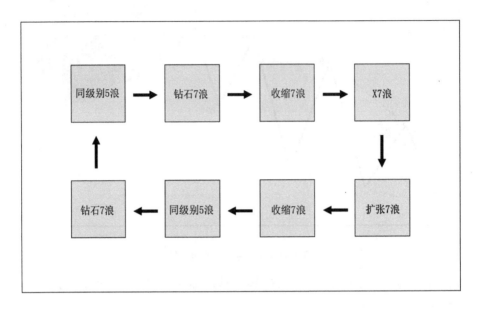

图 8 - 1 - 10　趋势运行示意图

三、趋势级别

趋势分为短期趋势、中期趋势和长期趋势，

长期趋势定义为父浪趋势，标识为：浪 1，浪 2，浪 3，浪 4，浪 5，浪 6，浪 7。

中期趋势定义为子浪趋势，标识为：1，2，3，4，5，6，7。

短期趋势定义为孙浪趋势，标识为：（1）（2）（3）（4）（5）（6）（7）。

无数个短期趋势形成一个中期趋势，无数个中期趋势形成一个长期趋势。可以根据区间跨度的大小确定短期趋势、中期趋势和长期趋势，例如，把15以下的区间定义为短期趋势，15~45的区间定义为中期趋势，大于45的区间定义为长期趋势。举例说明，【图8-1-11】是一段欧元兑美元小时走势图。

图8-1-11 欧元兑美元走势图

【图8-1-11】中的所有区间都小于15，所以，这段上升趋势就是短期趋势，不是我们在屏幕上把它放大了，它就变成了中期趋势或长期趋势。【图8-1-12】是之后的走势图。

【图8-1-12】中，出现了一个28的区间，所以，现在的上升趋势就是中期趋势，中期趋势将由3个以上短期趋势完成，【图8-1-13】是之后的走势图。

【图8-1-13】中，三个短期趋势形成了一个中期趋势。【图8-1-14】是之后的走势图。

图 8 – 1 –12　欧元兑美元走势图

图 8 – 1 –13　欧元兑美元走势图

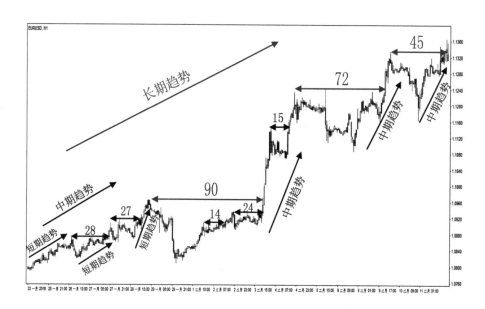

图 8-1-14 欧元兑美元走势图

四、一个完整趋势的周期

一个长期趋势持续的时间周期有它的规律性，通常遵循 3、5、8、13、21、34、55 斐波那契数列，也就是前两个数的和等于后一个数值。举例说明，【图 8-1-15】是一段时间的欧元兑美元走势图。

由【图 8-1-15】可以看出，下降趋势完成了 3 浪结构，用时 14 天，跨过了斐波那契数列的 13，那么下一站就是 21 天，可以预测整个下降趋势有可能在 21 天结束。【图 8-1-16】是之后的走势图。

由【图 8-1-16】可以看出，下降趋势在 21 天完成了收缩 7 浪结构，正好落在斐波那契数列 21，预示下降趋势结束是大概率事件，【图 8-1-17】是之后的走势图。

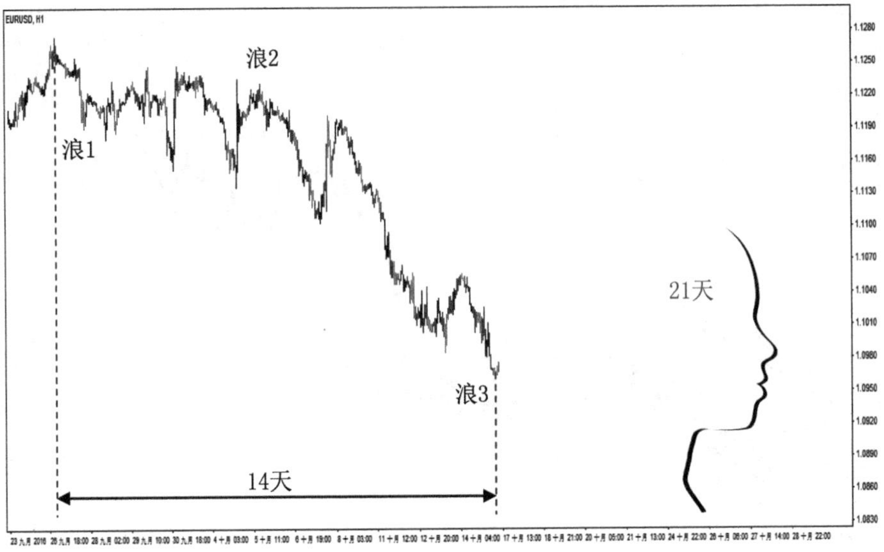

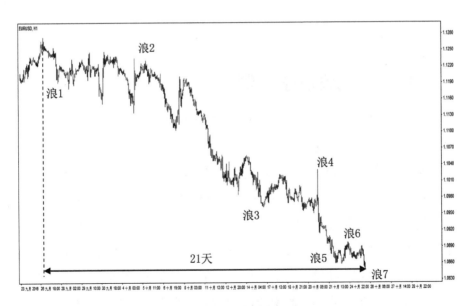

图 8-1-15　欧元兑美元走势图

图 8-1-16　欧元兑美元走势图

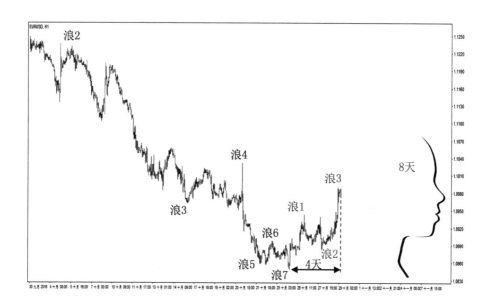

图 8 - 1 - 17 欧元兑美元走势图

由【图 8 - 1 - 17】可以看出，上升趋势完成了 3 浪结构，目前进入第 4 天，下一目标应该是 5 天，显然一天是无法完成浪 4 和浪 5 走势的，那么下一个目标就是 8 天，【图 8 - 1 - 18】是之后的走势图。

由【图 8 - 1 - 18】可以看出，上升趋势在第 8 天完成 X7 浪结构，正好落在斐波那契数列 8，预示上升趋势结束是大概率事件，【图 8 - 1 - 19】是之后的走势图。

由【图 8 - 1 - 19】可以看出，下降趋势在第 13 天完成扩张 7 浪结构，正好落在斐波那契数列 13，预示下降趋势结束是大概率事件。【图 8 - 1 - 20】是之后的走势图。

由【图 8 - 1 - 20】可以看出，上升趋势在第 10 天完成了收缩 5 浪结构，上升趋势结构不完整，上升周期超过 8 天，预计上升趋势将在第 13 天完成。【图 8 - 1 - 21】是之后的走势图。

由【图 8 - 1 - 21】可以看出，价格运行到第 13 天，已经突破了

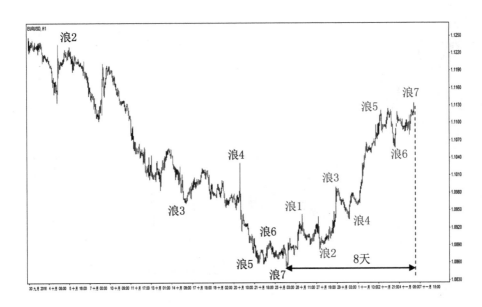

图 8 - 1 - 18 欧元兑美元走势图

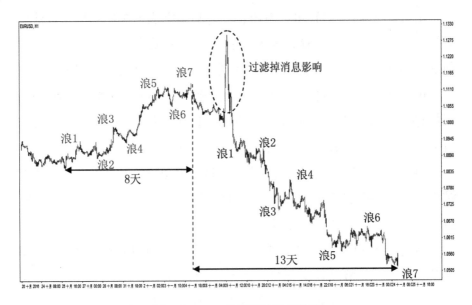

图 8 - 1 - 19 欧元兑美元走势图

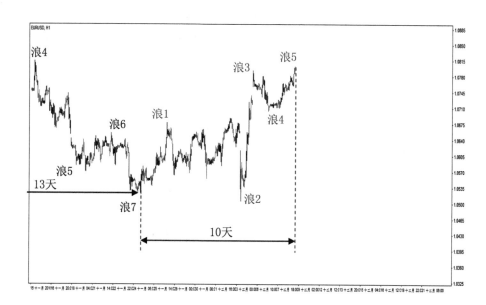

图 8 – 1 – 20　欧元兑美元走势图

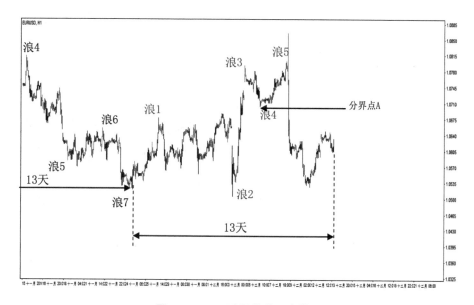

图 8 – 1 – 21　欧元兑美元走势图

趋势分界点 A，之前的上升趋势已经结束。由于上升趋势的结构不完整，可以确定之前的上升是 ABC 调整浪，应该从 C 点开始计算下降趋势的周期，如【图 8 – 1 – 22】所示。

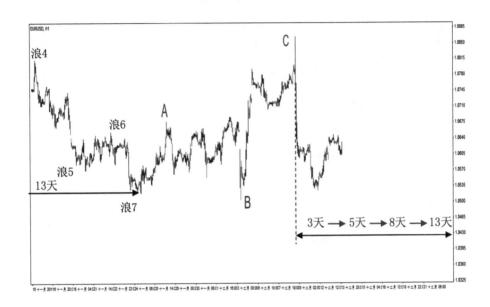

图 8 – 1 – 22 欧元兑美元走势图

【图 8 – 1 – 23】是之后的走势图。

由【图 8 – 1 – 23】可以看出，下降趋势在第 8 天完成同级别 5 浪结构，结构完整，并且又落在斐波那契数列 8，预示下降趋势已经结束，未来将展开上升趋势。【图 8 – 1 – 24】是之后的走势图。

系统掌握了趋势的结构，以及趋势运行的规律特性，投资者开始从微观分析趋势中浪的结构和特性。

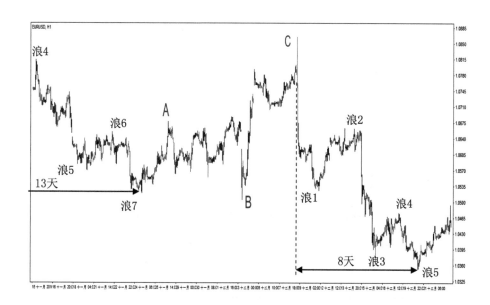

图 8 - 1 - 23 欧元兑美元走势图

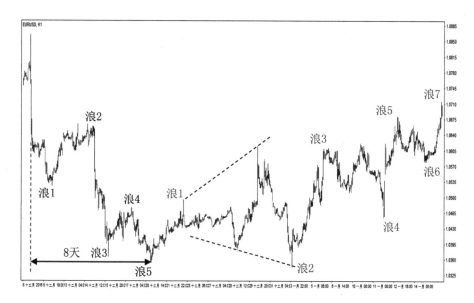

图 8 - 1 - 24 欧元兑美元走势图

第二节 主 浪

一、主浪

不管是上升趋势还是下降趋势，都是由主浪和调整浪构成。

上升趋势中的主浪，称之为主升浪，包括浪1、浪3、浪5和浪7，如【图8-2-1】所示。

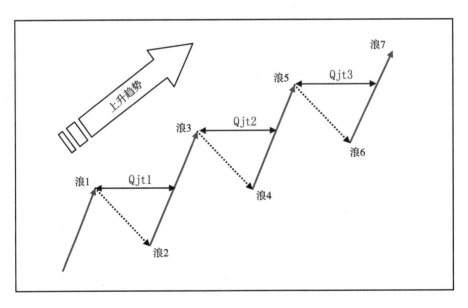

图8-2-1 主升浪示意图

下降趋势中的主浪，称之为主跌浪，包括浪1、浪3、浪5和浪7，如【图8-2-2】所示。

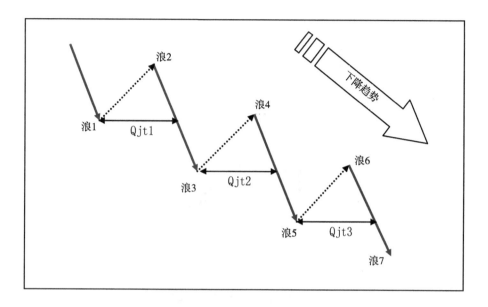

图 8 - 2 - 2　主跌浪示意图

二、主浪的种类

1. 从结构上划分

主浪从结构上划分，分为简单主浪、复杂主浪和隐形主浪，下面我们分别讲述。

（1）简单主浪

简单主浪是指主浪结构是简单排列，不存在小级别的 5 浪或 7 浪结构。简单主浪又可以根据 K 线的根数分为单根或连续多根主浪。举例说明，【图 8 - 2 - 3】是一段欧元兑美元小时走势图。

【图 8 - 2 - 3】中，两个区间为同级别区间，下降趋势为同级别 5

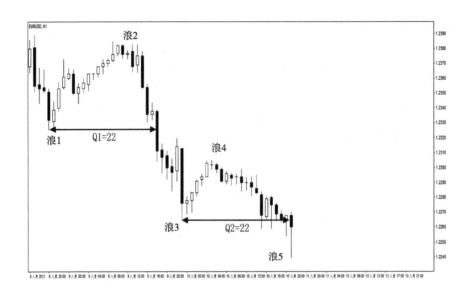

图8－2－3　欧元兑美元走势图

浪结构，下降趋势结束是大概率事件。投资者要密切关注行情走势，看是否会出现上升趋势浪1的特征。【图8－2－4】是之后的走势图。

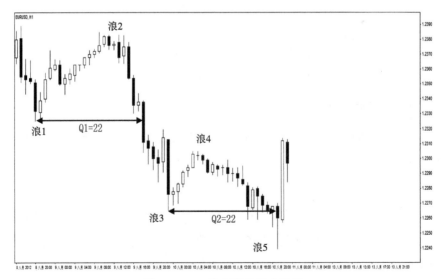

图8－2－4　欧元兑美元走势图

【图8－2－4】中，出现了一根大的阳线，之后马上出现了一根小的阴线。由于小的阴线是发生在美国中午休息时间（欧洲：18:00～20:00，美洲：23:00～1:00），如果这个上升趋势非常强劲，就应该走出如下的浪1走势，如【图8－2－5】所示。

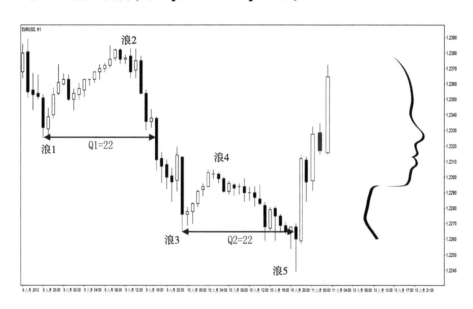

图8－2－5　欧元兑美元走势图

如果下午开盘后，市场不能走出【图8－2－5】的主升浪浪1，预示上升的大阳线有可能形成单根K线的主升浪浪1，投资者在意识中就要绘制出【图8－2－6】中的走势图。

【图8－2－7】是之后的走势图。

【图8－2－7】中，出现了abcde调整浪，可以确认浪1和浪2，单根K线完成了浪1的结构（实际可以考虑1.5根）。根据浪1的结构，可以预测浪3的结构可能也是简单主升浪，【图8－2－8】是之后的走势图。

由【图8－2－8】可以看出，浪3是由连续多根阳线构成，为连

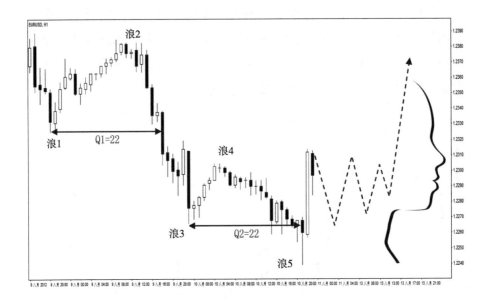

图 8 - 2 - 6　欧元兑美元走势图

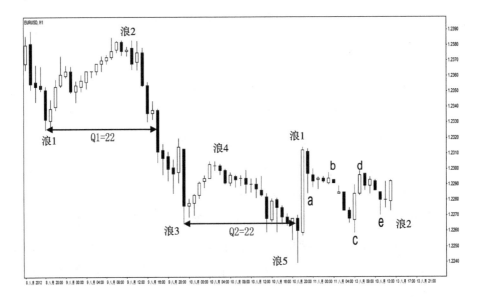

图 8 - 2 - 7　欧元兑美元走势图

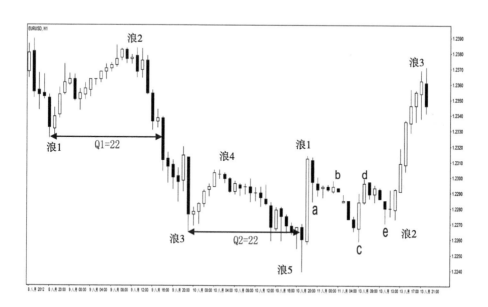

图 8 - 2 - 8　欧元兑美元走势图

续多根简单主升浪。

（2）复杂主浪

复杂主升浪，是指主浪结构不是简单排列，存在小级别的 5 浪或 7 浪结构。举例说明，【图 8 - 2 - 9】是一段欧元兑美元小时走势图。

【图 8 - 2 - 9】中，出现了一个上升的小 5 浪结构，投资者按照养成习惯，立刻在意识中把它当成是未来的主升浪浪 1，并绘制出未来可能由小 5 浪引发的走势图，如【8 - 2 - 10】所示。

【图 8 - 2 - 11】是之后的走势图。

【图 8 - 2 - 11】中，浪 2 完成 abc 调整浪结构后，展开了浪 3 走势。由于浪 1 为复杂主浪，那么浪 3 也为复杂主浪是大概率事件。此时，可以在意识中绘制出浪 3 可能的走势图，如【图 8 - 2 - 12】所示。

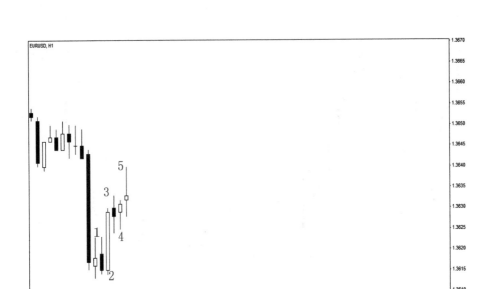

图 8 - 2 - 9　欧元兑美元走势图

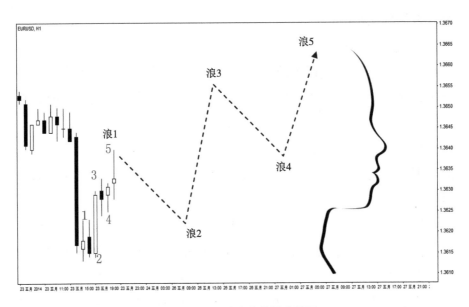

图 8 - 2 - 10　欧元兑美元走势图

图 8 - 2 - 11 欧元兑美元走势图

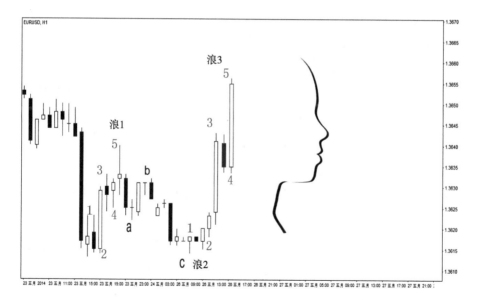

图 8 - 2 - 12 欧元兑美元走势图

【图 8 - 2 - 13】是之后的走势图。

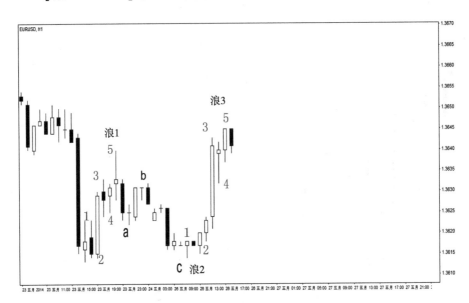

图 8 - 2 - 13　欧元兑美元走势图

【图 8 - 2 - 13】中，实际走势图与意识中的走势图相似。浪 3 已经完成同级别小 5 浪结构，预计浪 3 已经完成，将展开浪 4 走势。浪 2 的周期为 12 根 K 线，根据前后调整浪周期相似性，浪 4 的周期预计在第 12 根 K 线结束。投资者可在意识中立刻绘制出未来可能的走势图，如【图 8 - 2 - 14】所示。

【图 8 - 2 - 15】是之后的走势图。

【图 8 - 2 - 15】中，价格已经调整了 12 根 K 线，之后出现了十字线，浪 4 结束是大概率事件。【图 8 - 2 - 16】是之后的走势图。

由【图 8 - 2 - 16】可以看出，浪 2 与浪 4 的周期相同，上升趋势完成同级别 5 浪后，展开了下降趋势，浪 5 为简单主升浪。

（3）隐形主浪

隐形主浪分为：跳空隐形主浪、影线隐形主浪和失败隐形主浪。

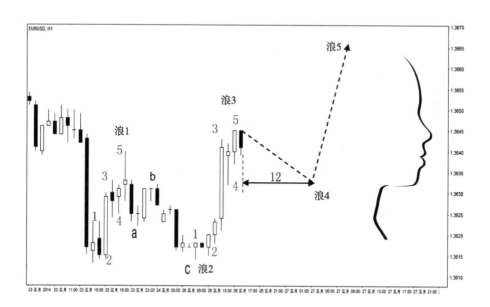

图 8 - 2 - 14　欧元兑美元走势图

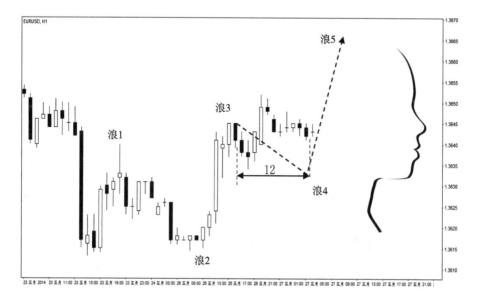

图 8 - 2 - 15　欧元兑美元走势图

图 8 - 2 - 16　欧元兑美元走势图

①跳空隐形主浪

跳空隐形主浪，是指由于跳空，主浪隐藏在两根阳线或两根阴线之间。举例说明，【图 8 - 2 - 17】是一段欧元兑美元小时走势图。

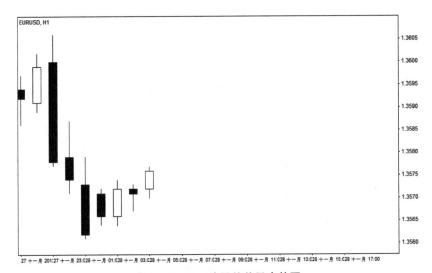

图 8 - 2 - 17　欧元兑美元走势图

　　【图8-2-17】中，价格自最低点的上升完成了一个小5浪结构，浪1为跳空隐形主浪，隐藏在两根阴线当中。投资者可以想象有一根阳线隐藏在两根阴线当中，如【图8-2-18】所示。

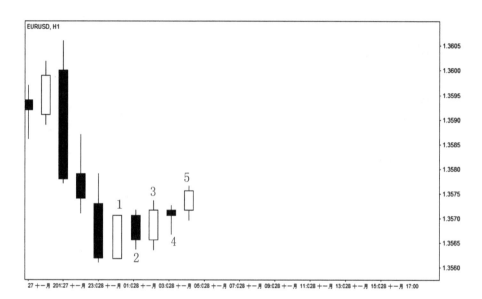

图8-2-18　欧元兑美元走势图

　　有了【图8-2-18】中的小5浪结构，投资者就可以在意识中绘制出未来的走势图，如【图8-2-19】所示。

　　【图8-2-20】是之后的走势图。

　　②影线隐形主浪

　　影线隐形主浪，是指价格通过创新高或新低，完成主浪。举例说明，【图8-2-21】是一段欧元兑美元小时走势图。

　　首先对【图8-2-21】中的走势图进行结构分析和数浪，如【图8-2-22】所示。

　　通过数浪，我们知道目前的上升趋势为收缩7浪结构，目前完成了2个区间（Q1=11和Q2=8），还有第三个区间没有完成，调整浪

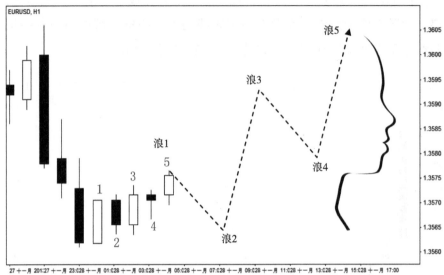

图 8 – 2 – 19　欧元兑美元走势图

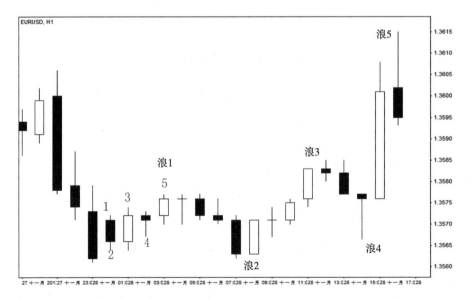

图 8 – 2 – 20　欧元兑美元走势图

图 8 - 2 - 21 欧元兑美元走势图

图 8 - 2 - 22 欧元兑美元走势图

浪 6 已经完成了 abcde 结构，预示第三个区间将很快完成或出现。【图
8 - 2 - 23】是之后的走势图。

图 8 - 2 - 23　欧元兑美元走势图

由【图 8 - 2 - 23】可以看出，价格创出新高，完成第三个区间
Q3 = 7，上升趋势结构完成，最后一根 K 线收市于趋势分界点 A 之下，
预示最后一根 K 线为下降趋势的主跌浪浪 1。最后一根大的阴线扮演
了两个角色，一个是上升趋势的主升浪浪 7，一个是下降趋势的主跌
浪浪 1。【图 8 - 2 - 24】是之后的走势图。

③失败隐形主浪

失败隐形主浪，是指主浪隐藏在之前的主浪中。实例说明，【图
8 - 2 - 25】是一段欧元兑美元小时走势图。

【图 8 - 2 - 25】中，跳空低点开始的上升完成了一个小 7 浪结构，
可以确认这个上升走势为主升浪，它隐藏在浪 1 中（未突破浪 1 的高
点），如【图 8 - 2 - 26】所示。

图 8 - 2 - 24　欧元兑美元走势图

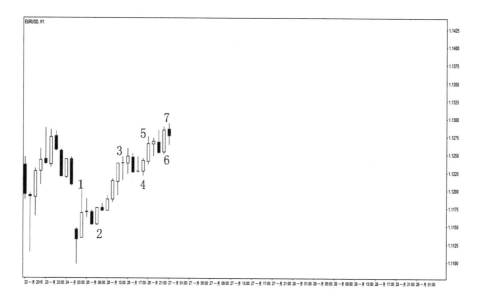

图 8 - 2 - 25　欧元兑美元走势图

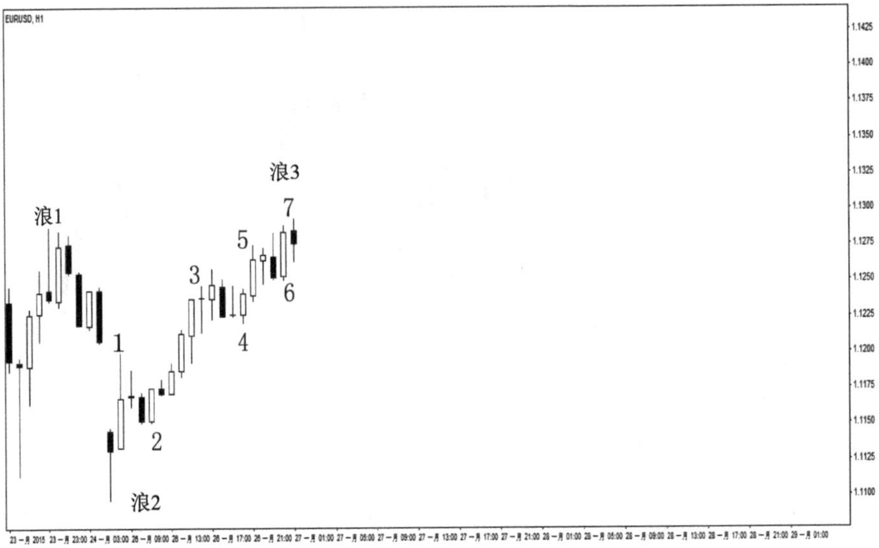

图 8 – 2 – 26　欧元兑美元走势图

【图 8 – 2 – 26】中的浪 1、浪 2 和浪 3 不是投资者习惯的图形走势，但是从结构分析数浪，是唯一的标准答案。投资者可以想象将跳空补上，就可以绘制出投资者习惯的浪 1、浪 2 和浪 3，如【图 8 – 2 – 27】所示。

【图 8 – 2 – 28】是之后的走势图。

【图 8 – 2 – 28】中，浪 2 的周期等于浪 4 的周期（允许有 1 或 2 根误差），上升趋势为同级别 5 浪结构，未来展开下降趋势是大概率事件，【图 8 – 2 – 29】是之后的走势图。

2. 从周期比率关系上划分

从主浪和调整浪的周期比率关系上划分，主浪分为快速主浪和慢速主浪，下面分别讲述。

（1）快速主浪

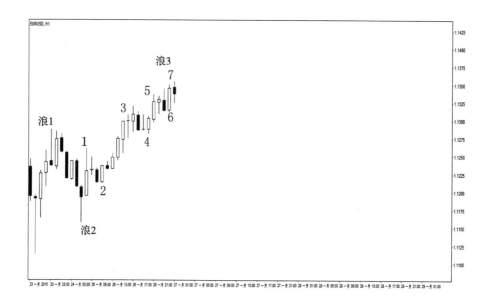

图 8 - 2 - 27 欧元兑美元走势图

图 8 - 2 - 28 欧元兑美元走势图

图 8 - 2 - 29 欧元兑美元走势图

快速主浪是指主浪周期远远小于调整浪的周期，调整浪通常为 ab-cde 结构，90% 的行情走势都是快速主浪和慢速调整浪的组合，称之为快升慢调或快跌慢调。

以上升趋势为例进行说明。【图 8 - 2 - 30】是一段欧元兑美元小时走势图。

【图 8 - 2 - 30】中，主升浪浪 1 的周期为 8，而调整浪浪 2 的周期为 15，调整浪周期几乎是主升浪周期的 2 倍，主升浪浪 1 相对于调整浪浪 2 为快速主升浪。如果浪 1 为快速主升浪，那么浪 3 为快速主升浪将是大概率事件。浪 3 的周期可以通过浪 1 的周期计算获得。如果浪 3 也是快速复杂主浪（小 5 浪），浪 3 的周期也应该在 8 根 K 线完成。【图 8 - 2 - 31】是之后的走势图。

由【图 8 - 2 - 31】可以看出，浪 3 的周期达到 9 根后完成小 5 浪，并出现一根小的阴线，预示浪 3 已经完成。浪 1 与浪 2 为快升慢

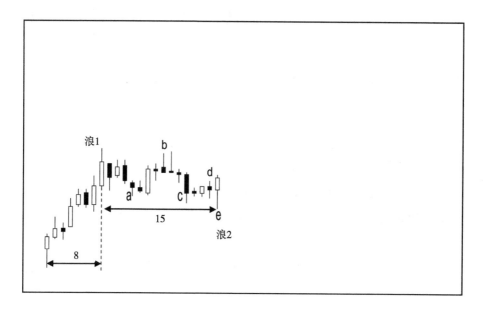

图 8 - 2 - 30   欧元兑美元走势图

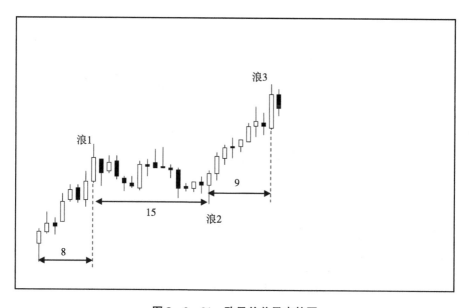

图 8 - 2 - 31   欧元兑美元走势图

调，那么浪3与浪4也应该属于快升慢调，暗示着浪4的周期应该大于浪3的周期（9根）。浪4的周期计算方法如下，

$$T4 = T3 \times (T2/T1)$$

式中，T4：浪4的周期；

T3：浪3的周期；

T2：浪2的周期；

T1：浪1的周期。

浪4的周期 T4 = 9 × (15/8) = 16.8 ≈ 17，预计浪4在17根K线内完成。浪4的周期也可以通过浪2的周期计算获得，浪4与浪2的周期通常为1:1比率关系，那么，浪4的周期应该达到15根K线，综合考虑，浪4的周期应该在15~17根K线完成。【图8-2-32】是之后的走势图。

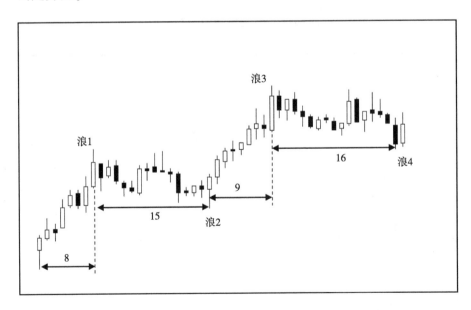

图 8 - 2 - 32 欧元兑美元走势图

由【图8-2-32】可以看出，浪4在第17根出现了阳抱阴K线

反转，预示浪 4 已经完成，与之前计算的浪 4 可能的周期一致。目前的上升趋势的节奏是快升慢调节奏，所以，预测浪 5 也应该是快速主升浪，浪 5 的周期的计算方法如下，

$$T5 = T4 \times (T3/T2)$$

式中，T5：浪 5 的周期；

　　　T4：浪 4 的周期；

　　　T3：浪 3 的周期；

　　　T2：浪 2 的周期。

浪 5 的周期 T5 = 16 × (9/15) = 9.6 ≈ 10，预计浪 5 的周期应该等于 10。浪 5 的周期也可以通过以下方式获得。

如果浪 5 为简单主升浪，浪 5 的周期应该在 3 ~ 5 根 K 线内完成。

如果浪 5 是复杂主浪，浪 5 的周期约等于浪 3 的周期（9 根）。

综合以上考虑，浪 5 的周期应该在 3 ~ 9 根内完成。【图 8 - 2 - 33】是之后的走势图。

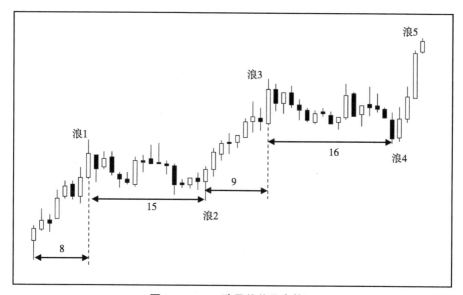

图 8 - 2 - 33　欧元兑美元走势图

由【图 8 - 2 - 33】可以看出，浪 5 为简单主升浪，周期为 4 根 K
线，与之前想象的简单主升浪的周期 3 ~ 5 根内完成吻合。

（2）慢速主浪

慢速主浪，是指主浪的周期远远大于调整浪的周期，称之为慢升
快调或慢跌快调。举例说明，【图 8 - 2 - 34】是一段欧元兑美元小时
走势图。

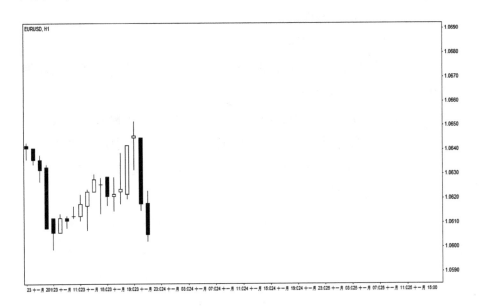

图 8 - 2 - 34　欧元兑美元走势图

看到【图 8 - 2 - 34】中的走势图，投资者通过潜意识中的信息数
浪，如【图 8 - 2 - 35】所示。

【图 8 - 2 - 36】是之后的走势图。

【图 8 - 2 - 36】中，出现了一个向上的小 5 浪结构，小 5 浪的 1
浪为跳空隐形主浪。此时就要开始警觉慢升快调的可能性。之前的 ab-
cde 开始考虑是上升趋势浪 1，下跌的浪 3 考虑未来上升趋势的快速调
整浪浪 2，如【图 8 - 2 - 37】所示。

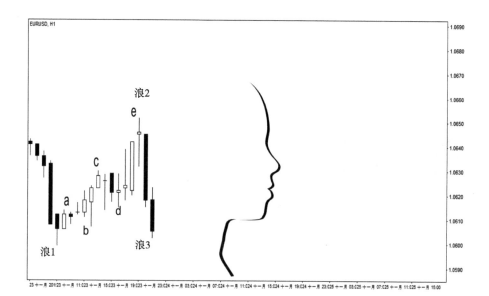

图 8 - 2 - 35　欧元兑美元走势图

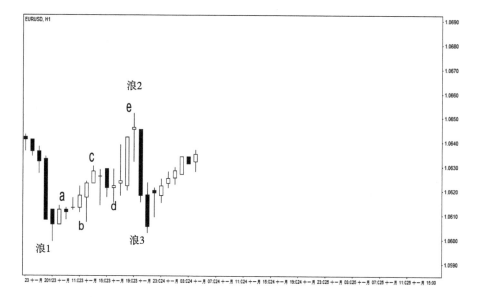

图 8 - 2 - 36　欧元兑美元走势图

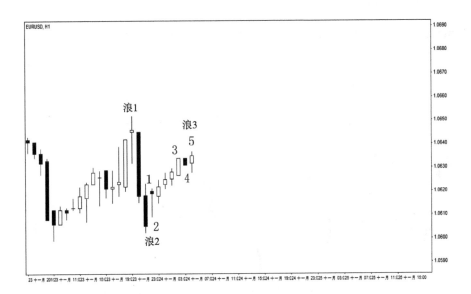

图 8 - 2 - 37　欧元兑美元走势图

此时首先考虑浪 3 为失败隐形主浪，并在意识中绘制出未来的走势图，如【8 - 2 - 38】所示。

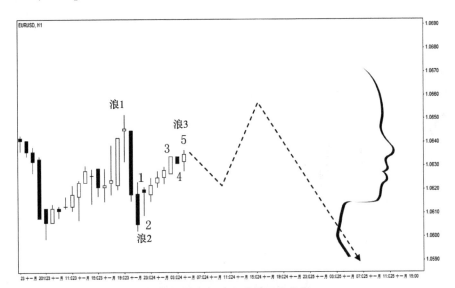

图 8 - 2 - 38　欧元兑美元走势图

我们也要在意识中绘制出另外一种可能的走势，也就是目前的浪3（小5浪）为浪3的子浪浪1，浪3变成复杂主升浪，如【图8-2-39】所示。

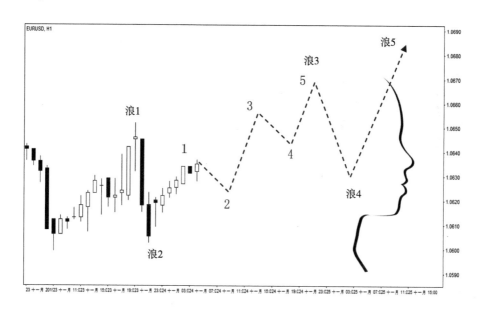

图8-2-39 欧元兑美元走势图

【图8-2-40】是之后的走势图。

由【图8-2-40】可以看出，最后的实际走势演变成浪3为复杂主升浪。根据目前上升趋势为慢升快调的特性，预计浪4也应该是快速调整浪，在2~3根K线内调整完毕。【图8-2-41】是之后的走势图。

由【图8-2-41】可以看出，浪4为快速调整浪（2根K线），之后展开慢速主升浪浪5，浪5的结构也是小5浪结构。

慢升快调或慢跌快调出现的几率较低，它们通常是之前更大一级别的调整浪。【图8-2-41】中的上升趋势浪1、浪2、浪3、浪4和浪5变为之前下降趋势的abcde调整浪是大概率事件，如

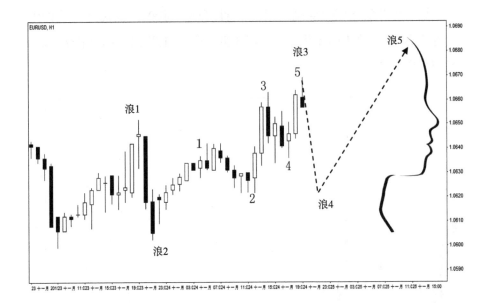

图 8 - 2 - 40　欧元兑美元走势图

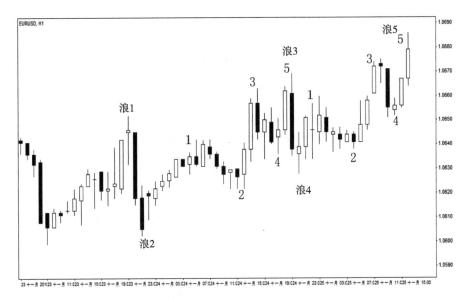

图 8 - 2 - 41　欧元兑美元走势图

【图8-2-42】所示。

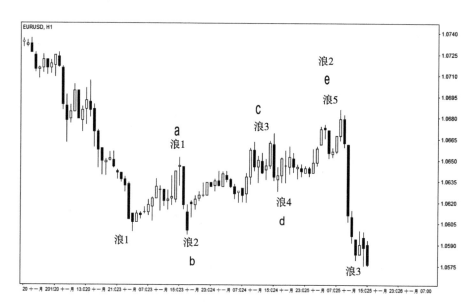

图8-2-42　欧元兑美元走势图

三、PSTD主浪定位

PSTD主浪定位，是通过位置定位（P）、结构定位（S）、周期定位（T）和角度定位（D）四维一体，来预测未来主浪的运行轨迹。下面通过实例分别讲述。

1. 位置定位（P）

可以通过浪1的高度，来预测浪3、浪5和浪7可能的目标位置（FG），如【图8-2-43】所示。

可以确定每个主浪三个可能的目标位置，计算如下：

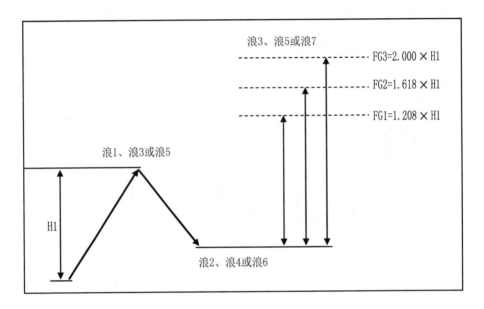

图 8 - 2 - 43　主浪目标位置计算示意图

（1）目标位置 1：FG1 = 1.208 × H1

（2）目标位置 2：FG2 = 1.618 × H1

（3）目标位置 3：FG3 = 2.000 × H1

举例说明，【图 8 - 2 - 44】是欧元兑美元小时走势图。

【图 8 - 2 - 44】中，如果确定了浪 1 和浪 2，就可以根据浪 1 的高度，预测浪 3 可能结束的三个目标位置，如【图 8 - 2 - 45】所示。

【图 8 - 2 - 46】是之后的走势图。

由【图 8 - 2 - 46】可以看出，浪 3 快速穿越我们计算的三个目标价位，如果出现这样的情况，预示上升趋势是非常强的趋势，需要启动下一组目标位置计算，

目标位置 4：FG4 = 2.382 × H1

目标位置 5：FG5 = 2.618 × H1

目标位置 6：FG6 = 3.000 × H1

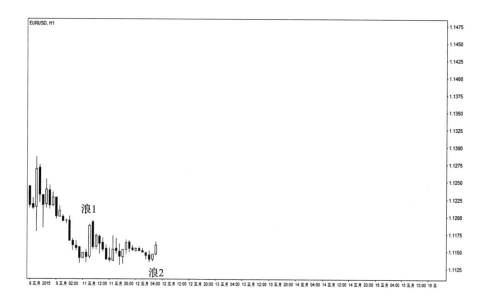

图 8 – 2 – 44 欧元兑美元走势图

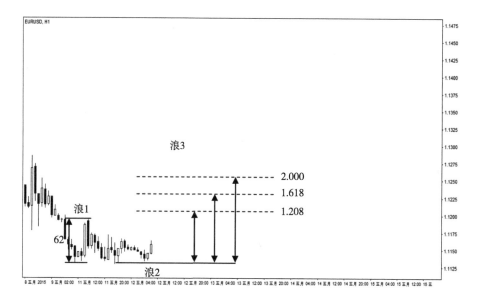

图 8 – 2 – 45 欧元兑美元走势图

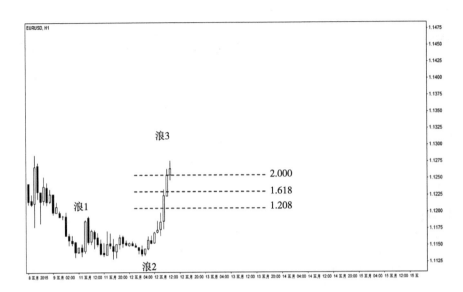

图 8 - 2 - 46　欧元兑美元走势图

如【图 8 - 2 - 47】所示。

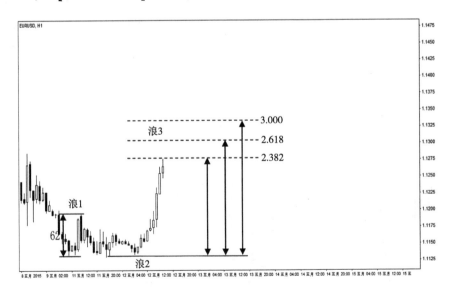

图 8 - 2 - 47　欧元兑美元走势图

【图 8 - 2 - 48】是之后的走势图。

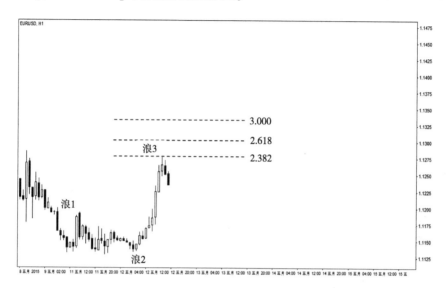

图 8 - 2 - 48　欧元兑美元走势图

由【图 8 - 2 - 48】可以看出，价格到达 2.382 后出现了黄昏星 K 线反转，预示浪 3 结束，行情进入浪 4 运行中。【图 8 - 2 - 49】是之

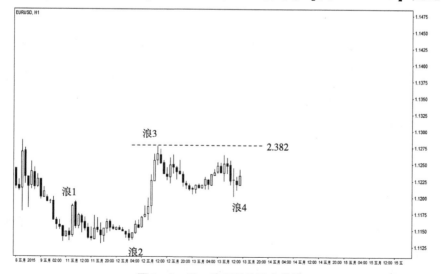

图 8 - 2 - 49　欧元兑美元走势图

后的走势图。

由【图8-2-49】可以看出，浪3在2.382位置完成。然后可以通过浪1的高度计算浪5的三个目标位置，如【图8-2-50】所示。

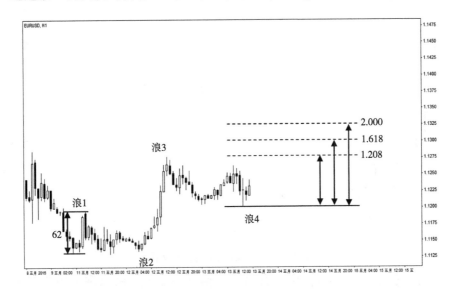

图8-2-50 欧元兑美元走势图

【图8-2-51】是之后的走势图。

由【图8-2-51】可以看出，价格快速突破三个目标位置，预示上升趋势非常强势，立刻启动下一组目标位置（2.382、2.618和3.000）的计算，如【图8-2-52】所示。

【图8-2-53】是之后的走势图。

由【图8-2-53】可以看出，价格在接近3.000位置时，出现了黄昏星K线反转，预示浪5已经完成，【图8-2-54】是之后的走势图。

由【图8-2-54】可以看出，价格再次形成了调整浪走势，预示上升趋势并没有结束，此时我们需要进行结构分析和数浪，如【图8-2-55】所示。

【图8-2-55】中，由于第二个区间Q2=27存在一个内区间，所

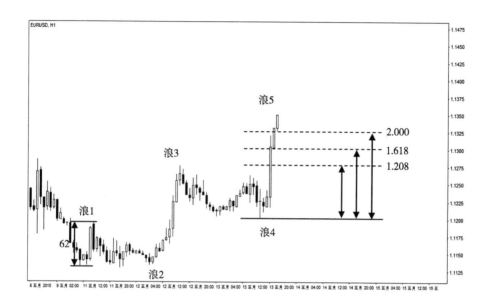

图 8-2-51 欧元兑美元走势图

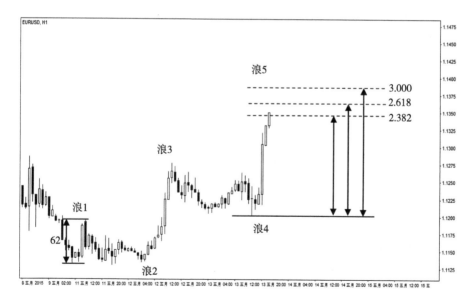

图 8-2-52 欧元兑美元走势图

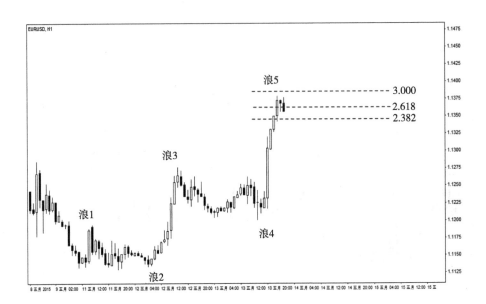

图 8 - 2 - 53 欧元兑美元走势图

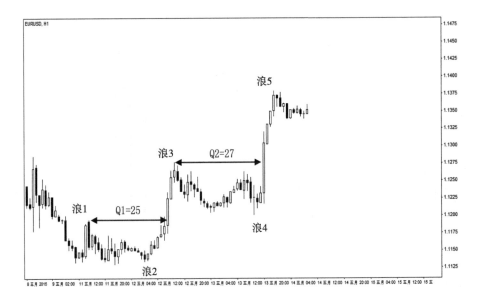

图 8 - 2 - 54 欧元兑美元走势图

图 8 – 2 – 55 欧元兑美元走势图

以未来的上升将是子浪浪 5，我们计算子浪浪 5 的三个目标位置，就要以子浪浪 1 的高度为基数，如【图 8 – 2 – 56】所示。

图 8 – 2 – 56 欧元兑美元走势图

【图 8 – 2 – 57】是之后的走势图。

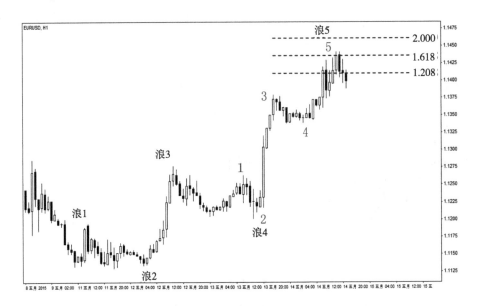

图 8 – 2 – 57　欧元兑美元走势图

由【图 8 – 2 – 57】可以看出，价格到达 1. 618 位置后，出现黄昏星 K 线反转，预示子浪浪 5 和主趋势浪 5 已经完成，未来将展开下降趋势。【图 8 – 2 – 58】是之后的走势图。

【图 8 – 2 – 58】中，确定了下降趋势的浪 1 和浪 2 后，就可以通过浪 1 的高度，计算未来下降趋势浪 3 的三个目标位置，如【图 8 – 2 – 59】所示。

【图 8 – 2 – 60】是之后的走势图。

由【图 8 – 2 – 60】可以看出，价格在 1. 208 位置之前形成了启明星 K 线反转，而且反转的位置正好等于浪 1 的高度，这给出了一个重要的市场信号暗示：目前的下跌为调整浪。之前的上升趋势并没有真正结束，此时应在意识中立刻想象出这样的画面：下跌浪 1 为调整浪 a，下跌浪 2 为调整浪 b，下跌浪 3 为调整浪 c，如【图 8 – 2 – 61】所示。

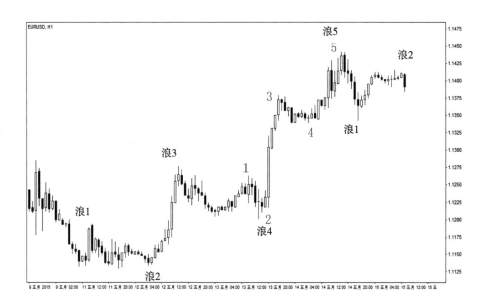

图 8 - 2 - 58　欧元兑美元走势图

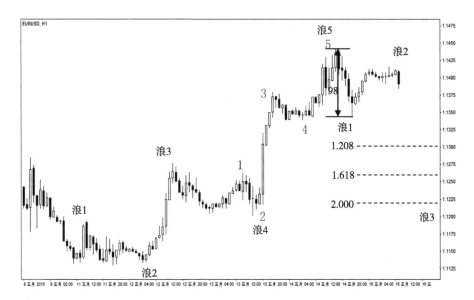

图 8 - 2 - 59　欧元兑美元走势图

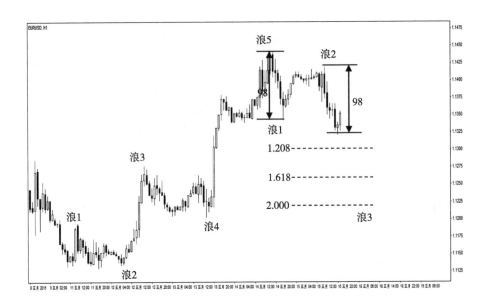

图 8 - 2 - 60　欧元兑美元走势图

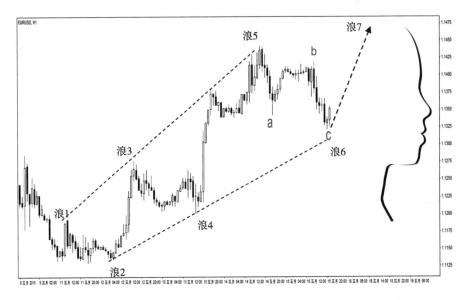

图 8 - 2 - 61　欧元兑美元走势图

【图 8 – 2 – 61】中可以通过浪 1 的高度, 计算出浪 7 可能到达的三个目标位置, 如【图 8 – 2 – 62】所示。

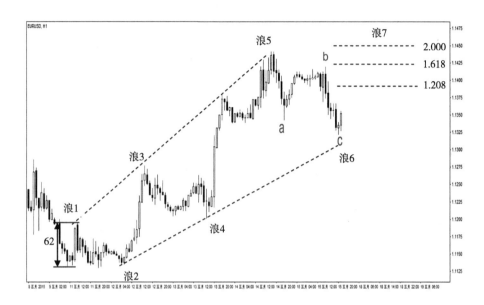

图 8 – 2 – 62　欧元兑美元走势图

【图 8 – 2 – 63】是之后的走势图。

由【图 8 – 2 – 63】可以看出, 价格连续穿越三个目标位置, 立刻启动下一组目标位置 (2.382、2.618 和 3.000) 的计算,【图 8 – 2 – 64】是之后的走势图。

由【图 8 – 2 – 64】可以看出, 最后的 4 根 K 线形成了急停加速 K 线反转, 确认价格突破 2.000 位置是假突破, 可以确认浪 7 完成, 未来将展开下降趋势。【图 8 – 2 – 65】是之后的走势图。

在计算主浪的三个目标位置时, 一定要找准浪 1, 否则就会出现错误的位置判断。因此, 在交易过程中, 准确数浪尤为关键。

如果一个趋势确定了浪 1 和浪 2, 就可以通过浪 1, 提前预测出整个趋势可能结束的位置, 两个目标位置计算如下:

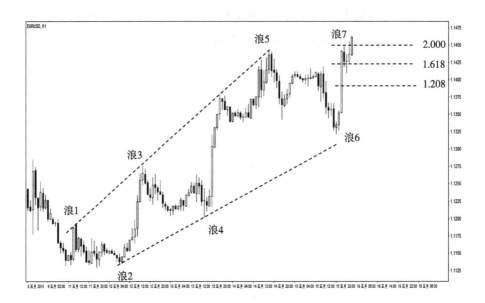

图 8 - 2 - 63 欧元兑美元走势图

图 8 - 2 - 64 欧元兑美元走势图

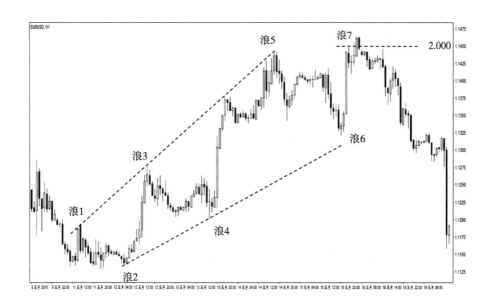

图 8-2-65　欧元兑美元走势图

目标位置 1：FG1 = 3.236 × H1

目标位置 2：FG2 = 4.236 × H1

如【图 8-2-66】所示。

下面举例说明，【图 8-2-67】是一段欧元兑美元小时走势图。

通过浪 1 的高度，就可以预测未来整个上升趋势可能结束的位置，我们首先关注第一个目标位置：FG1 = 3.236 × H1，如【图 8-2-68】所示。

【图 8-2-69】是之后的走势图。

由【图 8-2-69】可以看出，浪 7 到达浪 1 的 3.236 位置，预示整个上升趋势结束是大概率事件，未来将展开下降趋势。【图 8-2-70】是之后的走势图。

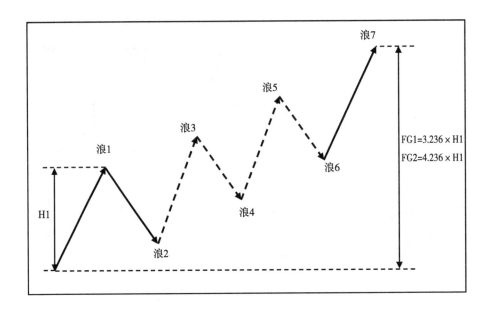

图 8－2－66　趋势总的高度计算示意图

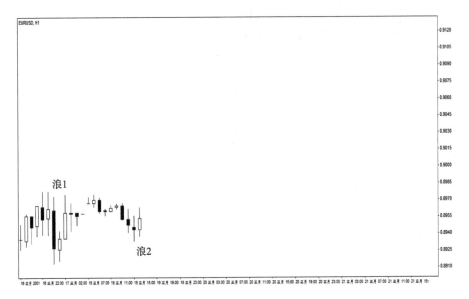

图 8－2－67　欧元兑美元走势图

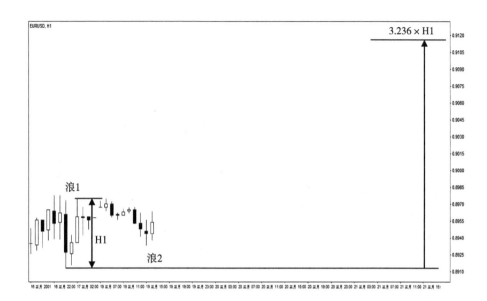

图 8 - 2 - 68 欧元兑美元走势图

图 8 - 2 - 69 欧元兑美元走势图

图 8 – 2 – 70　欧元兑美元走势图

2. 结构定位（S）

前后主浪的结构具有相似性。如果前一主浪的结构为简单，后一主浪的结构也倾向于简单；如果前一主浪的结构为复杂，后一主浪的结构也倾向于复杂。

根据浪 1 的高度确定了后一主浪的目标位置后，再利用前后主浪结构相似性，来预测未来主浪运行轨迹的方法，称之为 PS 定位。举例说明，【图 8 – 2 – 71】是一段欧元兑美元小时走势图。

【图 8 – 2 – 71】中，确定了浪 1 和浪 2，我们就可以通过 PS 定位，确定浪 3 可能的运行轨迹。

首先，根据浪 1 的高度，计算浪 3 可能的三个目标位置（1.208、1.618 和 2.000）。

其次，通过浪 1 的简单主浪结构，预测浪 3 的结构也是简单主浪结构是大概率事件。

图 8 - 2 - 71 欧元兑美元走势图

最后，根据以上信息，在意识中绘制出浪 3 未来可能的走势图，如【图 8 - 2 - 72】所示。

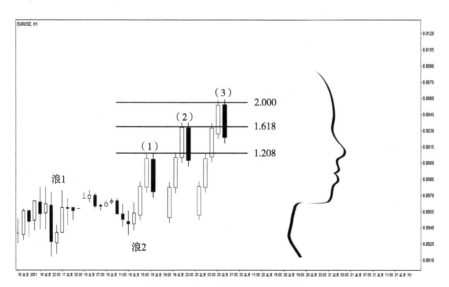

图 8 - 2 - 72 欧元兑美元走势图

【图8-2-73】是之后的走势图。

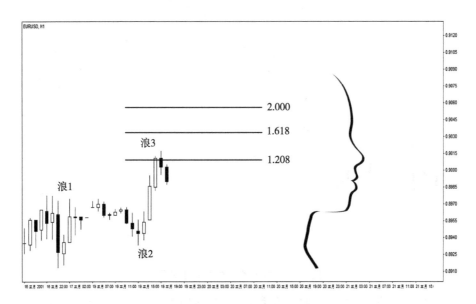

图8-2-73 欧元兑美元走势图

由【图8-2-73】可以看出，实际走势与预想的第一种情况相吻合。浪3以简单主浪形式到达1.208第一目标位置，并出现了黄昏星K线反转，预示浪3已经完成。【图8-2-74】是之后的走势图。

由【图8-2-74】可以看出，浪3之后形成了一个非标准收缩三角形，预示调整浪浪4已经完成。此时，可以用PS定位来预测浪5的运行轨迹。

首先，通过浪1的高度，计算浪5可能的三个目标位置（1.208、1.618和2.000）。

其次，浪3为简单主升浪，预测浪5也是简单主升浪。

最后，根据以上信息，在意识中绘制出浪5未来可能的走势图，如【图8-2-75】所示。

【图8-2-76】是之后的走势图。

图 8-2-74 欧元兑美元走势图

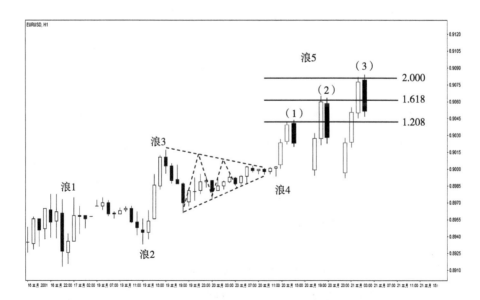

图 8-2-75 欧元兑美元走势图

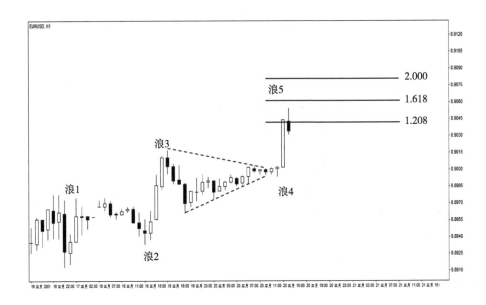

图 8 - 2 - 76　欧元兑美元走势图

由【图 8 - 2 - 76】可以看出，浪 5 的实际走势与预测的第一种情况相吻合，浪 5 以简单主升浪，到达 1. 208 第一目标位置，出现小的锤子线，预示浪 5 在 1. 208 位置完成。【图 8 - 2 - 77】是之后的走势图。

由【图 8 - 2 - 77】可以看出，浪 5 在 1. 208 位置完成，并在 1. 208 位置形成了一个非标准收缩三角形，预示上升趋势仍然非常强势。浪 6 已经完成，我们可以通过用 PS 定位来预测浪 7 可能的运行轨迹。

首先，通过浪 1 的高度，预测浪 7 可能的三个目标位置（1. 208、1. 618 和 2. 000）。

其次，浪 5 为简单主升浪，预测浪 7 也是简单主升浪。

最后，根据以上信息，在意识中绘制出浪 7 未来可能的走势图，如【图 8 - 2 - 78】所示。

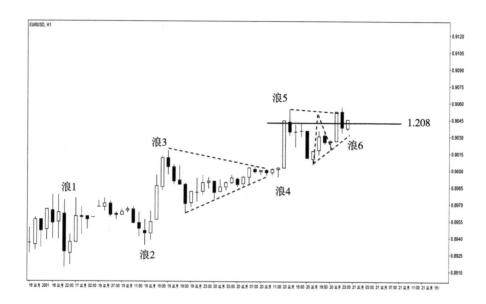

图 8 – 2 – 77　欧元兑美元走势图

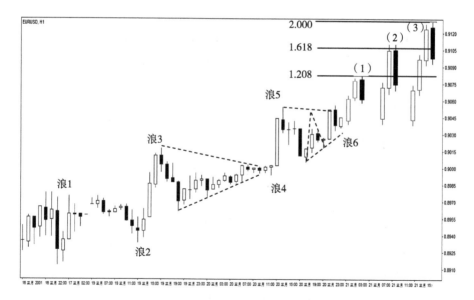

图 8 – 2 – 78　欧元兑美元走势图

【图8－2－79】是之后的走势图。

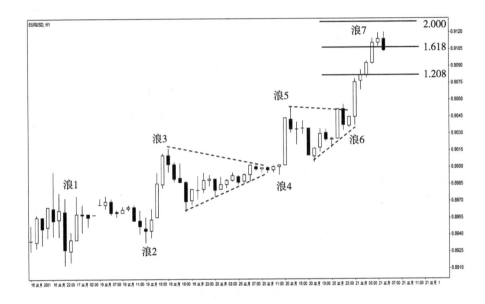

图8－2－79　欧元兑美元走势图

由【图8－2－79】可以看出，浪7以简单主升浪形式，到达第二目标位置，出现反向阴线。预示上升趋势已经完成，未来将展开下降趋势。【图8－2－80】是之后的走势图。

3. 周期定位（T）

前、后主浪周期通常为1倍或2倍比率关系。

在PS定位基础上，再结合前、后主浪周期（T）的比率关系，预测未来主浪运行轨迹的方法，称之为PST定位。

下面通过实例来讲述PST定位。【图8－2－81】是一段欧元兑美元小时走势图。

首先对【图8－2－81】中的走势图进行结构分析和数浪，如【图8－2－82】所示。

图 8 - 2 - 80　欧元兑美元走势图

图 8 - 2 - 81　欧元兑美元走势图

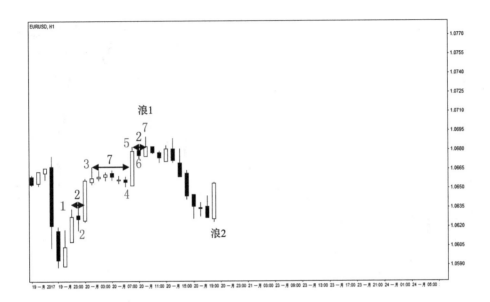

图 8 – 2 – 82　欧元兑美元走势图

【图 8 – 2 – 82】中，确定了浪 1 和浪 2，我们通过 PST 定位来预测浪 3 的运行轨迹。

首先，通过浪 1 的高度，预测浪 3 可能的三个目标位置（1.208、1.618 和 2.000）。

其次，浪 1 为钻石 7 浪结构，预测浪 3 也是 7 浪结构（钻石、扩张、收缩或 X7）。

再次，浪 1 的周期为 13 根，预测浪 3 的周期也是 13 根左右。

最后，综合以上信息，在意识中绘制出浪 3 未来可能的走势图，如【图 8 – 2 – 83】所示。

【图 8 – 2 – 84】是之后的走势图。

【图 8 – 2 – 84】中的实际走势图与之前通过 PST 定位预测的走势图基本一致。【图 8 – 2 – 85】是之后的走势图。

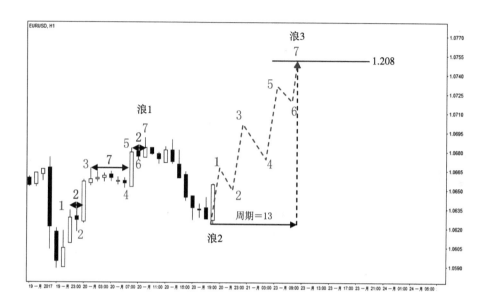

图 8 - 2 - 83　欧元兑美元走势图

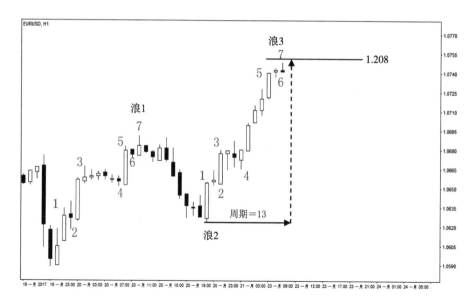

图 8 - 2 - 84　欧元兑美元走势图

图 8 - 2 - 85　欧元兑美元走势图

4. 角度定位（D）

前、后主浪的角度线具有相似性。角度线，是指主浪的高点和低点的连线。

在 PST 定位基础上，再结合前、后主浪的角度线，来预测未来主浪可能的运行轨迹的方法，称之为 PSTD 定位。

下面通过实例来讲述 PSTD 定位。【图 8 - 2 - 86】是一段欧元兑美元小时走势图。

首先对【图 8 - 2 - 86】中的走势图进行结构分析和数浪，并画出浪 1 的角度线，如【图 8 - 2 - 87】所示。

有了浪 1 和浪 2，我们可以通过 PSTD 定位，来确定未来浪 3 可能的运行轨迹。

第一，通过浪 1 的高度，预测浪 3 可能的三个目标位置（1.208、

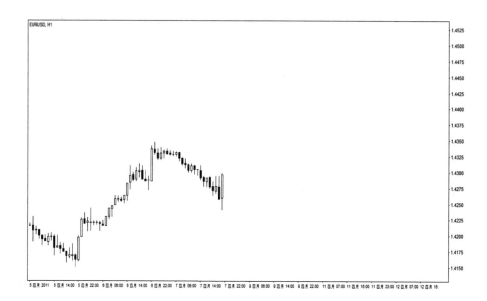

图8-2-86 欧元兑美元走势图

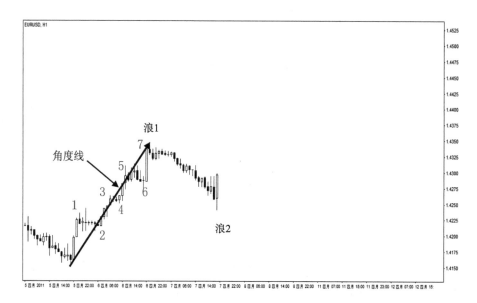

图8-2-87 欧元兑美元走势图

1. 618 和 2. 000）。

第二，浪 1 为 X7 浪结构，预测浪 3 也是 7 浪结构（X7、钻石、扩张或收缩）。

第三，浪 1 的周期为 26，预测浪 3 的周期也是 26。

第四，根据浪 1 的角度线，预测浪 3 的结束点也应该在相同的角度线上。

第五，根据以上综合信息，在意识中绘制出浪 3 未来可能的走势图，如【图 8 - 2 - 88】所示。

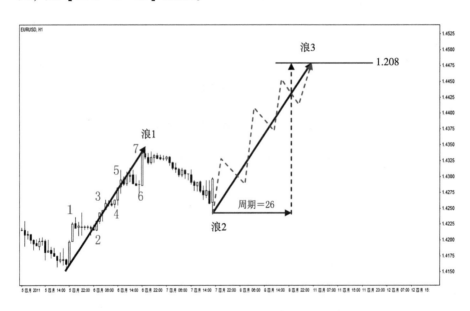

图 8 - 2 - 88　欧元兑美元走势图

【图 8 - 2 - 89】是之后的走势图。

【图 8 - 2 - 89】中，浪 3 的周期已经达到浪 1 的周期 26 根 K 线，但是浪的结构并没有完成 7 浪结构，浪 3 也没有达到第一目标位置，暗示浪 3 还没有完成，【图 8 - 2 - 90】是之后的走势图。

由【图 8 - 2 - 90】可以看出，价格在预测的角度线和第一目标位

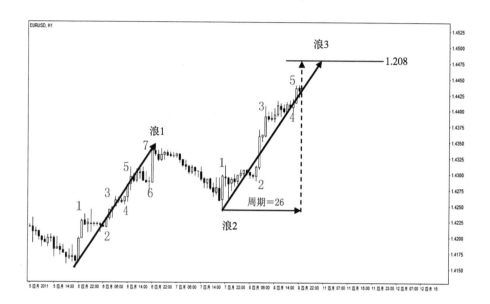

图 8 - 2 - 89　欧元兑美元走势图

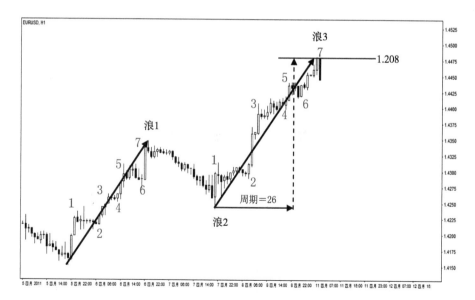

图 8 - 2 - 90　欧元兑美元走势图

置的交汇点，出现了黄昏星K线反转，并完成7浪结构，预示浪3已经完成，未来将展开调整浪浪4走势，【图8-2-91】是之后的走势图。

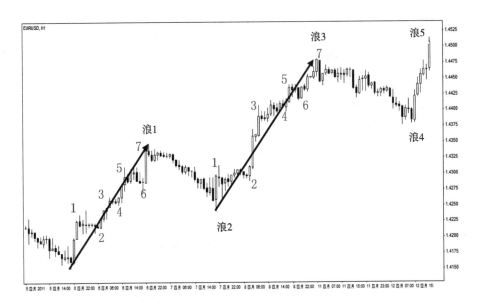

图8-2-91 欧元兑美元走势图

第三节 调整浪

一、调整浪的种类

调整浪主要有四种类形：简单调整浪、abc调整浪、三角形调整浪和abcde调整浪。

钻石调整浪和 X 形调整浪由三角形调整浪组合而成。扩张三角形＋收缩三角形构成钻石调整浪；收缩三角形＋扩张三角形构成 X 形调整浪。

1. 简单调整浪

简单调整浪，是指调整浪中不存在反向的内区间，调整浪不能够再细分为 abc 或 abcde 结构。

简单调整浪通常出现在子浪结构和慢主快调中。

（1）简单调整浪出现在子浪结构中

简单调整浪，如【图 8 - 3 - 1】中的 2 浪和 4 浪。

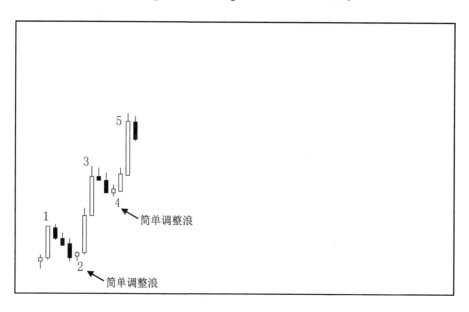

图 8 - 3 - 1 简单调整浪

【图 8 - 3 - 1】中的两个调整浪都是简单调整浪，再结合两个区间的值都是 5 根 K 线，暗示目前的上升小 5 浪为未来上升趋势的浪 1 是大概率事件，我们立刻在意识中绘制出未来的走势图，如【图 8 - 3 - 2】所示。

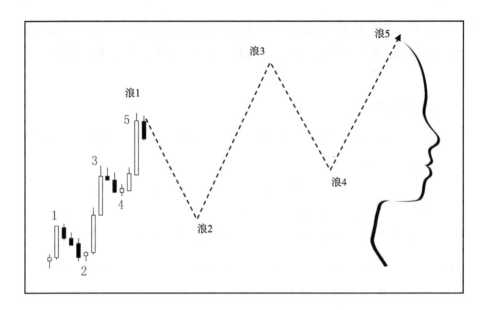

图 8 - 3 - 2　简单调整浪

【图 8 - 3 - 3】是之后的走势图。

图 8 - 3 - 3　简单调整浪

由【图8-3-3】可以看出，浪3中的子浪2和子浪4也是简单调整浪。

（2）简单调整浪出现在慢主快调中

下面举例说明，【图8-3-4】是一段欧元兑美元小时走势图。

图8-3-4　欧元兑美元走势图

首先对【图8-3-4】中的走势图进行结构分析和数浪，如【图8-3-5】所示。

通过微观结构数浪，确认浪2为简单调整浪。根据前后调整浪的相似性，开始警觉浪4也可能是快速的简单调整浪，投资者需要提前在62%回调位置做好心理准备，并在意识中绘制出未来可能的走势图，如【图8-3-6】所示。

【图8-3-7】是之后的走势图。

【图8-3-7】中，价格简单快速到达62%回调位置，出现反转迹象，最后一根K线出现海底捞月K线，暗示62%位置已经得到确认，

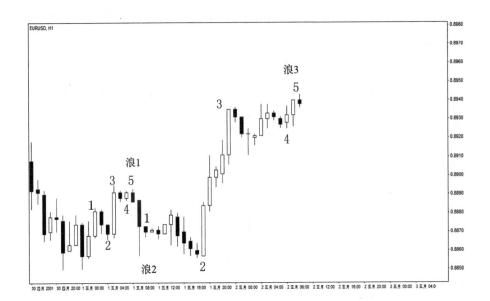

图 8-3-5　欧元兑美元走势图

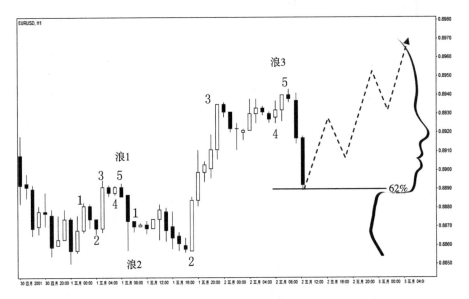

图 8-3-6　欧元兑美元走势图

图 8 - 3 - 7 欧元兑美元走势图

简单调整浪浪 4 已经完成，未来将按照浪 3 的结构模式运行第 5 浪，【图 8 - 3 - 8】是之后的走势图。

图 8 - 3 - 8 欧元兑美元走势图

2. abc 调整浪

（1）按照形态划分

按照形态划分，abc 调整浪分为标准 abc 调整浪和非标准 abc 调整浪。

①标准 abc 调整浪

标准 abc 调整浪，如【图 8 - 3 - 9】所示。

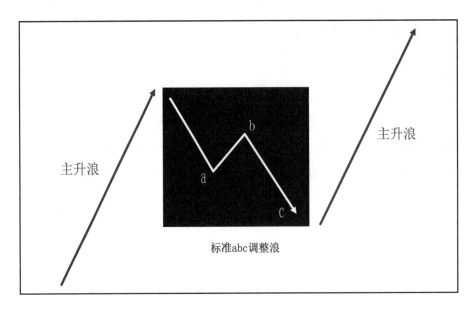

图 8 - 3 - 9　标准 abc 调整浪

②非标准 abc 调整浪

非标准 abc 调整浪，分为收缩 abc 调整浪和强势 abc 调整浪，如【图 8 - 3 - 10】所示。

（2）按照结构划分

按照结构划分，abc 调整浪分为简单 abc 调整浪和复杂 abc 调整浪。

①简单 abc 调整浪

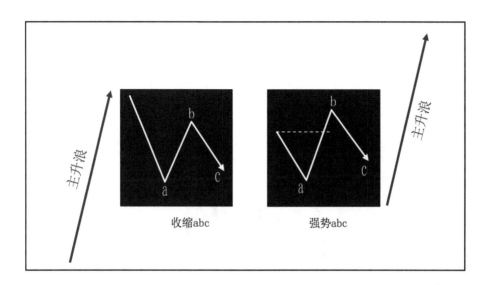

图 8 - 3 - 10　收缩 abc 和强势 abc 调整浪

简单 abc 调整浪，是指 a 浪、b 浪和 c 浪都是简单浪。举例说明，
【图 8 - 3 - 11】是一段欧元兑美元小时走势图。

图 8 - 3 - 11　欧元兑美元走势图

首先对【图 8 - 3 - 11】中的走势图进行结构分析和数浪，如【图 8 - 3 - 12】所示。

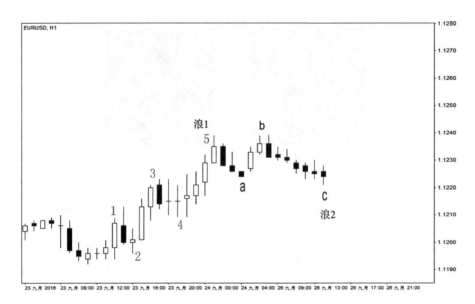

图 8 - 3 - 12　欧元兑美元走势图

由【图 8 - 3 - 12】可以看出，浪 2 为 abc 调整浪，a 浪、b 浪和 c 浪都是简单形，浪 2 为简单 abc 调整浪。【图 8 - 3 - 13】是之后的走势图。

②复杂 abc 调整浪

复杂 abc 调整浪是指 a 浪、b 浪或 c 浪中的任何一个浪是可进行再细分的 3 结构、5 结构或 7 结构，我们举例说明，【图 8 - 3 - 14】是欧元兑美元小时走势图。

首先，对【图 8 - 3 - 14】中的走势图进行结构分析和数浪，如【图 8 - 3 - 15】所示。

由【图 8 - 3 - 15】可以看出，a 浪为 3 浪结构，b 浪也是 3 浪结构，c 浪为简单结构，所以，浪 2 为复杂 abc 调整浪，我们称之为 3 - 3 - 1 调整浪。【图 8 - 3 - 16】是之后的走势图。

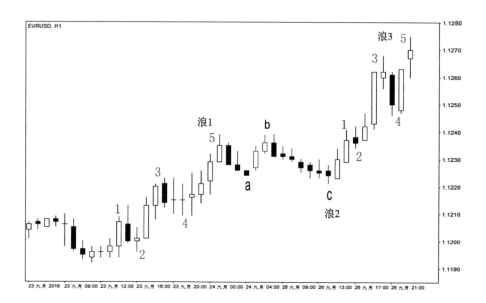

图 8 – 3 – 13 欧元兑美元走势图

图 8 – 3 – 14 欧元兑美元走势图

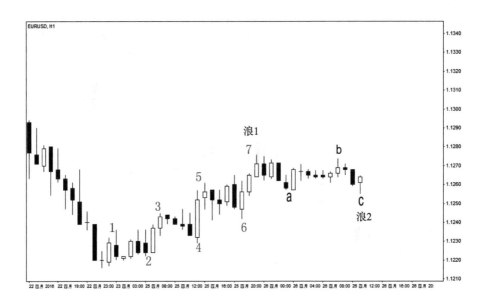

图 8 – 3 – 15　欧元兑美元走势图

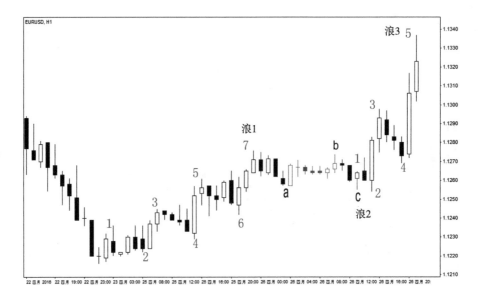

图 8 – 3 – 16　欧元兑美元走势图

常见复杂 abc 调整浪的结构有：1 – 3 – 1、1 – 3 – 3、1 – 3 – 5、
1 – 5 – 1、3 – 1 – 3、3 – 3 – 1、3 – 3 – 3、3 – 3 – 5、3 – 5 – 3。

1 – 3 – 1 调整浪，是指 a 为简单，b 为 3 结构，c 为简单结构，如
【图 8 – 3 – 17】所示。

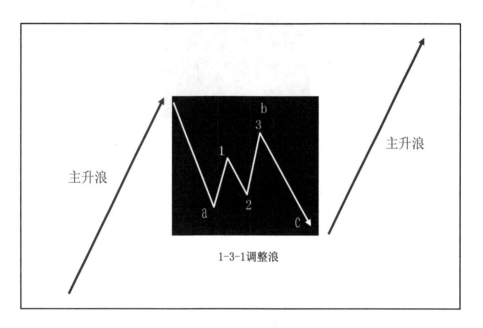

图 8 – 3 – 17   1 – 3 – 1 调整浪示意图

1 – 3 – 3 调整浪，是指 a 为简单结构，b 为 3 结构，c 也为 3 结构。
如【图 8 – 3 – 18】所示。

1 – 3 – 5 调整浪，是指 a 为简单结构，b 为 3 结构，c 为 5 结构。
如【图 8 – 3 – 19】所示。

1 – 5 – 1 调整浪，是指 a 为简单，b 为 5 结构，c 为简单结构。如
【图 8 – 3 – 20】【图 8 – 3 – 21】和【图 8 – 3 – 22】所示。

3 – 1 – 3 调整浪，是指 a 为 3 结构，b 为简单结构，c 为 3 结构。
如【图 8 – 3 – 23】所示。

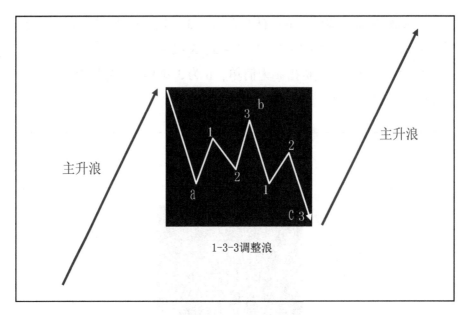

图 8 - 3 - 18 1 - 3 - 3 调整浪示意图

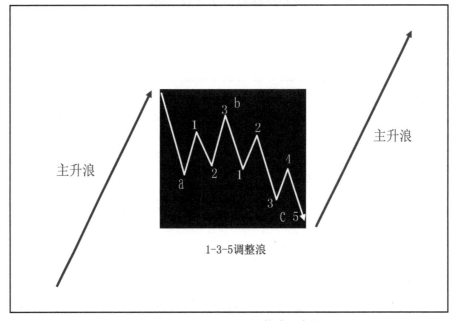

图 8 - 3 - 19 1 - 3 - 5 调整浪示意图

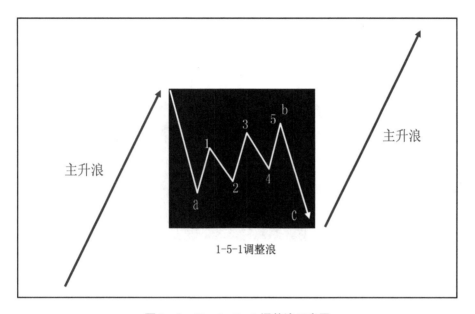

图 8 – 3 – 20　1 – 5 – 1 调整浪示意图

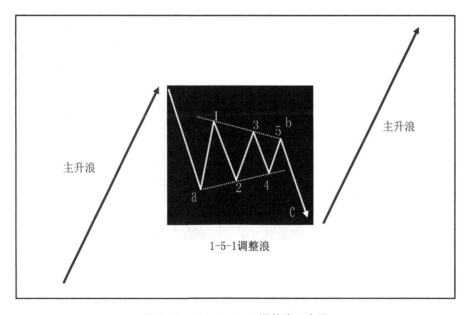

图 8 – 3 – 21　1 – 5 – 1 调整浪示意图

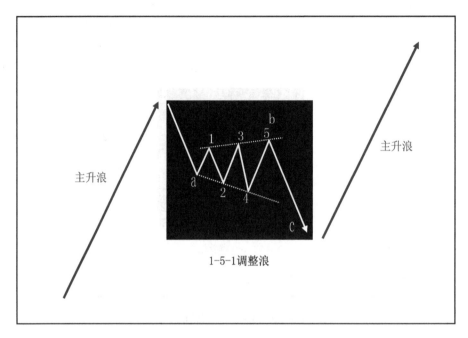

图 8 – 3 – 22 1 – 5 – 1 调整浪示意图

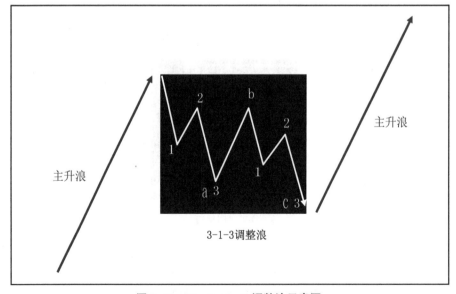

图 8 – 3 – 23 3 – 1 – 3 调整浪示意图

3－3－1调整浪，是指 a 为 3 结构，b 为 3 结构，c 为简单结构。如【图 8－3－24】所示。

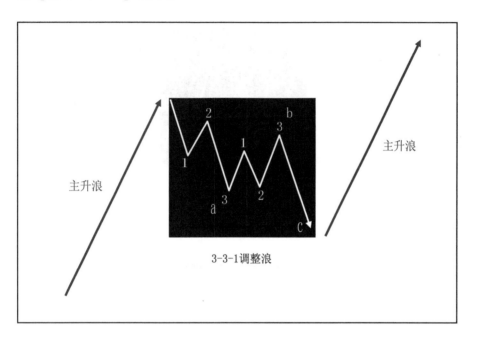

图 8－3－24　3－3－1调整浪示意图

3－3－3调整浪，是指 a 为 3 结构，b 为 3 结构，c 也为 3 结构。如【图 8－3－25】所示。

3－3－5调整浪，是指 a 为 3 结构，b 为 3 结构，c 为 5 结构。如【图 8－3－26】所示。

3－5－3调整浪，是指 a 为 3 结构，b 为 5 结构，c 也为 3 结构。如【图 8－3－27】【图 8－3－28】和【图 8－3－29】所示。

3. 三角形调整浪

三角形调整浪，分为收缩三角形调整浪和扩张三角形调整浪。

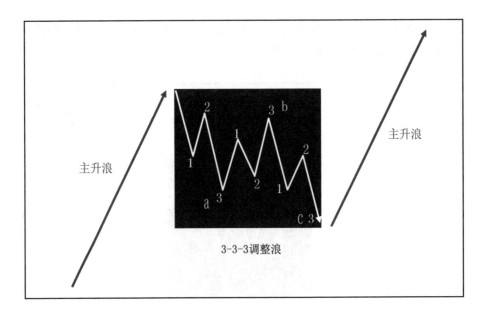

图 8 – 3 – 25　3 – 3 – 3 调整浪示意图

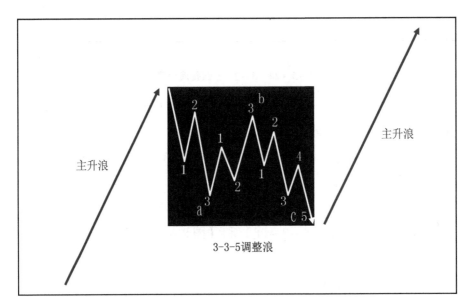

图 8 – 3 – 26　3 – 3 – 5 调整浪示意图

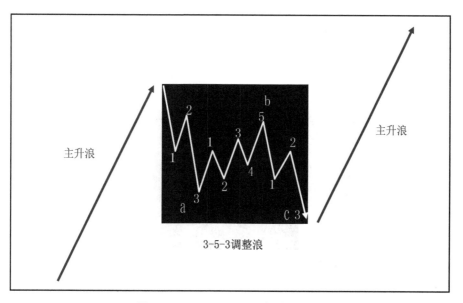

图 8 – 3 – 27   3 – 5 – 3 调整浪示意图

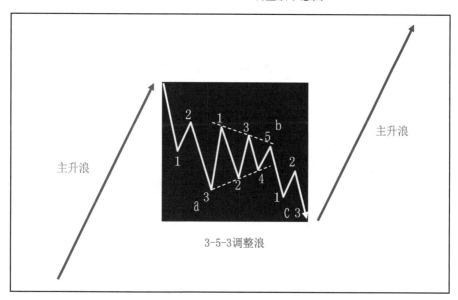

图 8 – 3 – 28   3 – 5 – 3 调整浪示意图

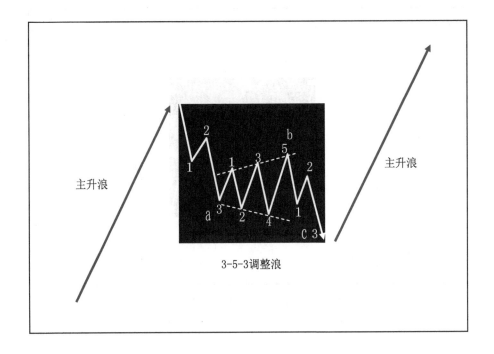

图 8 - 3 - 29　3 - 5 - 3 调整浪示意图

（1）收缩三角形调整浪

收缩三角形调整浪，通常是由 5 个浪组成，每一浪的幅度都小于前一浪，也就是 b 小于 a，c 小于 b，d 小于 c，e 小于 d。其中 a、c 和 e 浪与主趋势方向相反，b 和 d 与主趋势方向相同，如【图 8 - 3 - 30】所示。

收缩三角形中的 a、b、c、d 或 e 浪，可以再细分为 3 浪或 5 浪结构，常见的收缩三角形调整浪结构有：11311、13111、13131、13311、31111、33111、33311 和 33333，如【图 8 - 3 - 31】所示。

下面通过实例，观察调整浪的内部结构。【图 8 - 3 - 32】是一段欧元兑美元小时走势图。

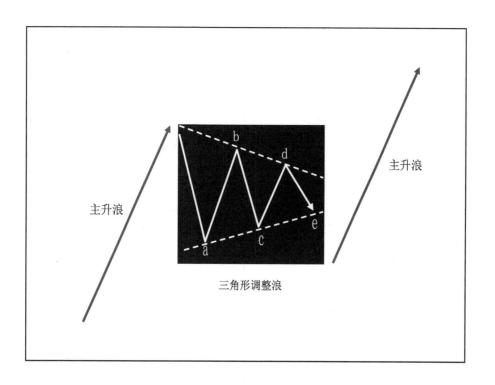

图 8 - 3 - 30 收缩三角形调整浪示意图

【图 8 - 3 - 32】中，调整浪浪 2 为 13111 结构。

【图 8 - 3 - 33】是一段欧元兑美元小时走势图。

【图 8 - 3 - 33】中，调整浪浪 2 为 13111 结构，调整浪浪 4 为 13131 结构，调整浪浪 6 为非标准 abc 结构。

【图 8 - 3 - 34】是一段欧元兑美元小时走势图。

【图 8 - 3 - 34】中，调整浪浪 2 为 33111 结构。

【图 8 - 3 - 35】是一段欧元兑美元小时走势图。

【图 8 - 3 - 35】中，调整浪浪 2 为 33311 结构。

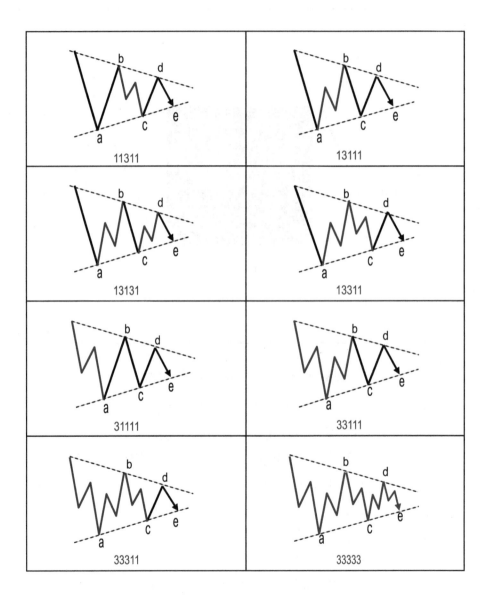

图 8 – 3 – 31　收缩三角形调整浪结构类型示意图

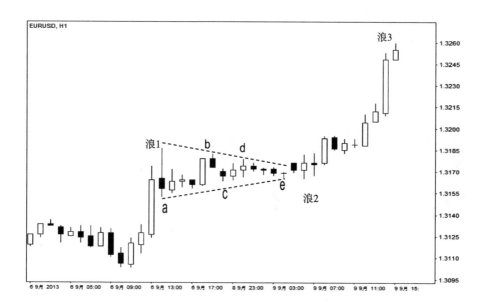

图 8 - 3 - 32　欧元兑美元走势图

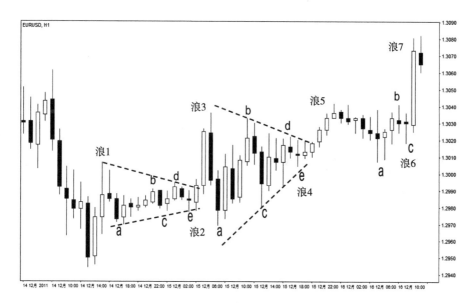

图 8 - 3 - 33　欧元兑美元走势图

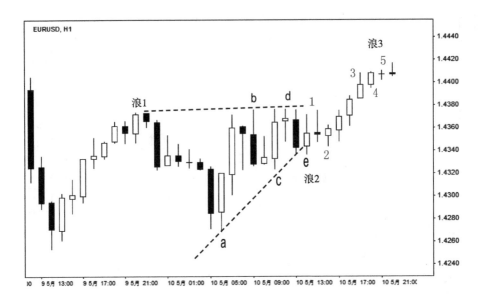

图 8 - 3 - 34　欧元兑美元走势图

图 8 - 3 - 35　欧元兑美元走势图

（2）扩张三角形调整浪

扩张三角形调整浪是指调整浪中的 a、b、c、d 和 e 逐渐放大，不断地突破之前的高点或低点，如【图 8 - 3 - 36】所示。

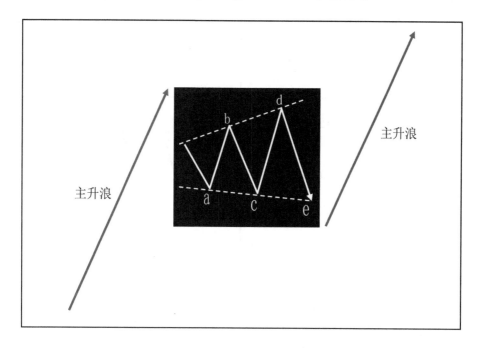

图 8 - 3 - 36　扩张三角形调整浪

与收缩三角形一样，扩张三角形调整浪中的 a、b、c、d 或 e 也可以细分成 3 结构或 5 结构，其常见的扩张三角形结构类型有：11333、13131、13333、31313、33133、33311、33331 和 33333，如【图 8 - 3 - 37】所示。

下面通过实例，观察调整浪的内部结构。【图 8 - 3 - 38】是一段欧元兑美元小时走势图。

【图 8 - 3 - 38】中，调整浪浪 2 为 11333 结构。

【图 8 - 3 - 39】是一段欧元兑美元小时走势图。

【图 8 - 3 - 39】中，调整浪浪 2 为 13131 结构。

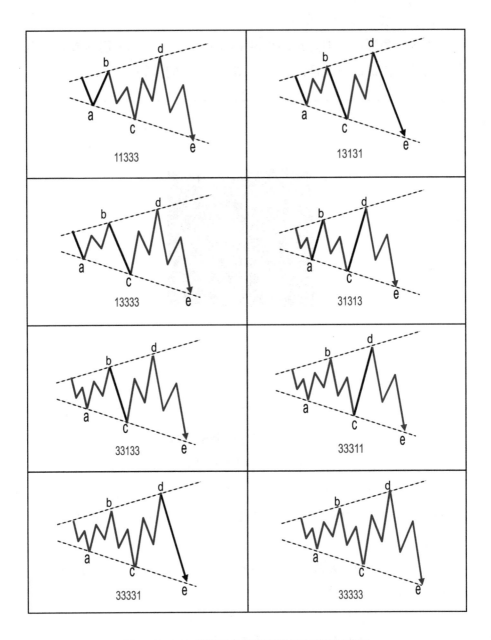

图 8 - 3 - 37　扩张三角形调整浪结构类型示意图

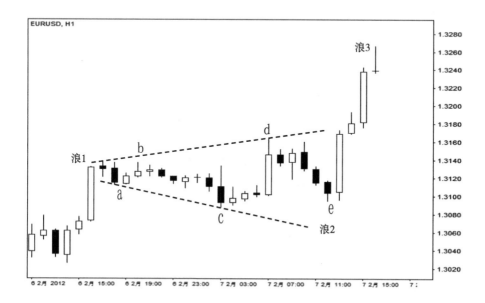

图 8 – 3 – 38　欧元兑美元走势图

图 8 – 3 – 39　欧元兑美元走势图

【图 8 - 3 - 40】是一段欧元兑美元小时走势图。

图 8 - 3 - 40　欧元兑美元走势图

【图 8 - 3 - 40】中，调整浪浪 4 为 33133 结构。

【图 8 - 3 - 41】是一段欧元兑美元小时走势图。

图 8 - 3 - 41　欧元兑美元走势图

【图 8 - 3 - 41】中，调整浪浪 2 为 33333 结构。

4. abcde 调整浪

abcde 调整浪分为：趋势 abcde 调整浪和无趋势 abcde 调整浪两种。

（1）趋势 abcde 调整浪

趋势 abcde 调整浪，如【图 8 - 3 - 42】所示。

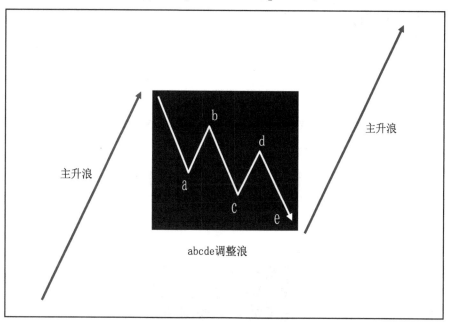

图 8 - 3 - 42 趋势 abcde 调整浪

下面举例说明，【图 8 - 3 - 43】是一段欧元兑美元小时走势图。

【图 8 - 3 - 43】中，浪 2 和浪 4 都是趋势 abcde 调整浪。

（2）无趋势 abcde 调整浪

无趋势 abcde 调整浪分为两种，横向 abcde 调整浪和不规则 abcde 调整浪。

图 8 – 3 – 43　欧元兑美元走势图

①横向 abcde 调整浪

横向整理 abcde 调整浪，如【图 8 – 3 – 44】所示。

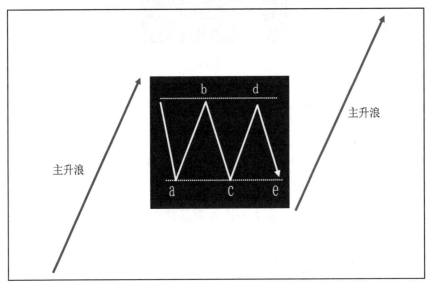

图 8 – 3 – 44　横向 abcde 调整浪示意图

下面举例说明，【图8-3-45】是一段欧元兑美元小时走势图。

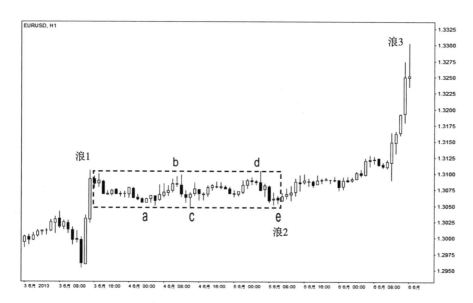

图8-3-45　欧元兑美元走势图

【图8-3-45】中，浪2为横向abcde调整浪。

②不规则abcde调整浪

不规则abcde调整浪，是指abcde调整浪中的a、或b、c、d、e为不规则结构。下面通过实例进行讲述。【图8-3-46】是一段欧元兑美元小时走势图。

【图8-3-46】中，出现了一个收缩三角形调整浪，投资者意识中可以立刻绘制出未来可能的走势图，如【图8-3-47】所示。

【图8-3-48】是之后的走势图。

【图8-3-48】中，最后一根K线偏离了意识中的运行轨迹，此时，投资者需要马上纠正意识中的走势图。突破收缩三角形（abcde）后的走势不是主浪结构，那就可以预测它是一个调整浪结构。投资者可以根据它的周期（最低点到最高点经历的所有K线），向前移动至

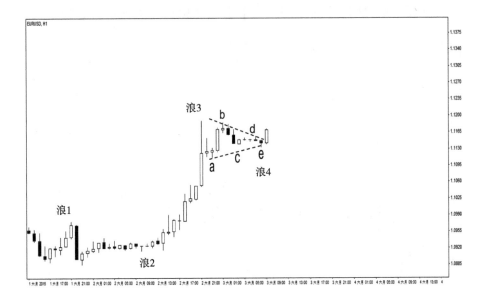

图 8 - 3 - 46　欧元兑美元走势图

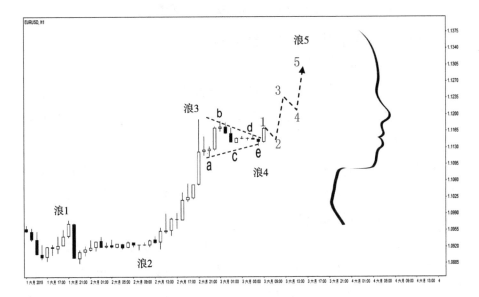

图 8 - 3 - 47　欧元兑美元走势图

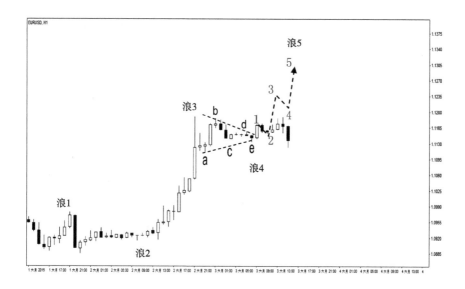

图 8 - 3 - 48　欧元兑美元走势图

与它周期相同的 K 线，观察能否发现相同的结构，重新确定调整浪的
结构，如【图 8 - 3 - 49】所示。

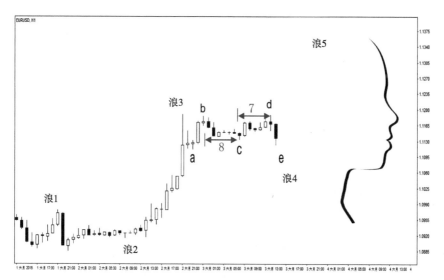

图 8 - 3 - 49　欧元兑美元走势图

【图8-3-49】中，调整浪浪4为不规则 abcde 调整浪，【图8-3-50】是之后的走势图。

图8-3-50　欧元兑美元走势图

【图8-3-50】中，调整浪浪6也是不规则 abcde 结构。

二、调整浪的特性

1. 调整浪的结构特性

（1）调整浪的 a、或 b、c、d、e 倾向于3浪结构。

（2）前后调整浪结构具有相似性。

下面举例说明，【图8-3-51】是欧元兑美元小时走势图。

【图8-3-51】中，通过浪1和浪2，以及浪2目前的 abc 调整浪

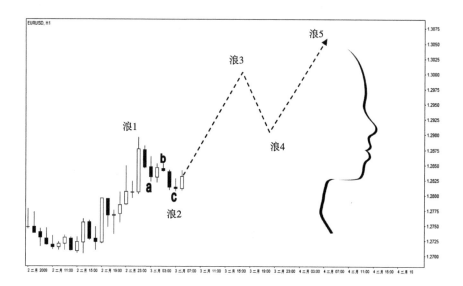

图 8 – 3 – 51　欧元兑美元走势图

结构，可以在意识中绘制出未来可能的走势图。【图 8 – 3 – 52】是之后的走势图。

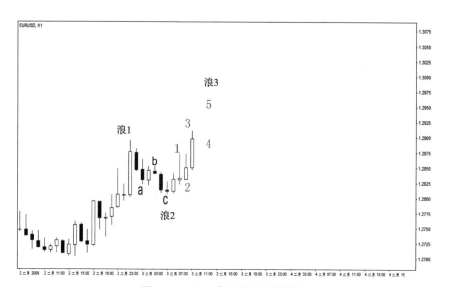

图 8 – 3 – 52　欧元兑美元走势图

　　【图8-3-52】中，浪3完成了子浪3结构，根据前后主浪结构
相似性，可以预测之后应该会出现子浪4和子浪5，【图8-3-53】是
之后的走势图。

图8-3-53　欧元兑美元走势图

　　由【图8-3-53】可以看出，价格形成了黄昏星K线反转，突破
之前标准阳线的最低点，与之前意识中的走势图出现了背离，此时根
据调整浪中的a、b、c、d或e通常为3浪结构的特性，可以推测上升
的123为调整浪浪2的b浪，之前的abc就变成调整浪浪2的a浪，目
前行情运行在调整浪浪2中，应立刻在意识中绘制出浪2可能的走势
图，如【图8-3-54】所示。

　　浪2可能为abc结构，也可能为abcde结构。【图8-3-55】是之
后的走势图。

　　【图8-3-55】中，浪2完成abcde结构，其中a、b和c为3浪
结构，d和e为简单结构。此时可以根据前后调整浪结构具有相似性，
预测浪4的结构也是abcde结构，并在意识中绘制出未来可能的走势

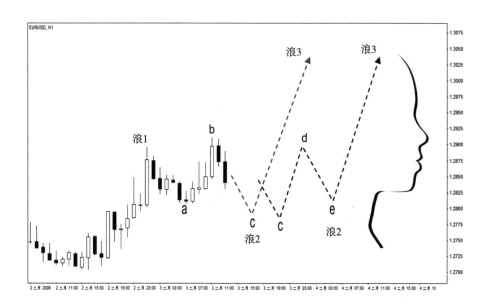

图 8 - 3 - 54　欧元兑美元走势图

图 8 - 3 - 55　欧元兑美元走势图

图，如【图8-3-56】所示。

图8-3-56 欧元兑美元走势图

【图8-3-57】是之后的走势图。

图8-3-57 欧元兑美元走势图

【图8－3－57】中，浪4的结构与浪2的结构相同，都是abcde结构，【图8－3－58】是之后的走势图。

图8－3－58 欧元兑美元走势图

再来举一个前后调整浪结构相似的实例。【图8－3－59】是一段欧元兑美元小时走势图。

首先对【图8－3－59】中的走势图进行结构分析和数浪，如【图8－3－60】所示。

由【图8－3－60】可以看出，目前行情处于子浪3运行中，浪3的结构不完整。通过前后调整浪结构相似性，可以预测未来子浪4的结构也是简单结构，主趋势浪4的结构应该与浪2的结构相似，为不规则abcde结构。投资者可以在意识中绘制出未来可能的走势图，如【图8－3－61】所示。

【图8－3－62】是之后的走势图。

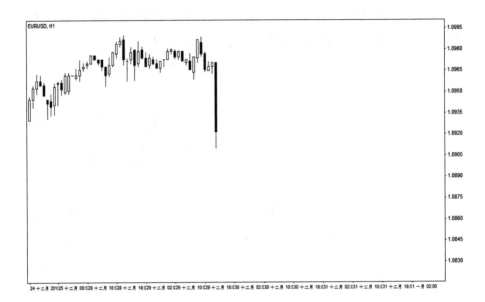

图 8 – 3 – 59　欧元兑美元走势图

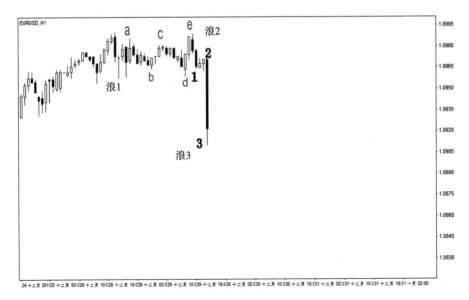

图 8 – 3 – 60　欧元兑美元走势图

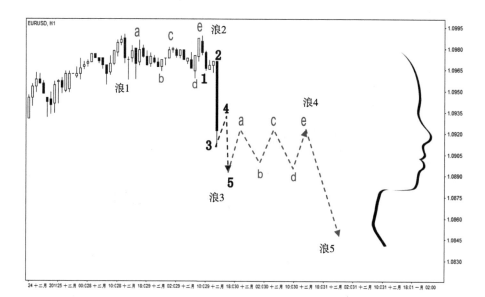

图 8 - 3 - 61 欧元兑美元走势图

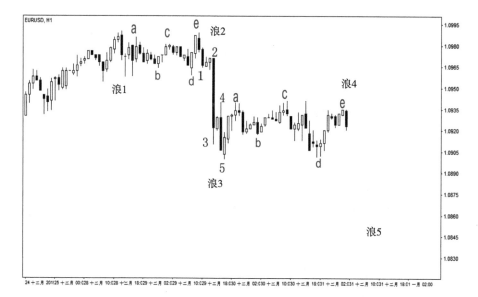

图 8 - 3 - 62 欧元兑美元走势图

由【图 8 - 3 - 62】可以看出，子浪浪 4 和主趋势浪 4 与之前的调整浪结构相似，与之前意识中的走势图一致。【图 8 - 3 - 63】是之后的走势图。

图 8 - 3 - 63　欧元兑美元走势图

2. 调整浪的周期特性

（1）调整浪 a、b、c、d 和 e 周期具有对称性

调整浪 abcde 之间的周期对称性，如【图 8 - 3 - 64】所示。

下面举例说明，【图 8 - 3 - 65】是欧元兑美元小时走势图。

【图 8 - 3 - 65】中，目前运行在浪 2 中，a 浪为 12 根 K 线，b 浪为 7 根 K 线，根据调整浪 abcde 对称关系推测，如果 a≠b，那么 a 就应该等于 c，c 浪应该为 12 根 K 线。【图 8 - 3 - 66】是之后的走势图。

【图 8 - 3 - 66】中，c 浪实际走了 4 根 K 线，a≠b，a≠c，b≠c，那么 c 就应该等于 d，【图 8 - 3 - 67】是之后的走势图。

推测 b = a　是⇒　c = d
　　　　　　　　　　　是⇒　e = a 或 c
　　　　　　　　　　　否⇒　e = c 或 d
　否↓

c = a　是⇒　d = b
　　　　　　　　　　　是⇒　e = a 或 b
　　　　　　　　　　　否⇒　e = b 或 d
　否↓

c = b　是⇒　d = a
　　　　　　　　　　　是⇒　e = b 或 d
　　　　　　　　　　　否⇒　e = a 或 d
　否↓

d = c　是⇒　e = a 或 b
　否↓

d = b　是⇒　e = a 或 c
　否↓

d = a　是⇒　e = b 或 c
　否↓

e = d 或 c 或 b 或 a

图 8 - 3 - 64　调整浪 abcde 之间周期对称性

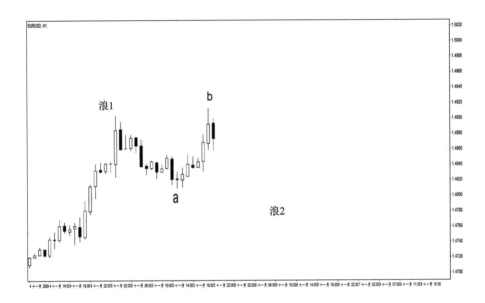

图 8 – 3 – 65　欧元兑美元走势图

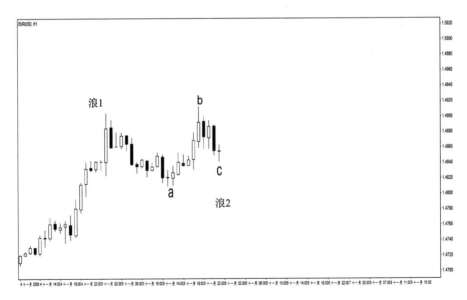

图 8 – 3 – 66　欧元兑美元走势图

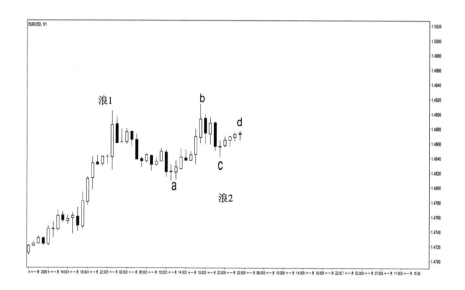

图 8 - 3 - 67 欧元兑美元走势图

【图 8 - 3 - 67】中，d 浪为 4 根 K 线，c = d，可以推测：e = a 或 b，【图 8 - 3 - 68】是之后的走势图。

图 8 - 3 - 68 欧元兑美元走势图

【图8-3-68】中，e的走势与意识中的逻辑推理（e＝a或b）出现了背离，暗示着标记的e的位置是错误的。投资者需要重新进行结构分析。根据推理，a≠b，那么a＝c，我们将c向后推到与a浪周期相同的位置，如【图8-3-69】所示。

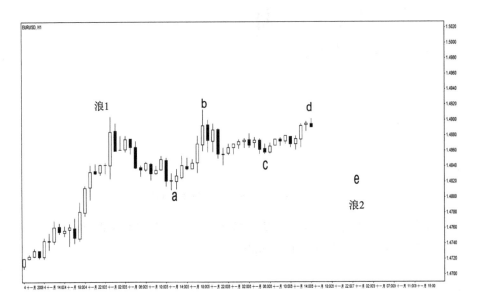

图8-3-69　欧元兑美元走势图

【图8-3-69】中，a＝c，b＝d（允许1根误差），那么e就应该等于a（12）或b（7），【图8-3-70】是之后的走势图。

【图8-3-70】中，e浪运行了4根，e浪还没有完成，如【图8-3-71】所示。

【图8-3-71】中，e浪运行了7根K线出现了一根小的阳线，与b和d浪周期相同，预示e浪完成，整个调整浪浪2调整结束，未来将展开浪3走势，【图8-3-72】是之后的走势图。

（2）前后调整浪周期具有相似性

前后调整浪的周期具有一定的比率关系，通常为1:1比率关系。

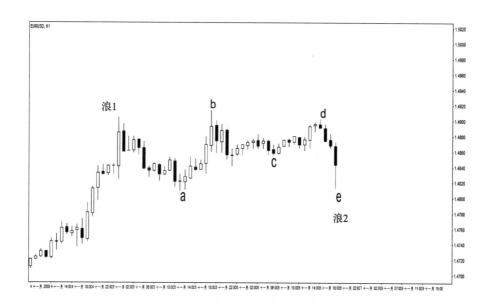

图 8 - 3 - 70　欧元兑美元走势图

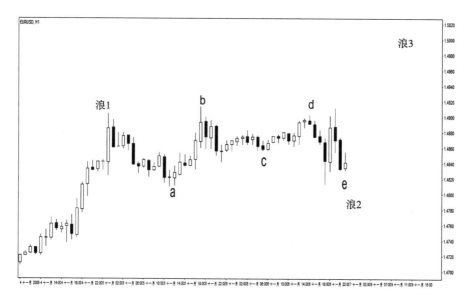

图 8 - 3 - 71　欧元兑美元走势图

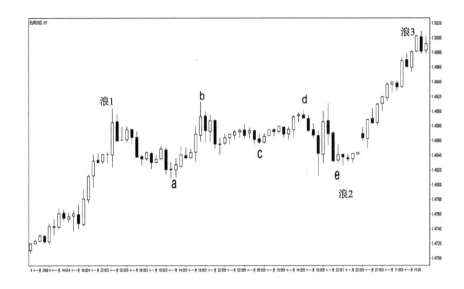

图 8 - 3 - 72 欧元兑美元走势图

下面通过实例来进行讲解。【图 8 - 3 - 73】是一段欧元兑美元的走势图。

图 8 - 3 - 73 欧元兑美元走势图

由【图8-3-73】中可以看出，目前行情处于浪3运行中，投资者可以通过调整浪浪2的周期，预测调整浪浪4可能结束的位置，如【图8-3-74】所示。

图8-3-74　欧元兑美元走势图

浪2的周期为：T2＝26，可以推测调整浪浪4的周期：T4＝T2＝26。浪4有可能在T＝26结束，展开快速主升浪。【图8-3-75】是之后的走势图。

由【图8-3-75】中可以看出，价格在T＝26处出现K线反转，此时浪4调整结束是大概率事件，预示着快速主升浪浪5将很快展开。【图8-3-76】是之后的走势图。

3. 前后调整浪回调比率具有相似性

举例说明，【图8-3-77】是一段欧元兑美元小时走势图。

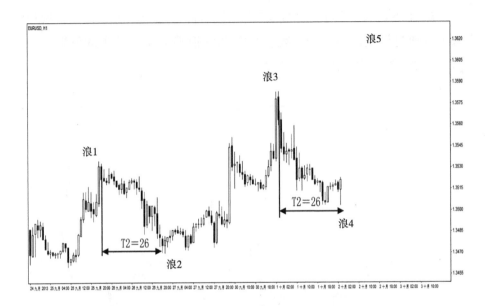

图 8 - 3 - 75　欧元兑美元走势图

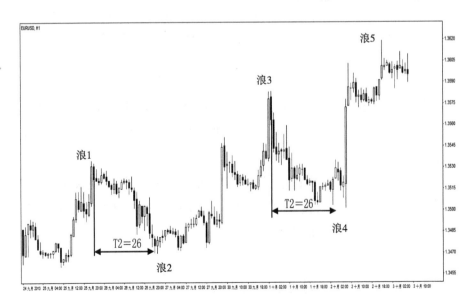

图 8 - 3 - 76　欧元兑美元走势图

图8-3-77 欧元兑美元走势图

首先对【图8-3-77】中的走势进行结构分析和数浪，并确定浪2的回调比率，如【图8-3-78】所示。

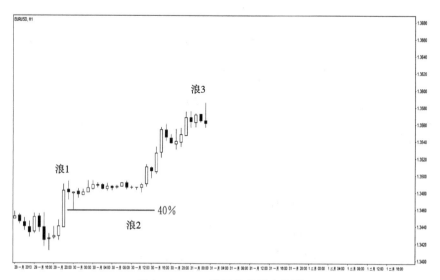

图8-3-78 欧元兑美元走势图

　　由【图 8 - 3 - 78】可以看出，浪 2 的回调比率为 40%，那么浪 4 回调也是 40% 是大概率事件。将注意力集中到浪 3 的 40% 回调位置，如【图 8 - 3 - 79】所示。

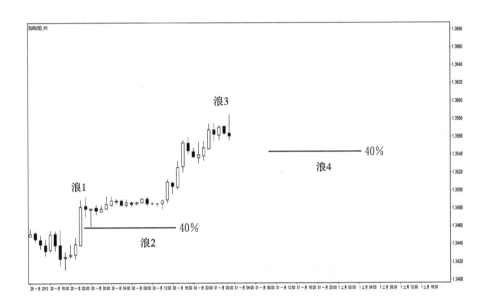

图 8 - 3 - 79　欧元兑美元走势图

　　【图 8 - 3 - 80】是之后的走势图。

　　由【图 8 - 3 - 80】可以看出，价格已经回调至 40%，结构与浪 2 相似，都完成了 abcde 结构，预示调整浪浪 4 在 40% 回调位置已经完成，【图 8 - 3 - 81】是之后的走势图。

4. 前后调整浪高度通常为 0.828 的倍数

后一调整浪的高度的计算如下：

最小高度：$Hp = Ha \times 0.828$

最大高度：$Hp = Ha / 0.828$

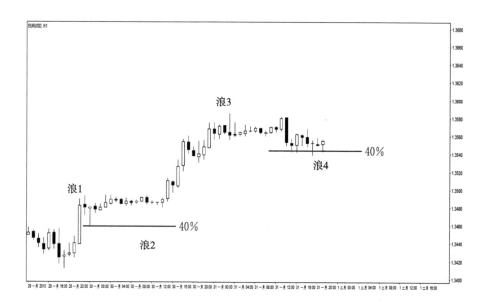

图 8 - 3 - 80　欧元兑美元走势图

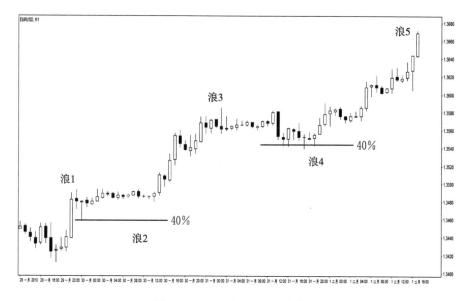

图 8 - 3 - 81　欧元兑美元走势图

Hp 代表后一调整浪的高度，Ha 代表前一调整浪的高度。下面通过实例来进行讲解。【图 8 - 3 - 82】是一段欧元兑美元小时走势图。

图 8 - 3 - 82　欧元兑美元走势图

首先对【图 8 - 3 - 82】中的走势进行结构分析和数浪，如【图 8 - 3 - 83】所示。

浪 2 的高度为 40，浪 4 的最小回调深度为：$0.828 \times 40 = 33$，最大回调深度为：$40/0.828 = 48$，如【图 8 - 3 - 84】所示。

【图 8 - 3 - 85】是之后的走势图。

由【图 8 - 3 - 85】可以看出，浪 4 的回调深度为 48，达到理论最大回调深度后，完成浪 4，并展开了浪 5 的走势。

图 8 - 3 - 83 欧元兑美元走势图

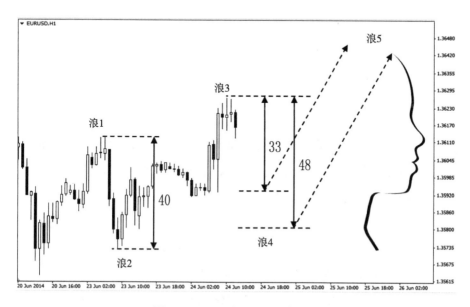

图 8 - 3 - 84 欧元兑美元走势图

图8-3-85　欧元兑美元走势图

第四节　Tp/Ta

　　在无法确定价格走势是否为调整浪时，我们可以启动 Tp/Ta 预测工具。Tp 是后浪的周期，Ta 是前浪以 Tp 为参照点至最高点（或最低点）的周期，如【图8-4-1】所示。

　　如果 Tp/Ta≥1.208，后浪为调整浪是大概率事件，Tp/Ta 的比值越大，后浪是调整浪的概率也就越大。下面通过实例进行讲述，【图8-4-2】是一段欧元兑美元小时走势图。

　　【图8-4-2】中，前浪和后浪都是小5浪结构，我们无法断定哪个是调整浪时，就可以启动 Tp/Ta 预测工具，如【图8-4-3】所示。

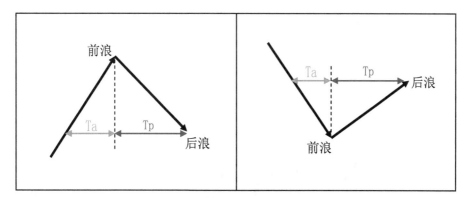

图 8 - 4 - 1 Tp/Ta 示意图

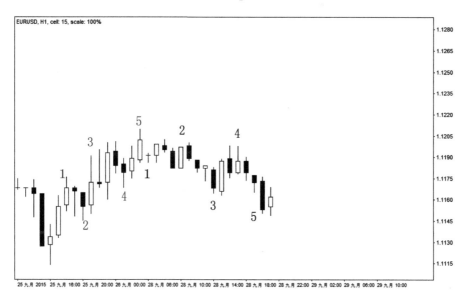

图 8 - 4 - 2 欧元兑美元走势图

【图 8 - 4 - 3】中，Tp/Ta = 16/7 = 2.29，远远大于 1.208，后浪为调整浪是大概率事件，而且目前价格正好落在前浪的 62% 回调位置，我们可以确认后边的下跌小 5 浪为 abcde 调整浪，【图 8 - 4 - 4】是之后的走势图。

Tp/Ta 的启动是有条件限制的，不是每个时间都可以使用，通常

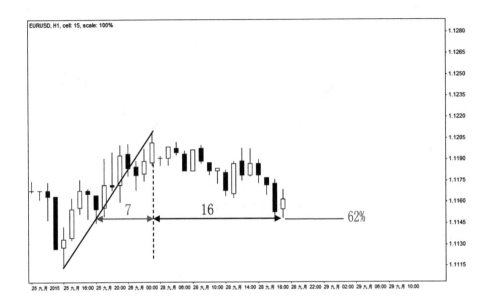

图 8 - 4 - 3　欧元兑美元走势图

图 8 - 4 - 4　欧元兑美元走势图

在确定了浪的结构已经完整，或 62% ~ 78.6% 关键的位置才能启动 Tp/Ta 的判断。

出现三角形调整浪时，价格维持原趋势的概率大于 80%，因此，Tp/Ta 不在三角形调整浪时启动。

第五节　数浪法则

要想正确地数浪，就必须建立一套科学的数浪体系。为了避免出现千人千浪的情况发生，需要建立一些数浪法则。

法则 1：同级别两个区间

同级别出现两个区间后，行情反转为大概率事件。所以，当同级别出现两个区间时，可以定义这个上升趋势或下降趋势结构已经完整。

下面举例说明，【图 8 - 5 - 1】是一段欧元兑美元小时走势图。

【图 8 - 5 - 1】中，出现了一个 Q1 = 42 的区间，确定了浪 1、浪 2 和浪 3。由于区间独立存在是小概率事件，预示上升趋势中未来还会出现第二个甚至第三个与 Q1 = 42 具有耦合性的区间，【图 8 - 5 - 2】是之后的走势图。

【图 8 - 5 - 2】中，出现了两个同级别区间，可以定义上升趋势结构已经完整，未来行情继续上升是小概率事件。【图 8 - 5 - 3】是之后的走势图。

【图 8 - 5 - 3】中，小概率事件发生了，再次出现了一个同级别区

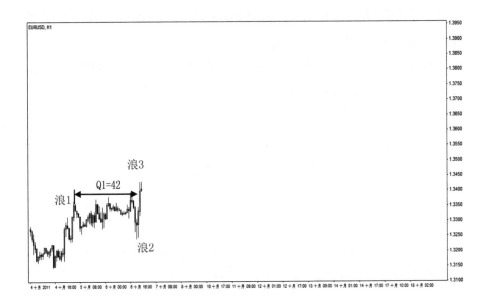

图 8 – 5 – 1　欧元兑美元走势图

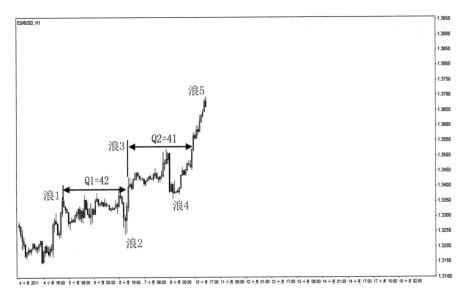

图 8 – 5 – 2　欧元兑美元走势图

图 8 - 5 - 3　欧元兑美元走势图

间，出现这样的情况，需要将后两个同级别区间合并降级为子区间，如【图 8 - 5 - 4】所示。

图 8 - 5 - 4　欧元兑美元走势图

降级的两个区间，在意识中可以想象它们不存在，如【图8－5－
5】所示。

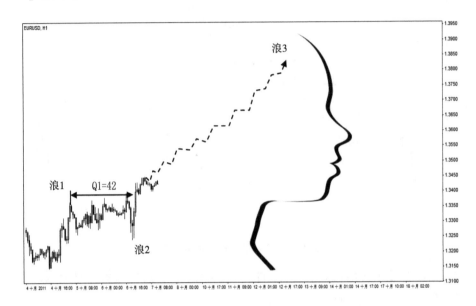

图 8－5－5　欧元兑美元走势图

【图 8－5－5】中，第一个区间 Q1 = 42 就成为了独立的区间，未来需要一个新的区间与第一个区间耦合，【图 8－5－6】是之后的走势图。

【图 8－5－6】中，出现了一个 Q2 = 44 的新的区间，与 Q1 = 42 为同级别区间，未来继续上升的概率是小概率事件。【图 8－5－7】是之后的走势图。

每次同级别的合并，将增大趋势反转的几率，通常两次合并后，趋势反转的概率大于95%。

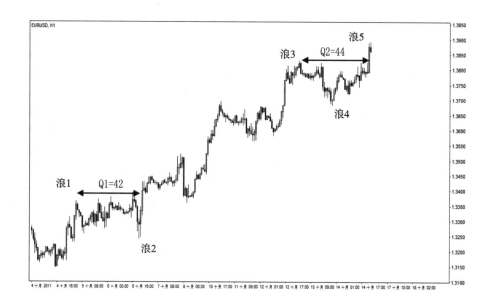

图 8-5-6 欧元兑美元走势图

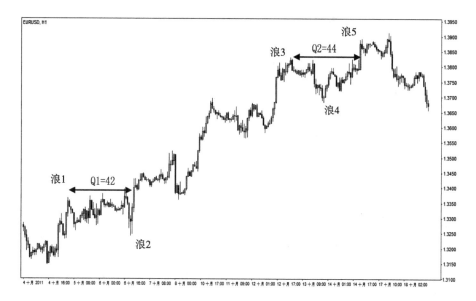

图 8-5-7 欧元兑美元走势图

法则2：不同级别三个区间

1. 扩张

下面举例说明，【图8－5－8】是一段欧元兑美元小时走势图。

图8－5－8　欧元兑美元走势图

由【图8－5－8】可以看出，前后区间的δ值为1.85，为不同级别的扩张区间，目前上升趋势结构不完整，因为不同级别需要三个区间，预示未来还有一个区间。

如果未来的第三个区间与第二个区间为同级别或扩张区间，则上升趋势为扩张7浪结构，如【图8－5－9】所示。

如果未来的第三个区间与第二个区间为收缩区间，则上升趋势为

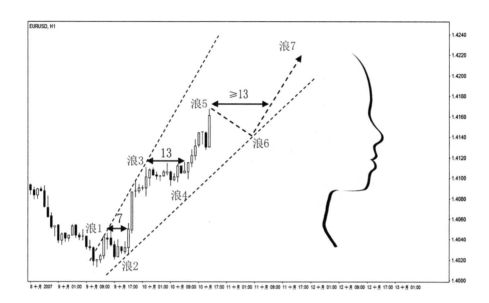

图 8 – 5 – 9　欧元兑美元走势图

钻石 7 浪结构，如【图 8 – 5 – 10】所示。

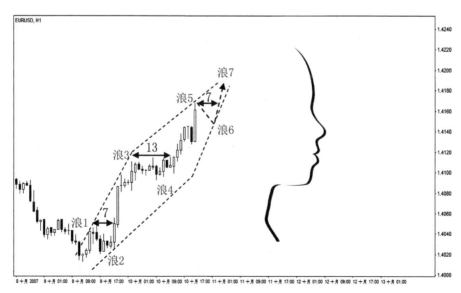

图 8 – 5 – 10　欧元兑美元走势图

【图 8 – 5 – 11】是之后的走势图。

图 8 – 5 – 11   欧元兑美元走势图

【图 8 – 5 – 11】中，上升趋势为三个逐渐放大的区间，形成了扩张 7 浪结构，上升趋势结构完整，未来下跌是大概率事件，【图 8 – 5 – 12】是之后的走势图。

2. 收缩

下面举例说明，【图 8 – 5 – 13】是一段欧元兑美元小时走势图。

由【图 8 – 5 – 13】可以看出，前后区间的 δ 值为 0.77，为不同级别的收缩区间，目前上升趋势结构不完整。

如果未来的第三个区间与第二个区间为同级别或收缩区间，则上升趋势为收缩 7 浪结构，如【图 8 – 5 – 14】所示。

如果未来的第三个区间与第二个区间为扩张区间，则上升趋势为 X7 浪结构，如【图 8 – 5 – 15】所示。

图 8 - 5 - 12　欧元兑美元走势图

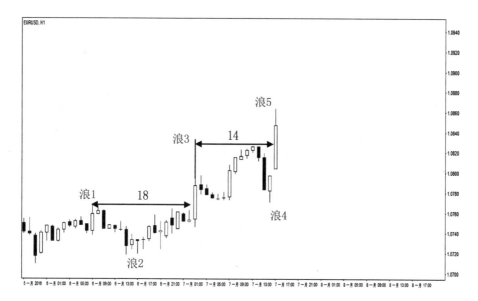

图 8 - 5 - 13　欧元兑美元走势图

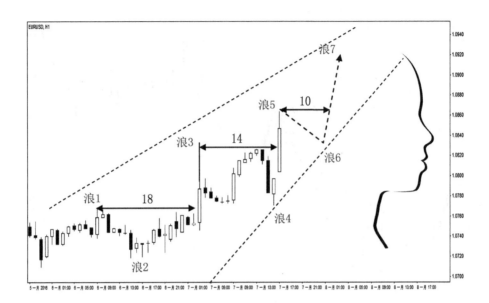

图 8 - 5 - 14　欧元兑美元走势图

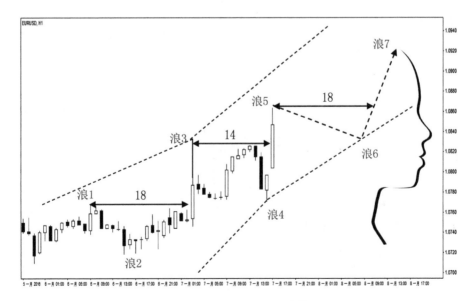

图 8 - 5 - 15　欧元兑美元走势图

【图8-5-16】是之后的走势图。

图8-5-16 欧元兑美元走势图

【图8-5-16】中，上升趋势的三个区间逐渐缩小，形成了收缩7浪结构，上升趋势结构完整，未来下跌是大概率事件，【图8-5-17】

图8-5-17 欧元兑美元走势图

是之后的走势图。

3. 钻石

下面举例说明,【图8-5-18】是一段欧元兑美元小时走势图。

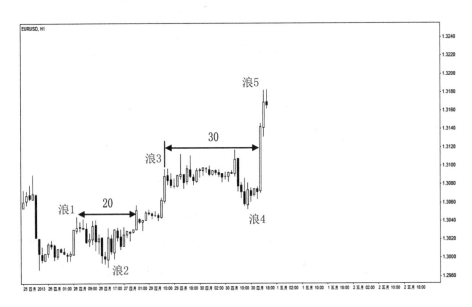

图8-5-18 欧元兑美元走势图

【图8-5-18】中,两个区间的比值δ为1.5,为不同级别的扩张区间,上升趋势结构不完整。

如果未来的第三个区间与第二个区间为同级别或扩张区间,则上升趋势为扩张7浪结构,如【图8-5-19】所示。

如果未来的第三个区间与第二个区间为收缩区间,则上升趋势为钻石7浪结构,如【图8-5-20】所示。

【图8-5-21】是之后的走势图。

由【图8-5-21】可以看出,后两个区间的比值δ为0.6,为收缩区间,前扩张、后收缩,上升趋势为钻石7浪,结构完整,未来下

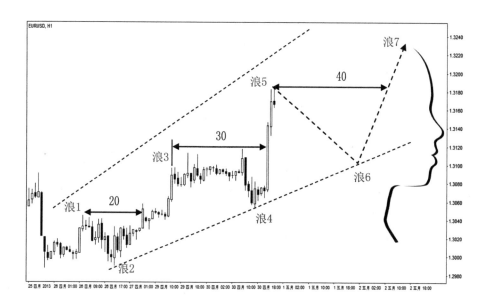

图 8 - 5 - 19　欧元兑美元走势图

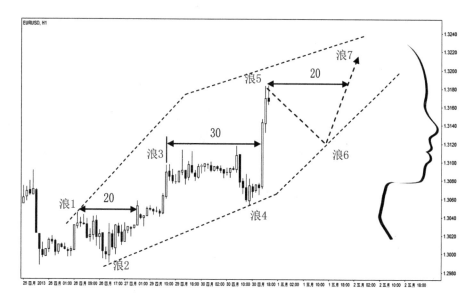

图 8 - 5 - 20　欧元兑美元走势图

图 8 - 5 - 21　欧元兑美元走势图

跌是大概率事件,【图 8 - 5 - 22】是之后的走势图。

图 8 - 5 - 22　欧元兑美元走势图

4. X7

下面举例说明,【图8-5-23】是一段欧元兑美元小时走势图。

图8-5-23 欧元兑美元走势图

【图8-5-23】中,前两个区间为收缩,后两个区间为扩张,我们称之为X7浪结构。上升趋势中有三个区间,结构完整,未来下跌将是大概率事件。【图8-5-24】是之后的走势图。

法则3：不同级别中出现同级别,同级别合并

举例说明,【图8-5-25】是一段欧元兑美元小时走势图。

【图8-5-25】中,前后两个区间为收缩区间,下降趋势结构不完整,未来还会出现一个区间,【图8-5-26】是之后的走势图。

【图8-5-26】中,出现的第三个区间与第二个区间为同级别区

图 8 – 5 – 24 欧元兑美元走势图

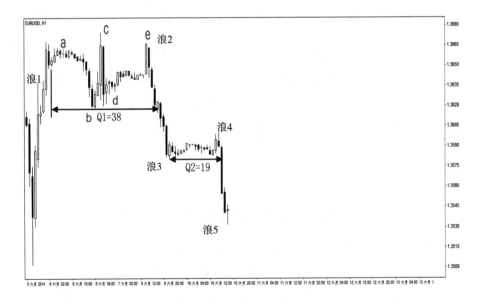

图 8 – 5 – 25 欧元兑美元走势图

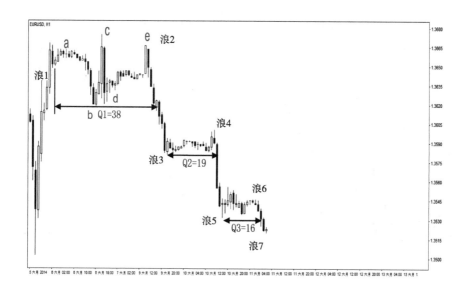

图 8 – 5 – 26　欧元兑美元走势图

间，此时，先考虑目前的下跌为收缩 7 浪结构，意识中绘制出未来可能的走势图，如【图 8 – 5 – 27】所示。

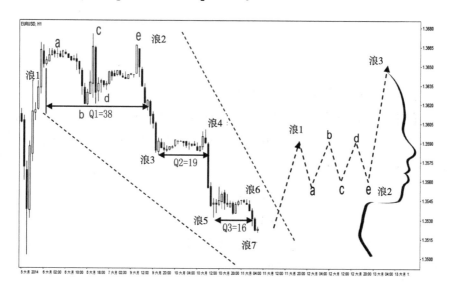

图 8 – 5 – 27　欧元兑美元走势图

如果未来实际走势与之前意识中的走势图背离，未能出现上升趋势浪 1 和浪 2 的特征，而是出现了下降趋势调整浪走势特征，就立刻将 Q2 = 19 和 Q3 = 16 两个区间合并，意识中马上绘制出未来的走势图，如【图 8 - 5 - 28】所示。

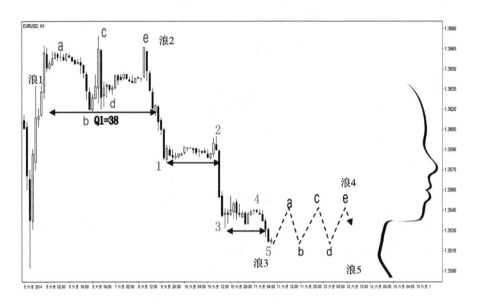

图 8 - 5 - 28　欧元兑美元走势图

【图 8 - 5 - 29】是之后的走势图。

【图 8 - 5 - 29】中，出现了 abcde 调整浪，预示下降趋势还没有结束，我们立刻将 Q2 = 19 和 Q3 = 16 两个区间合并，新的数浪，如【图 8 - 5 - 30】所示。

【图 8 - 5 - 31】是之后的走势图。

由【图 8 - 5 - 31】可以看出，新形成的区间 Q2 = 32 与第一个区间 Q1 = 38 为同级别区间，下降趋势结构完整，未来上升是大概率事件。【图 8 - 5 - 32】是之后的走势图。

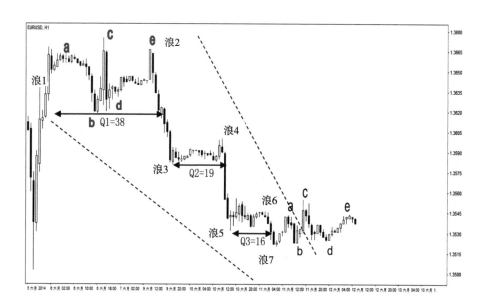

图 8 – 5 – 29　欧元兑美元走势图

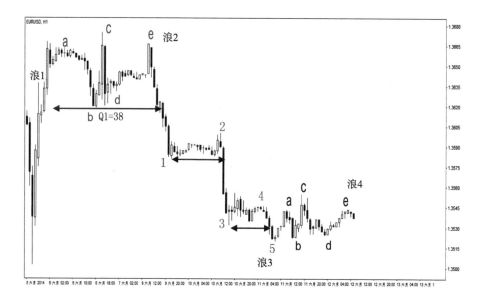

图 8 – 5 – 30　欧元兑美元走势图

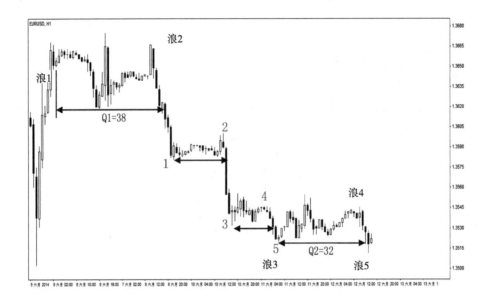

图 8 – 5 – 31　欧元兑美元走势图

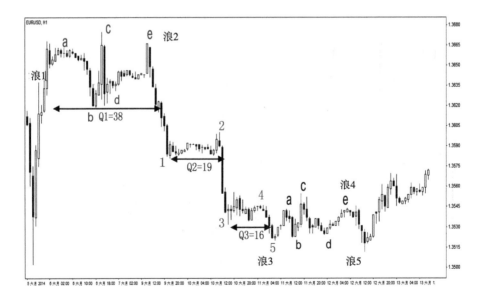

图 8 – 5 – 32　欧元兑美元走势图

法则4：先内后外原则

先内后外原则，是指先满足内区间趋势结构完整，之后再考虑外区间趋势结构完整。下面举例说明，【图8-5-33】是一段欧元兑美元小时走势图。

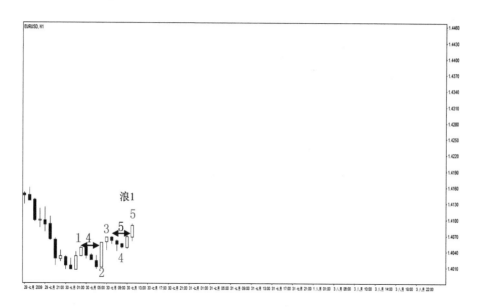

图8-5-33　欧元兑美元走势图

【图8-5-33】中，出现的两个区间为同级别区间，我们可以认为这个级别的上升趋势的结构已经完整。【图8-5-34】是之后的走势图。

【图8-5-34】中出现了一个Q1=19的新区间，确立浪2和浪3。尽管此时存在一个区间跨度为10的内区间，由于浪2的结构不能满足abcde结构，应暂时忽略这个内区间，数浪的结果，如【图8-5-35】所示。

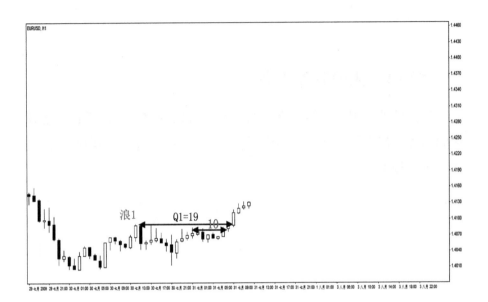

图 8 –5 –34　欧元兑美元走势图

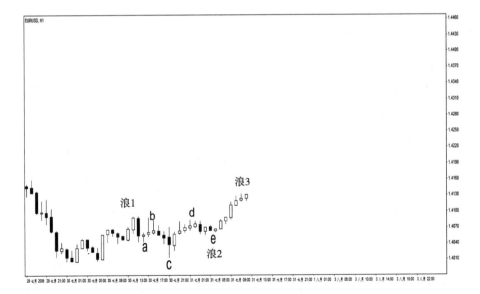

图 8 –5 –35　欧元兑美元走势图

【图 8 – 5 – 35】中，目前保证了所有浪的结构是完整的。【图 8 –
5 – 36】是之后的走势图。

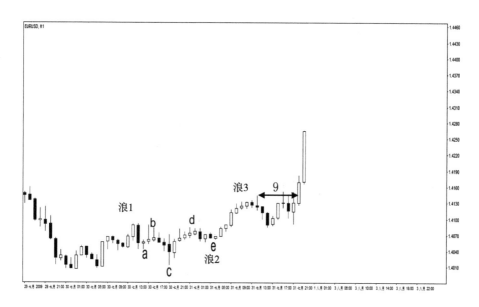

图 8 – 5 – 36　欧元兑美元走势图

【图 8 – 5 – 36】中，出现了一个区间跨度为 9 的新区间，此时需
要决定这个新区间的归属。由于之前的区间内存在内区间，根据数浪
法则 4，我们需要将这个新的区间归属于内区间进行耦合。数浪结果，
如【图 8 – 5 – 37】所示。

【图 8 – 5 – 38】是之后的走势图。

【图 8 – 5 – 38】中，再次出现了一个区间跨度为 7 的区间，此时，
需要将调整浪浪 2 再恢复到 abcde 状态，保证浪 2 和浪 3 结构完整。调
整后的数浪结果，如【图 8 – 5 – 39】所示。

【图 8 – 5 – 39】中，目前保持了所有浪的结构完整性。【图 8 –
5 – 40】是之后的走势图。

【图 8 – 5 – 40】中，再次出现了一个区间跨度为 12 的区间，由于

图 8 – 5 – 37　欧元兑美元走势图

图 8 – 5 – 38　欧元兑美元走势图

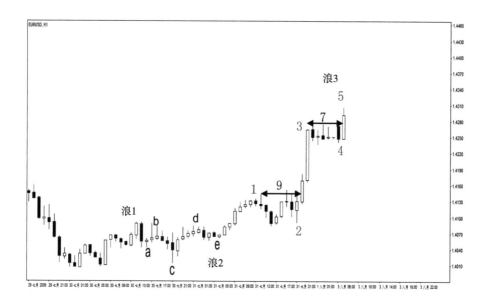

图 8 – 5 – 39　欧元兑美元走势图

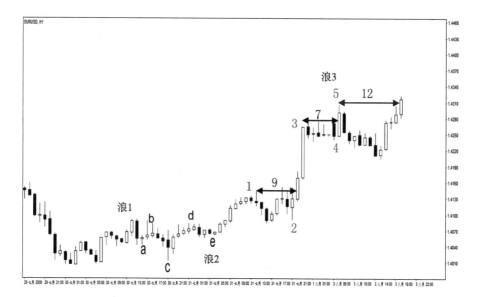

图 8 – 5 – 40　欧元兑美元走势图

这个 12 的区间的低点突破了之前的区间跨度为 7 的区间低点，所以，这两个区间需要合并。

　　由于后两个区间合并后，区间跨度为 9 的区间就成为了单独的区间，需要将浪 2 的内区间再次恢复，与区间跨度为 9 的区间进行耦合。新的数浪结果，如【图 8 – 5 – 41】所示。

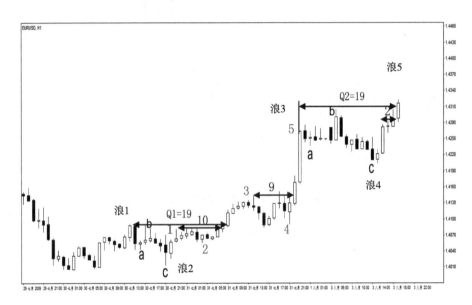

图 8 – 5 – 41　欧元兑美元走势图

　　【图 8 – 5 – 41】中，新的 Q2 = 19 区间与之前的 Q1 = 19 为同级别区间，确立浪 4 和浪 5，并满足浪 2 和浪 4 的结构相似性，目前只剩下了浪 5 中的区间跨度为 2 的区间是独立存在的区间，需要在以后的走势图中寻找与它耦合的区间，【图 8 – 5 – 42】是之后的走势图。

　　【图 8 – 5 – 42】中，所有浪的结构已经完成，可以确认上升趋势浪已经完成，未来将展开下降趋势。【图 8 – 5 – 43】是之后的走势图。

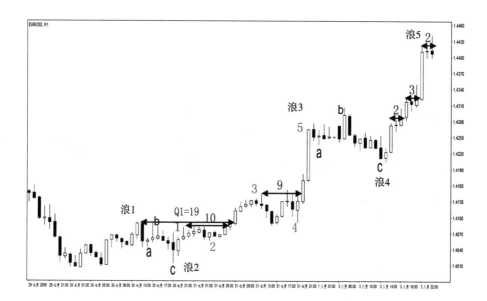

图 8 – 5 – 42　欧元兑美元走势图

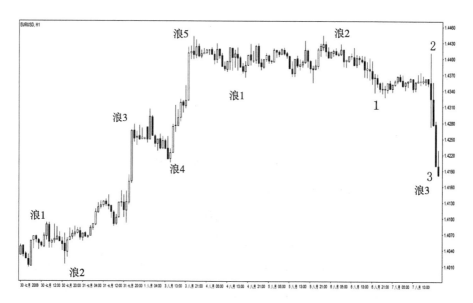

图 8 – 5 – 43　欧元兑美元走势图

法则 5：区间合并法则

如果 Hp > 1.618 × Ha，前后两个区间合并成一个区间。

Hp 为后一主浪的高度，Ha 为前一主浪的高度。下面举例说明，【图 8 - 5 - 44】是一段欧元兑美元小时走势图。

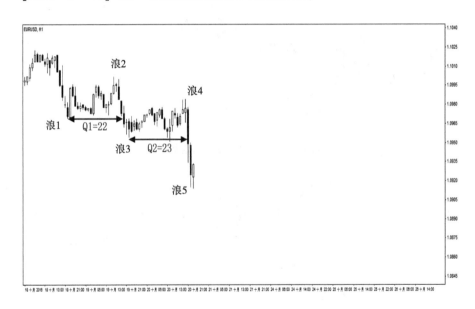

图 8 - 5 - 44　欧元兑美元走势图

【图 8 - 5 - 44】中，前后两个区间为同级别区间，目前的下降趋势为同级别 5 浪结构。H3 = 48，H5 = 70 < 1.618 × H3，保持目前的数浪结构。【图 8 - 5 - 45】是之后的走势图。

【图 8 - 5 - 45】中，H5 = 127 > 1.618 × H3，此时我们需要将之前的两个区间合并成一个区间，新的数浪，如【图 8 - 5 - 46】所示。

【图 8 - 5 - 47】是之后的走势图。

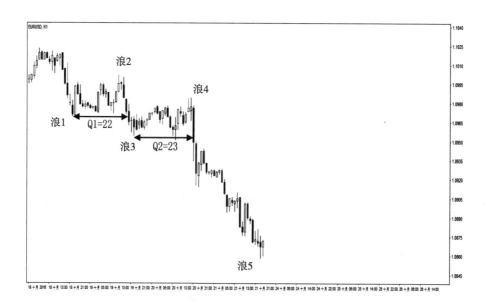

图 8 - 5 - 45　欧元兑美元走势图

图 8 - 5 - 46　欧元兑美元走势图

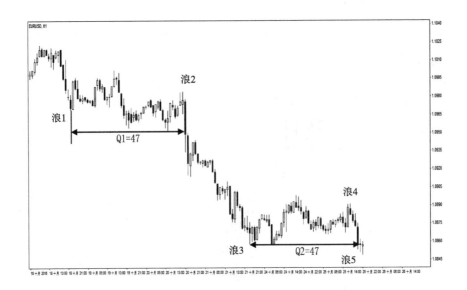

图 8 - 5 - 47　欧元兑美元走势图

【图 8 - 5 - 47】中，前后两个区间为同级别区间，下降趋势结构完整，未来将展开上升趋势。【图 8 - 5 - 48】是之后的走势图。

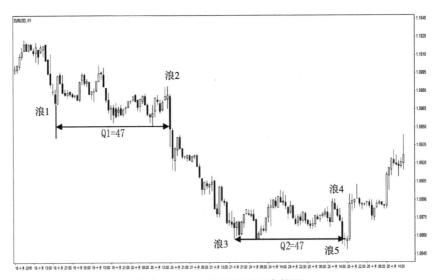

图 8 - 5 - 48　欧元兑美元走势图

法则6：浪2的低点或高点可以超过浪1的低点或高点

趋势交易法数浪过程中，允许浪2的低点或高点超过浪1的低点或高点。举例说明，【图8－5－49】是一段欧元兑美元小时走势图。

图8－5－49　欧元兑美元走势图

【图8－5－49】中，上升趋势如果成立的话，根据前后主浪周期和结构的相似性，推测未来一根或两根K线将是大的标准K线，如【图8－5－50】所示。

【图8－5－51】是之后的走势图。

【图8－5－51】中的实际走势，与意识中的走势图出现了背离，需要重新进行结构分析和数浪，如【图8－5－52】所示。

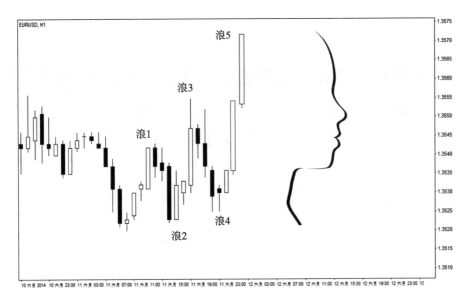

图 8 - 5 - 50　欧元兑美元走势图

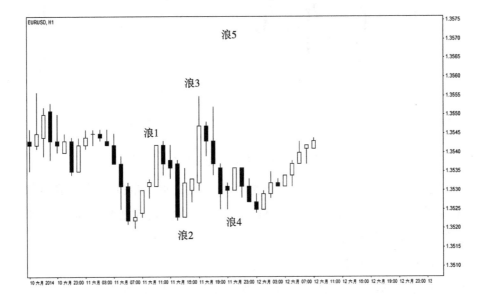

图 8 - 5 - 51　欧元兑美元走势图

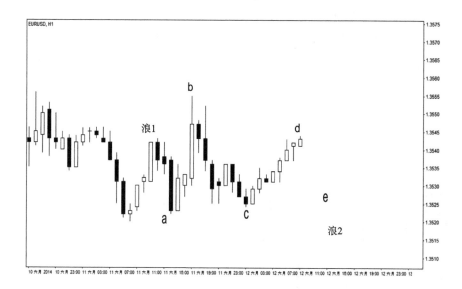

图 8 – 5 – 52　欧元兑美元走势图

【图 8 – 5 – 52】中，Ta = Tb，Tc = Td，那么 Te = 3 或 8，【图 8 – 5 – 53】是之后的走势图。

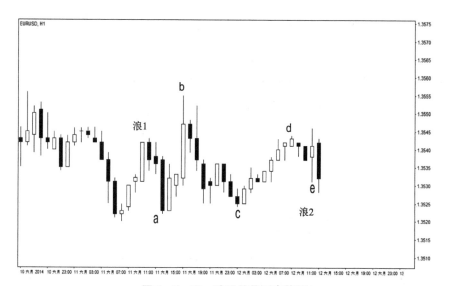

图 8 – 5 – 53　欧元兑美元走势图

【图8-5-53】中，e浪在第三根有启动迹象，但是之后出现的反向标准K线，否定了浪3将很快展开的可能性，暗示e浪的周期为8根K线，【图8-5-54】是之后的走势图。

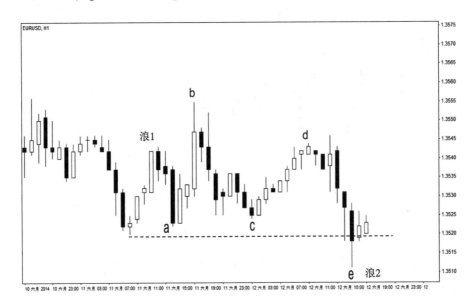

图8-5-54　欧元兑美元走势图

【图8-5-54】中，e浪周期已经达到了8根K线，此时浪2的低点低于浪1的低点，只要结构满足调整浪的结构特性，就可以暂时不必关注浪2的低点是否低于之前浪1的低点。【图8-5-55】是之后的走势图。

法则7：升级法则

升级法则，是将之前的所有浪合并成一个浪。举例说明，【图8-5-56】是一段欧元兑美元小时走势图。

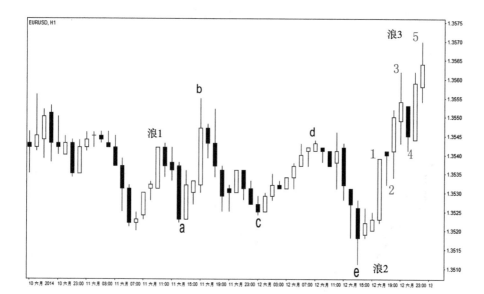

图 8 − 5 − 55 欧元兑美元走势图

图 8 − 5 − 56 欧元兑美元走势图

【图 8 - 5 - 56】中，出现了两个同级别区间，确认了浪 1、浪 2、浪 3、浪 4、浪 5。【图 8 - 5 - 57】是之后的走势图。

图 8 - 5 - 57　欧元兑美元走势图

【图 8 - 5 - 57】中，再次出现了同级别区间，需要将后边的两个区间合并降级，新的数浪，如【图 8 - 5 - 58】所示。

【图 8 - 5 - 58】中，Q1 = 6 成了独立的区间，预示之后还会有新的区间出现，【图 8 - 5 - 59】是之后的走势图。

【图 8 - 5 - 59】中，$\delta = Q2/Q1 = 16/6 = 2.67$，Q2 为升级区间，此时，我们将之前的所有区间合并为一个浪，如【图 8 - 5 - 60】所示。

【图 8 - 5 - 60】中，Q2 = 16 变成了独立区间，预示之后还会有新的区间出现，【图 8 - 5 - 61】是之后的走势图。

图 8 - 5 - 58   欧元兑美元走势图

图 8 - 5 - 59   欧元兑美元走势图

图 8 – 5 – 60　欧元兑美元走势图

图 8 – 5 – 61　欧元兑美元走势图

法则8：降级法则

降级法则，是将新出现的区间降级为子区间数浪。举例说明，【图8-5-62】是一段欧元兑美元小时走势图。

图8-5-62　欧元兑美元走势图

【图8-5-62】中，出现了一个 Q1 = 18 的区间，确立了浪1、浪2和浪3。【图8-5-63】是之后的走势图。

【图8-5-63】中，δ = Q2/Q1 = 4/18 = 0.22，Q2 = 4 为降级区间，需要对浪3进行扩延数浪，首先寻找之前是否存在内区间。新的数浪，如【图8-5-64】所示。

降级区间出现时，如果不进行扩延数浪，可以在意识中忽略它的存在。由于目前 Q1 = 18 为独立存在区间，预示未来还会出现一个新

图 8 – 5 – 63　欧元兑美元走势图

图 8 – 5 – 64　欧元兑美元走势图

的区间，【图 8 - 5 - 65】是之后的走势图。

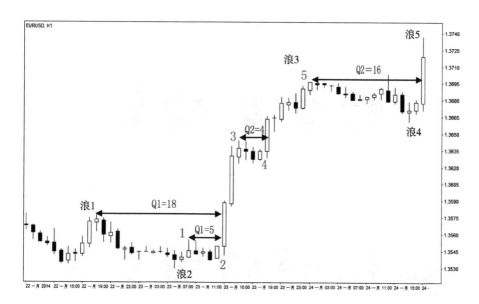

图 8 - 5 - 65　欧元兑美元走势图

【图 8 - 5 - 65】中，出现了 Q2 = 16 的新区间，与 Q1 = 18 为同级别区间，确立上升趋势同级别 5 浪。

第六节　数浪的目的

通过数浪，我们可以确定目前行情处于趋势的初期、中期还是末期，如【图 8 - 6 - 1】所示。

在趋势的不同时期，可以启动不同的转向工具，或采用不同的交易策略。例如，在趋势初期，启动趋势拐点线，转向的条件可以宽松一点，不宜紧随价格走势，好比手中的沙子，要想让手中的沙子保留

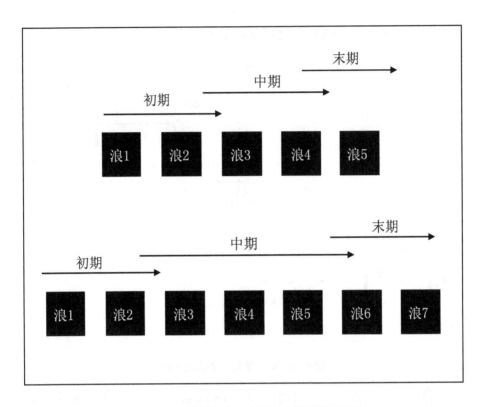

图 8 – 6 – 1　趋势初期、中期、末期分区示意图

得多一点，手就要松一点，不能过紧，握得越紧，手中的沙子就会越少。趋势末期，可以启动导航拐点线，绘制的拐点线就要紧一点，因为这时趋势随时都有可能借助市场消息发生反转。举例说明，【图 8 – 6 – 2】是一段欧元兑美元小时走势图。

【图 8 – 6 – 2】中，根据区间 28 确立出上升趋势的浪 1、浪 2 和浪 3，目前浪 3 完成了一个钻石 7 浪结构，如【图 8 – 6 – 3】所示。

由此可以推测，目前的上升趋势处于趋势中期阶段，此时绘制出趋势拐点线，如【图 8 – 6 – 4】所示。

【图 8 – 6 – 5】是之后的走势图。

【图 8 – 6 – 5】中，价格已经突破了趋势拐点线，由于目前行情处

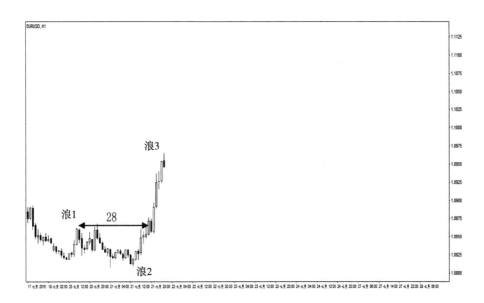

图 8 - 6 - 2 欧元兑美元走势图

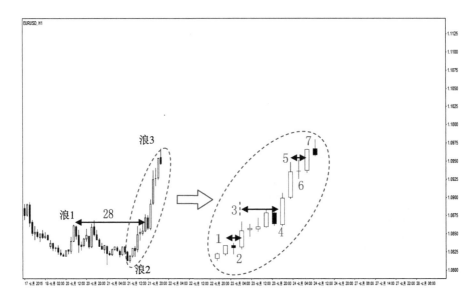

图 8 - 6 - 3 欧元兑美元走势图

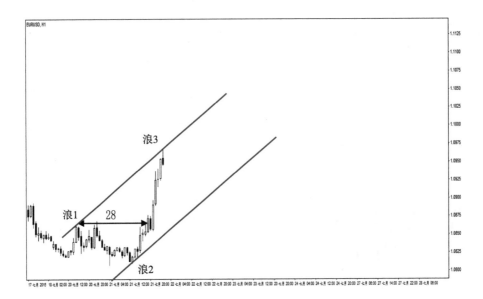

图 8 – 6 – 4　欧元兑美元走势图

图 8 – 6 – 5　欧元兑美元走势图

于趋势的中期阶段，此时应该放松心态，给趋势一个自由的空间，而无须担心价格下跌，因为即便是价格真的转为下降趋势，之前出现了一个扩张调整浪的形态，给了一个参照物，根据前后调整浪结构相似性，市场也会提供一个卖出的机会，如【图8-6-6】所示。

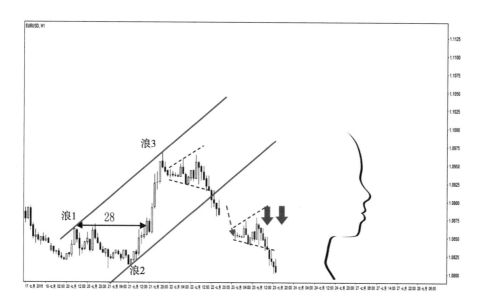

图8-6-6 欧元兑美元走势图

【图8-6-6】中，价格突破拐点线时，由于行情处于趋势中期，需要更多地将注意力集中在浪3的62%回调位置，而不是拐点线本身，【图8-6-7】是之后的走势图。

由【图8-6-7】可以看出，价格果然在62%位置出现了反转的标准K线，此时需要根据之前形成的扩张调整浪的根数（11根），观察标准K线之后11根的走势，如果出现相似的扩张调整浪结构，我们就需要转变多头思维为空头思维，选择e点执行卖出订单。【图8-6-8】是之后的走势图。

由【图8-6-8】可以看出，自62%回调位置开始的11根K线，

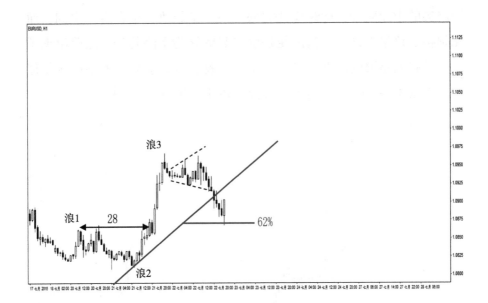

图 8－6－7　欧元兑美元走势图

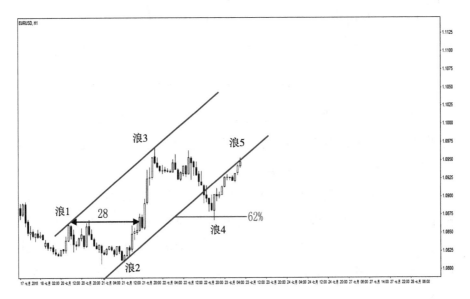

图 8－6－8　欧元兑美元走势图

走出了一个上升小5浪结构，需要防范失败5浪，【图8-6-9】是之后的走势图。

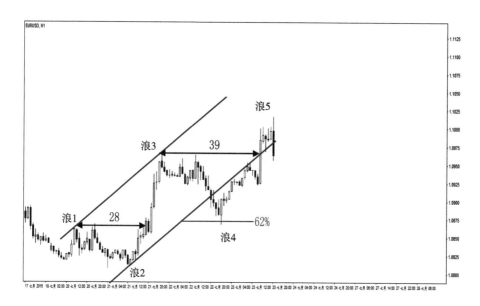

图8-6-9 欧元兑美元走势图

由【图8-6-9】可以看出，价格已经突破前期高点（浪3高点），并形成了39的区间，确认目前的上升趋势有可能是扩张7浪或钻石7浪结构，那么现在的行情仍然处于趋势中期阶段，需要用趋势线替代拐点线，如【图8-6-10】所示。

【图8-6-11】是之后的走势图。

由【图8-6-11】可以看出，价格已经突破上升趋势线，由于目前行情仍然处于趋势中期阶段，所以还不需要马上转向，而是将重心转移到浪5的62%回调位置，【图8-6-12】是之后的走势图。

【图8-6-12】中出现了第三个41的区间，上升趋势完成了扩张7浪结构，预示行情进入趋势末期，需要进入"收网"阶段，此时需要启动导航拐点线，如【图8-6-13】所示。

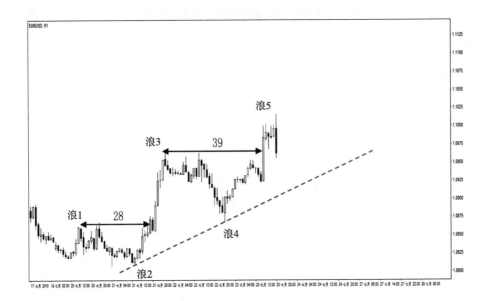

图 8 - 6 - 10　欧元兑美元走势图

图 8 - 6 - 11　欧元兑美元走势图

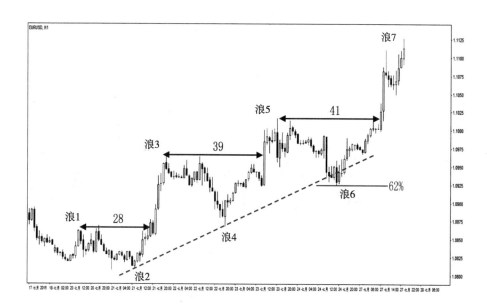

图 8 − 6 − 12　欧元兑美元走势图

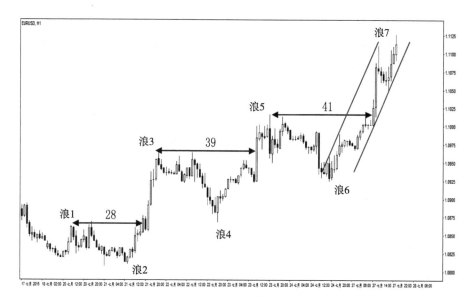

图 8 − 6 − 13　欧元兑美元走势图

【图 8 – 6 – 14】是之后的走势图。

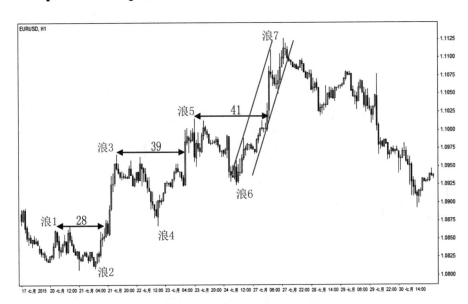

图 8 – 6 – 14 欧元兑美元走势图

在数浪过程中，同一趋势可以有不同的数浪方法，只要没有违背趋势交易法的数浪法则，数浪的结果都是正确的。

第七节 总 结

通过第八章的学习，投资者需要掌握：

1. 趋势的定义。

2. 趋势的结构。

3. 主浪的定义、主浪的特性和主浪的类型。

4. PSTD 主浪定位。

5. 调整浪的类型和特性。

6. Tp/Ta 的定义和应用。

7. 熟练掌握数浪法则，正确数浪。

波浪理论是趋势交易法的核心，所有的应用工具都是围绕着波浪理论设计的，系统掌握波浪理论，是学好趋势交易法的首要条件。

第九章
趋势交易法模型

趋势交易法交易模型分为：顺势连续交易模型、顺势波段交易模型、特殊时段交易模型和单根 K 线交易模型等，投资者需要根据自己的性格，选择适合自己的交易模型。

下面通过实例，讲述两种常用的交易模型：顺势波段交易模型和顺势连续交易模型。

第一节　顺势波段交易模型

顺势波段交易，上升趋势和下降趋势的入场和出场位置，如【图9-1-1】和【图9-1-2】所示。↑表示入场，↓表示出场。

下面举例说明顺势波段交易模型。【图9-1-3】是一段欧元兑美元小时走势图。

图【9-1-3】中，浪2完成了 abcde 结构，并出现了启明星 K 线反转，此时执行买入订单，被动止损摆放如【图9-1-4】所示。

此时，需要计算理论出场位置，我们通过浪1的高度计算出浪3可能

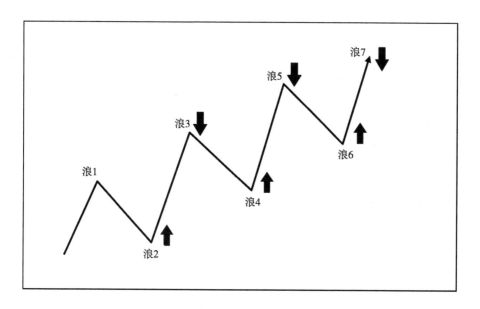

图9-1-1　顺势波段交易入场和出场位置示意图

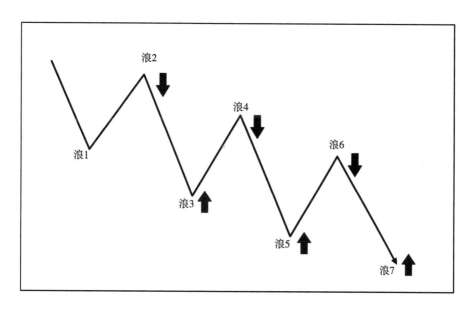

图9-1-2　顺势波段交易入场和出场位置示意图

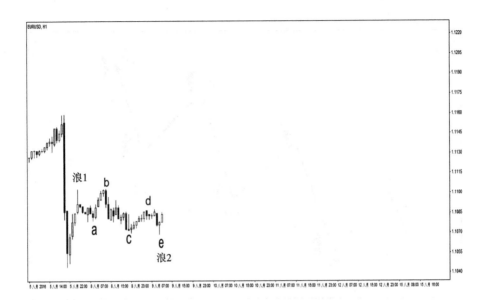

图9－1－3 欧元兑美元走势图

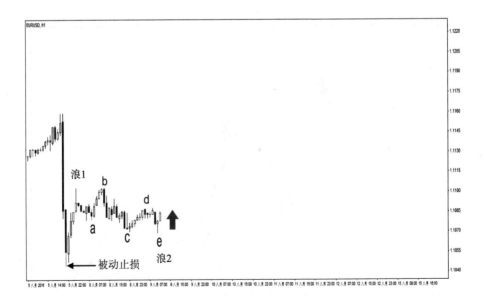

图9－1－4 欧元兑美元走势图

的目标位置：1.208、1.618 和 2.000 三个位置，如【图 9-1-5】所示。

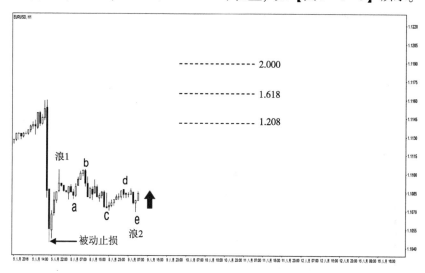

图 9-1-5　欧元兑美元走势图

价格到达其中三个位置中的任何一个，并且结构完整时，就可以平仓获利了结。【图 9-1-6】是之后的走势图。

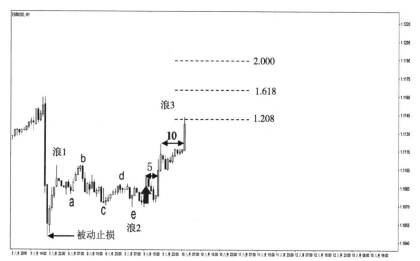

图 9-1-6　欧元兑美元走势图

【图9－1－6】中，浪3的价格已经到达第一目标位置，由于前后两个区间为扩张区间，因此，浪3的结构不完整，可以等待第二目标或第三目标平仓获利了结。【图9－1－7】是之后的走势图。

图9－1－7　欧元兑美元走势图

由【图9－1－7】可以看出，浪3已经完成了三个子浪区间，价格接近第三个目标位置，此时平仓获利了结，绘制拐点线，等待浪4完成后，执行第二次买入计划。【图9－1－8】是之后的走势图。

由【图9－1－8】可以看出，价格回到拐点线附近。由于目前浪4的调整浪结构与浪2的结构不相似，可以尝试性地执行买入订单，【图9－1－9】是之后的走势图。

【图9－1－9】中出现的上升走势，担心为调整浪d，所以出现反向K线，需要及时获利了结。当然，也可以继续持有头寸，观察调整浪e的走势。这次选择第二种方案。【图9－1－10】是之后的走势图。

【图9－1－10】中，价格在主动止损位置的K线都是小K线，无须立

图9-1-8 欧元兑美元走势图

图9-1-9 欧元兑美元走势图

图9-1-10 欧元兑美元走势图

刻止损持有的多头头寸。根据浪1的高度计算出浪5可能的目标位置：
1.208、1.618和2.000三个位置，【图9-1-11】是之后的走势图。

图9-1-11 欧元兑美元走势图

【图9-1-11】中，浪5接近到达第二目标位置，上升趋势浪的结构已经完整（两个同级别区间），可以立刻平仓之前的多头头寸。目前的上升趋势为同级别5浪结构，此时开始考虑在下降趋势的浪2执行卖出的交易计划。【图9-1-12】是之后的走势图。

图9-1-12　欧元兑美元走势图

第二节　顺势连续交易模型

顺势连续交易模型与顺势波段交易模型的方向确定和入场位置以及出场位置是相同的，不同的是在上升或下降趋势结束之前，会一直持有部分多头或空头头寸。

下面通过实例来讲述顺势连续交易模型。【图9-2-1】是一段欧元兑美元小时走势图。

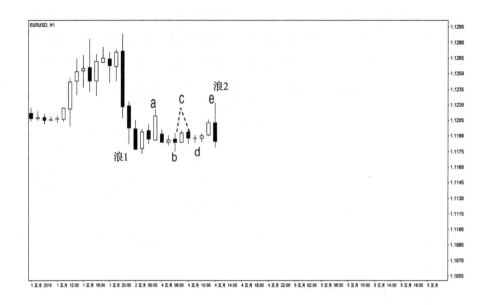

图9-2-1　欧元兑美元走势图

由【图9-2-1】可以看出，调整浪浪2结构已经完整，并出现了单根K线反转，此刻立刻执行卖出订单，由于是顺势连续交易模型，需要执行复合头寸，可以决定执行两手卖单，被动止损在浪1的最高点上方，主动止损（减仓）在浪2的最高点。根据浪1的高度，计算出浪3的三个理论目标位置，如【图9-2-2】所示。

【图9-2-3】是之后的走势图。

【图9-2-3】中，最后一根K线为标准K线，此时可以将主动止损调整至最后一根标准K线的上方，【图9-2-4】是之后的走势图。

【图9-2-4】中可以看出，之后的3根K线不是标准K线，价格也没有达到第一个理论目标点，此时不调整主动止损的位置，此时可以绘制拐点线，【图9-2-5】是之后的走势图。

由【图9-2-5】可以看出，价格到达主动止损位置，但是并没

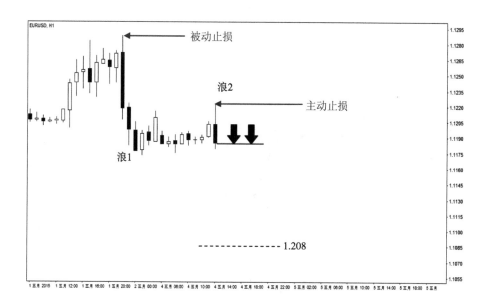

图9-2-2 欧元兑美元走势图

图9-2-3 欧元兑美元走势图

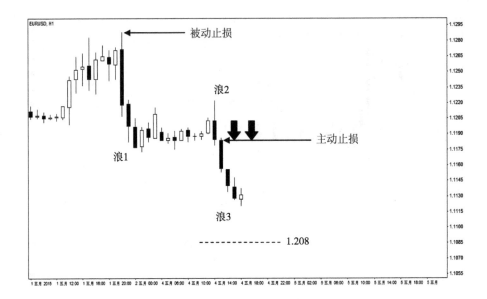

图 9 - 2 - 4　欧元兑美元走势图

图 9 - 2 - 5　欧元兑美元走势图

有收市于主动止损线之上，无须减仓，继续观察行情的走势。【图9－2－6】是之后的走势图。

图9－2－6 欧元兑美元走势图

由【图9－2－6】可以看出，调整浪浪4已经完成，可以将主动止损位置调整至标准K线的上方，如【图9－2－7】所示。

此时，可以通过浪1的高度，计算出浪5可能到达的三个位置，【图9－2－8】是之后的走势图。

由【图9－2－8】可以看出，目前运行在浪5中，最后一根为标准K线，应将主动止损位置调整至最后一根标准K线的上方，如【图9－2－9】所示。

【图9－2－10】是之后的走势图。

由【图9－2－10】可以看出，下跌5浪结构已经完整，并且子浪5浪结构也已完成，在1.208第一目标位置出现锤子线K线反转，立刻减仓1/2空头头寸，继续持有剩余的1/2空头头寸，直到反向浪1

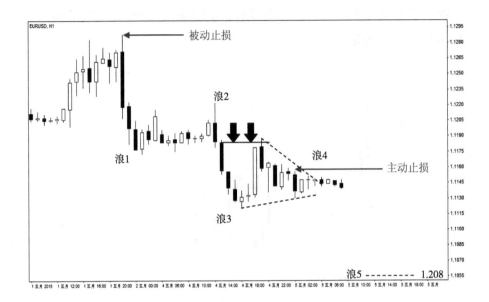

图9－2－7　欧元兑美元走势图

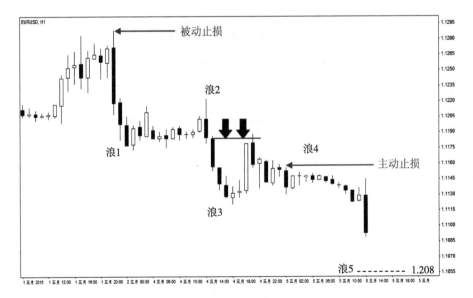

图9－2－8　欧元兑美元走势图

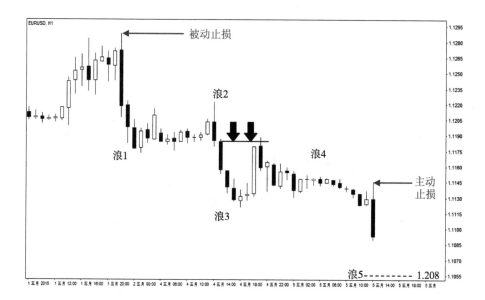

图 9 – 2 – 9　欧元兑美元走势图

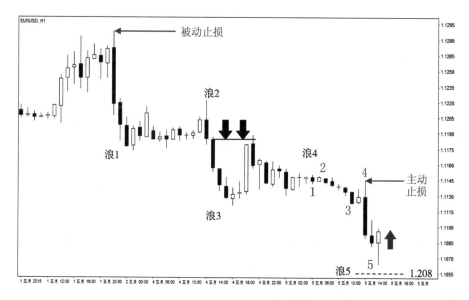

图 9 – 2 – 10　欧元兑美元走势图

的出现，【图9-2-11】是之后的走势图。

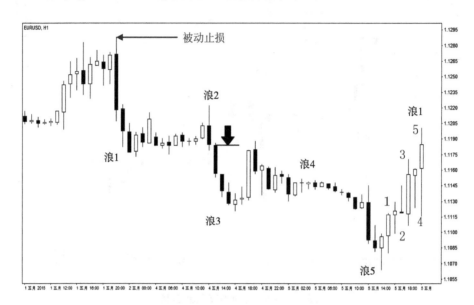

图9-2-11 欧元兑美元走势图

由【图9-2-11】可以看出，同级别下跌5浪之后，出现了一个小级别上升5浪结构，预示上升趋势的浪1已经确立，此时应准备在浪2结束位置平仓之前的所有空头头寸，并执行买入计划。【图9-2-12】是之后的走势图。

由【图9-2-12】可以看出，浪2的周期已经达到浪1的周期9根K线，由于浪1突破了之前下降趋势的趋势分界点A，可以在浪2:浪1 =1:1位置平仓之前剩余的1/2空头头寸，并执行复合头寸的买入订单，止损的摆放如【图9-2-13】所示。

此时，投资者需要根据浪1的高度，计算浪3可能到达的三个目标位置，如【图9-2-14】所示。

【图9-2-15】是之后的走势图。

【图9-2-15】中，浪3出现了两个同级别子区间，结构已经完

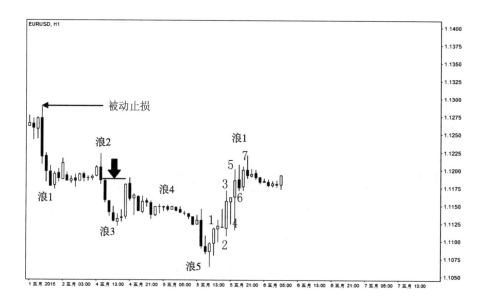

图 9 – 2 – 12　欧元兑美元走势图

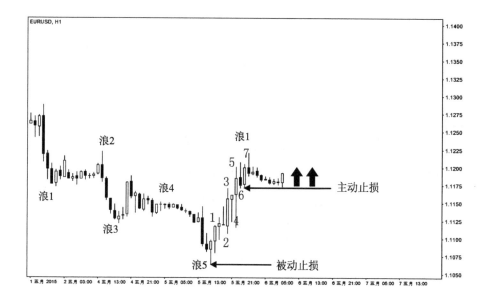

图 9 – 2 – 13　欧元兑美元走势图

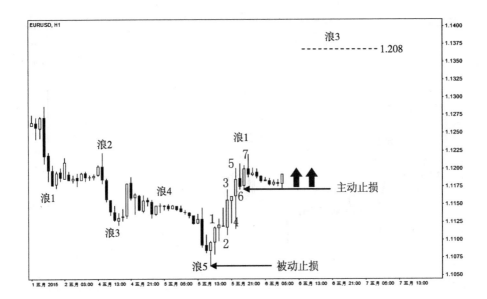

图 9 – 2 – 14　欧元兑美元走势图

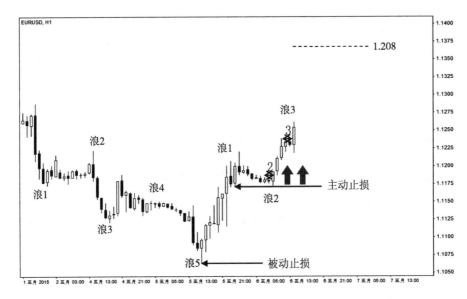

图 9 – 2 – 15　欧元兑美元走势图

成，但是距离浪3的第一目标位置1.208还有很大的一段距离，此时在意识中立刻绘制出未来可能的走势图，如【图9-2-16】和【图9-2-17】所示。

图 9 - 2 - 16　欧元兑美元走势图

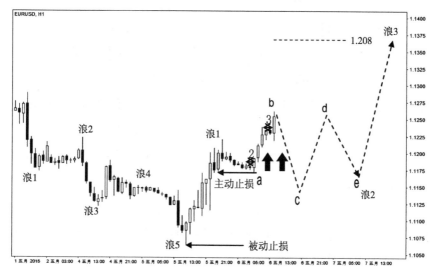

图 9 - 2 - 17　欧元兑美元走势图

由于出现了上升小5浪结构，偏向于【图9－2－16】中的走势图，【图9－2－18】是之后的实际走势图。

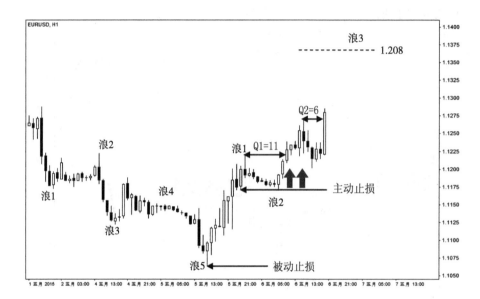

图9－2－18　欧元兑美元走势图

【图9－2－18】中，出现了一个Q2＝6的新区间，与之前的Q1＝11为耦合性的收缩区间，新的数浪如【图9－2－19】所示。

此时将主动止损的位置调整至浪4的低点，根据浪1的高度，计算浪5可能结束的三个目标位置。【图9－2－20】是之后的走势图。

【图9－2－20】中，再次出现了一个Q3＝4的新的区间，与之前的区间具有耦合性，确认浪6和浪7，此时将主动止损位置调整至浪6的低点，如【图9－2－21】所示。

由于上升趋势浪的结构已经完整，可以直接减仓1/2多头头寸，也可以采取突破分界点A减仓策略。此时采取第二种减仓策略。【图9－2－22】是之后的走势图。

【图9－2－22】中出现了一个区间跨度为11的新的区间，可以与

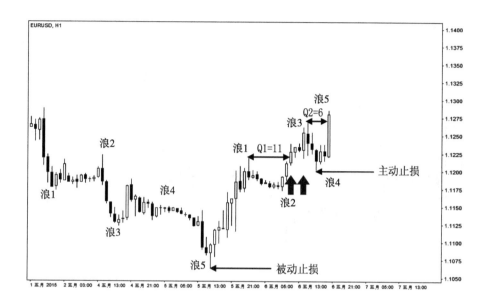

图 9 – 2 – 19　欧元兑美元走势图

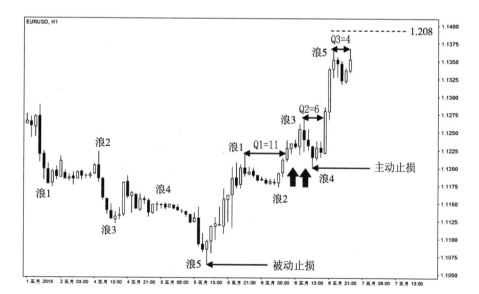

图 9 – 2 – 20　欧元兑美元走势图

图 9 – 2 – 21　欧元兑美元走势图

图 9 – 2 – 22　欧元兑美元走势图

Q1 = 11 耦合成同级别区间，Q2 与 Q3 也是同级别区间，出现这样的情况，需要重新数浪，如【图 9 – 2 – 23】所示。

图 9 – 2 – 23　欧元兑美元走势图

【图 9 – 2 – 23】中，可以将主动止损位置调整至新的浪 4 的低点，由于调整的距离有限，也可以保持主动止损位置不动。【图 9 – 2 – 24】是之后的走势图。

【图 9 – 2 – 24】中，价格已经突破并收市于主动止损位置之下，立刻减仓 1/2 多头头寸，保留 1/2 多头头寸，直到下降趋势浪 2 完成。【图 9 – 2 – 25】是之后的走势图。

由【图 9 – 2 – 25】可以看出，目前已经形成了一个标准的收缩三角形，因此可以确认自最高点开始的下跌为主跌浪浪 1，可以平仓之前的所有多头头寸，转向执行卖出订单，通过浪 1 的高度，计算出浪 3 可能到达的三个目标位置，如【图 9 – 2 – 26】所示。

【图 9 – 2 – 27】是之后的走势图。

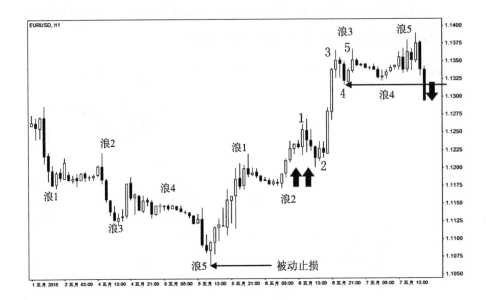

图 9 - 2 - 24　欧元兑美元走势图

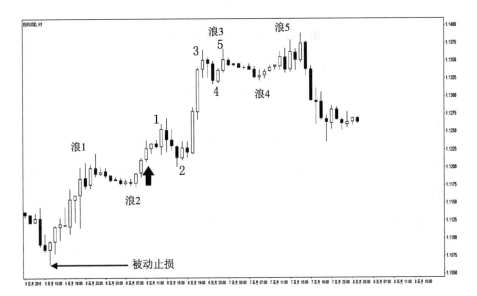

图 9 - 2 - 25　欧元兑美元走势图

图 9 – 2 – 26　欧元兑美元走势图

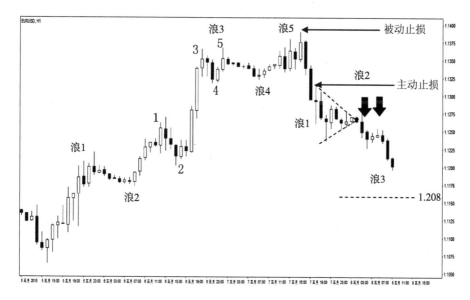

图 9 – 2 – 27　欧元兑美元走势图

由【图9－2－27】可以看出，新的子浪区间已经形成，此时将主动止损位置调整至导航A点的上方，如【图9－2－28】所示。

图9－2－28　欧元兑美元走势图

【图9－2－29】是之后的走势图。

图9－2－29　欧元兑美元走势图

【图 9 - 2 - 29】中再次形成新的子浪区间，此时调整主动止损位置至新的导航 A 点的上方，如【图 9 - 2 - 30】所示。

图 9 - 2 - 30　欧元兑美元走势图

【图 9 - 2 - 31】是之后的走势图。

图 9 - 2 - 31　欧元兑美元走势图

【图9-2-31】中，价格已经突破并收市于主动止损位置之上，应立刻平仓1/2空头头寸，继续持有剩余1/2空头头寸，观察之后的走势。此时可以绘制拐点线，寻找补仓机会，由于目前的下跌趋势中的区间跨度与之前上升趋势的区间跨度不是同级别区间，需要借助之前上升趋势区间的低点绘制拐点线，如【图9-2-32】所示。

图9-2-32 欧元兑美元走势图

【图9-2-33】是之后的走势图。

【图9-2-33】中，浪4已经完成了abcde结构，并出现了急停加速K线走势，立刻补回之前平仓的空头头寸，根据浪1的高度，计算出浪5可能到达的目标位置，如【图9-2-34】所示。

【图9-2-35】是之后的走势图。

【图9-2-35】中，最后一根K线为标准K线，立刻将主动止损位置调整至最后一根K线的最高点的上方。【图9-2-36】是之后的走势图。

图 9 - 2 - 33 欧元兑美元走势图

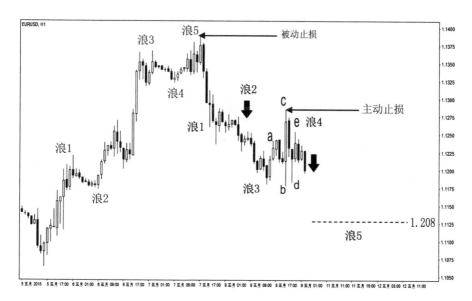

图 9 - 2 - 34 欧元兑美元走势图

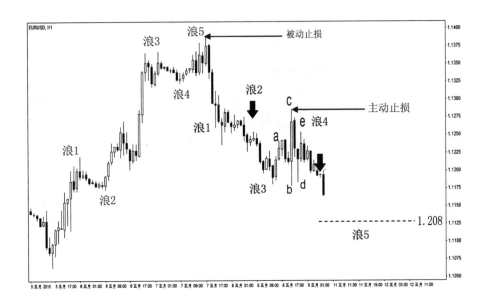

图 9 - 2 - 35　欧元兑美元走势图

图 9 - 2 - 36　欧元兑美元走势图

由【图9－2－36】可以看出，下降趋势为同级别5浪结构，浪5的结构也已完整，并到达1.208理论第一目标位置，此时可以平仓追加的空头头寸，继续持有剩余空头头寸，等待上升趋势浪2的出现。【图9－2－37】是之后的走势图。

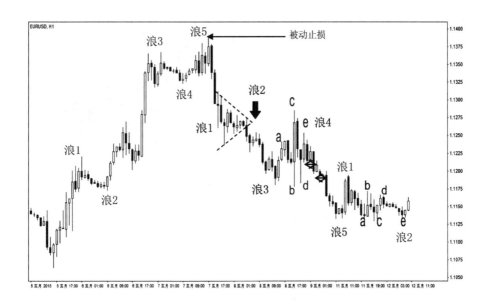

图9－2－37 欧元兑美元走势图

【图9－2－37】中，出现了上升趋势浪1和浪2的特征，立刻平仓所有的空头头寸，并建立新的多头头寸，根据浪1的高度，计算出浪3可能到达的三个目标位置，如【图9－2－38】所示。

【图9－2－38】中的主动止损位置与被动止损为同一位置。【图9－2－39】是之后的走势图。

【图9－2－39】中，最后一根K线为标准K线，可以将主动止损位置调整至标准K线的低点，【图9－2－40】是之后的走势图。

【图9－2－40】中，价格到达2.000目标位置，并出现K线反转，立刻减仓1/2多头头寸，持仓1/2多头头寸观察之后的走势。浪3已

图 9 – 2 – 38　欧元兑美元走势图

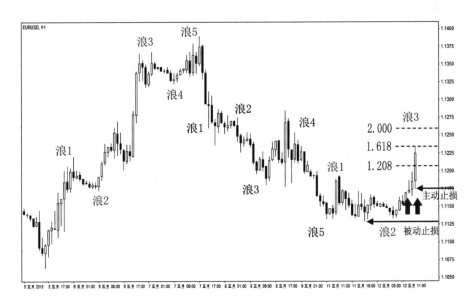

图 9 – 2 – 39　欧元兑美元走势图

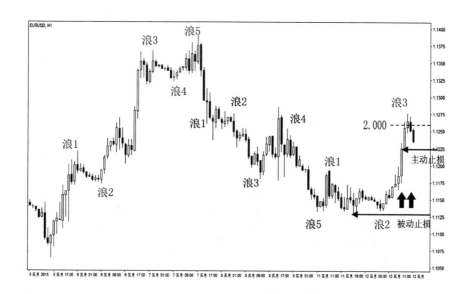

图 9 - 2 - 40 欧元兑美元走势图

经超过 1.208 第一目标位置，可以绘制拐点线，寻找补仓机会，如
【图 9 - 2 - 41】所示。

图 9 - 2 - 41 欧元兑美元走势图

【图9-2-42】是之后的走势图。

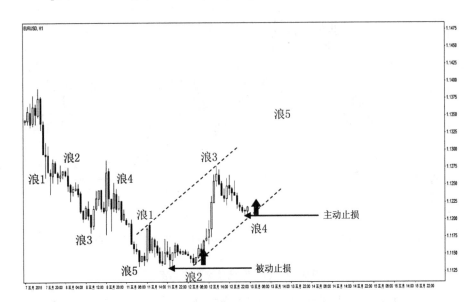

图9-2-42 欧元兑美元走势图

【图9-2-42】中，价格到达拐点线附近，立刻补回原来平仓的多头头寸，主动止损位置放在启明星K线反转的下方。通过浪1的高度，计算出浪5可能到达的三个目标位置，如【图9-2-43】所示。

【图9-2-44】是之后的走势图。

由【图9-2-44】可以看出，价格快速穿越了三个目标位置，立刻启动下一组目标位置（2.382、2.618和3.000），如【图9-2-45】所示。

由于浪5较为强势，暂时不调整主动止损位置。由于价格突破了拐点线，又创出新高，需要启动趋势线。【图9-2-46】是之后的走势图。

由【图9-2-46】可以看出，价格到达第二组目标位3.000位

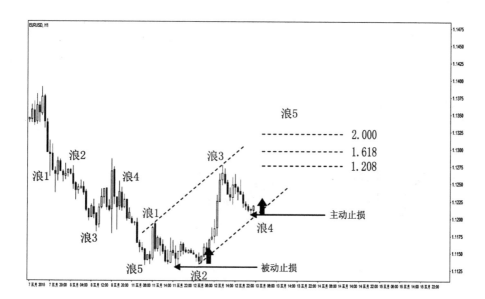

图 9 – 2 – 43 欧元兑美元走势图

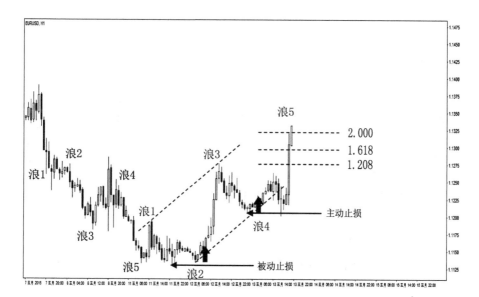

图 9 – 2 – 44 欧元兑美元走势图

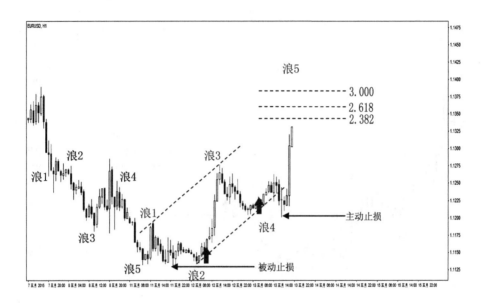

图9-2-45 欧元兑美元走势图

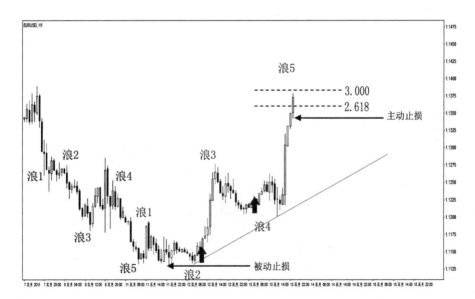

图9-2-46 欧元兑美元走势图

置，最后一根为标准 K 线，此时调整主动止损位置至标准 K 线的低点，【图 9 - 2 - 47】是之后的走势图。

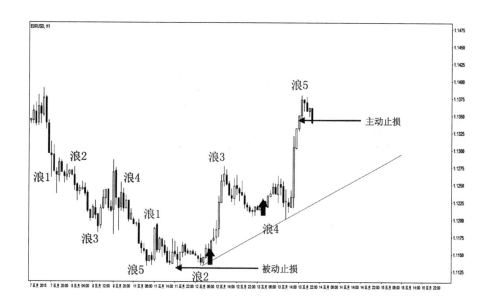

图 9 - 2 - 47　欧元兑美元走势图

【图 9 - 2 - 47】中，价格已经突破并收市于主动止损位置之下，立刻减仓追加的多头头寸，目前的上升趋势为同级别 5 浪结构，应等待下降趋势浪 1 和浪 2 的出现。【图 9 - 2 - 48】是之后的走势图。

【图 9 - 2 - 48】中，自最高点的下跌为 3 浪结构，所以，目前还没有出现下跌浪 1 的特征，目前还是上升趋势运行中，可以继续补回平仓的多头头寸，主动止损位置放在启明星的下方，如【图 9 - 2 - 49】所示。

【图 9 - 2 - 50】是之后的走势图。

【图 9 - 2 - 50】中，形成了一个区间跨度为 15 的新区间，按照先内后外原则，浪 5 变成扩延浪，由于前后两个区间为扩张区间，暗示

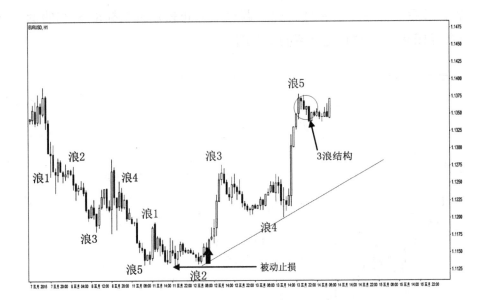

图9-2-48　欧元兑美元走势图

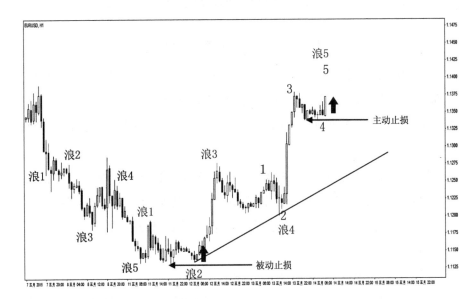

图9-2-49　欧元兑美元走势图

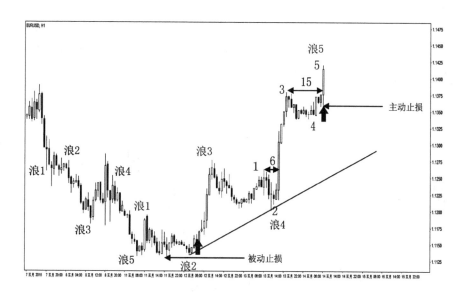

图9-2-50　欧元兑美元走势图

浪5还有一个子区间没有出现。将主动止损位置调整至标准K线低点。【图9-2-51】是之后的走势图。

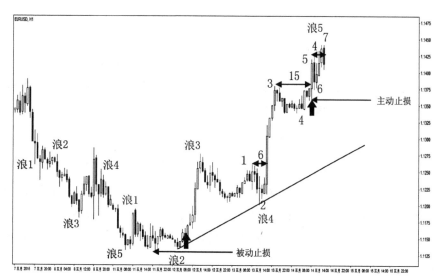

图9-2-51　欧元兑美元走势图

目前上升趋势的所有结构已经完整，出现阴抱阳 K 线反转，立刻平仓追加的多头头寸，持有 1/2 剩余多头头寸，等待下降趋势浪 1 和浪 2 的出现。【图 9 – 2 – 52】是之后的走势图。

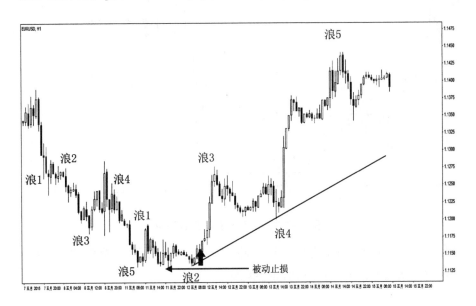

图 9 – 2 – 52　欧元兑美元走势图

【图 9 – 2 – 52】中出现了下降趋势浪 1 和浪 2 的特征，立刻平仓所有的多头头寸，并建立空头头寸，根据浪 1 的高度，计算浪 3 可能到达的三个目标位置，如【图 9 – 2 – 53】所示。

【图 9 – 2 – 54】是之后的走势图。

【图 9 – 2 – 54】中，价格到达了趋势线附近，浪 1 的高度等于浪 3 的高度，这是浪 1、浪 2 和浪 3 转换成未来 abc 调整浪的重要信号，需要及时减仓 1/2 空头头寸。【图 9 – 2 – 55】是之后的走势图。

由【图 9 – 2 – 55】可以看出，价格快速上升，出现了一根大的阳线，如果价格再次上升形成新的区间，将暂时考虑为扩张 7 浪，所以，将被动止损调整为主动止损，等待价格出现上升趋势的调整浪 abcde

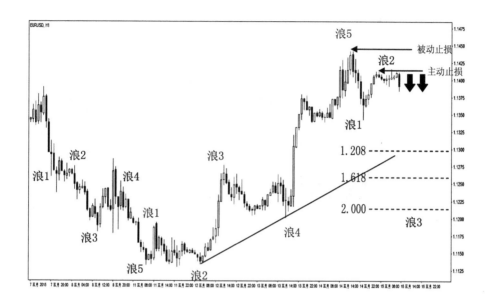

图 9-2-53 欧元兑美元走势图

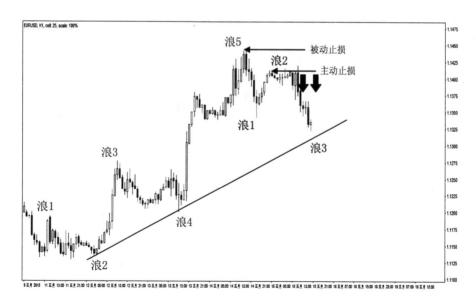

图 9-2-54 欧元兑美元走势图

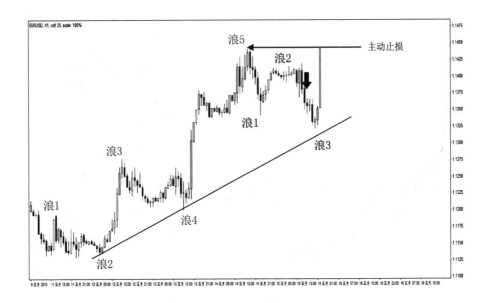

图 9 - 2 - 55　欧元兑美元走势图

后，再决定止损转向，如【图 9 - 2 - 56】所示。

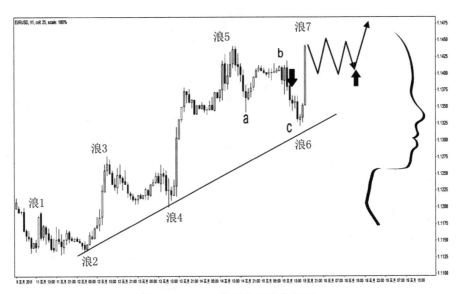

图 9 - 2 - 56　欧元兑美元走势图

【图9－2－57】是之后的走势图。

图9－2－57　欧元兑美元走势图

【图9－2－57】中，出现了abcde结构，出现向上的阳线，形成启明星后，就可以止损转向。【图9－2－58】是之后的走势图。

图9－2－58　欧元兑美元走势图

【图9-2-58】中出现了向下加速的阴线标准K线，此时可以否定行情向上的可能，确定之前的上升趋势为扩张7浪结构，等待下降趋势的调整浪，补回平仓的空头头寸。【图9-2-59】是之后的走势图。

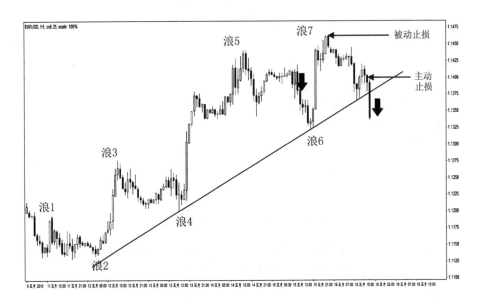

图9-2-59　欧元兑美元走势图

【图9-2-59】中，标准K线突破上升趋势线，立刻补回之前平仓的空头头寸，主动止损位置放在标准K线的高点。【图9-2-60】是之后的走势图。

在以上模型讲解中，重点讲述了买卖位置和持仓方法，没有启动趋势交易法所有的分析工具，在实际交易过程中，对于结构的分析和位置的把控，需要结合之前讲述的更为详细的内容。

特殊时段交易模型，是指选择一天中交易量较大的几个时段，属于日内交易。由于持仓时间较短，盈利空间有限，所以，止损的设定不宜过大，投资者通过增加持仓量，可以获得与顺势连续或顺势波段

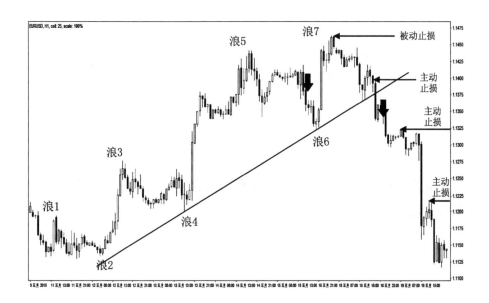

图9-2-60 欧元兑美元走势图

交易模型相同的交易绩效。

单根K线交易模型，需要较高的交易技能，需要在系统掌握趋势交易法所有理论基础知识之后、单根K线未来走势判断的准确率达到90%以上时，才可以实施单根K线交易模型。

普通投资者，无须掌握特殊时段交易模型和单根K线交易模型。

第十章
资金管理

资金管理是交易系统中比较重要的内容，它是保证交易系统能够正常运转的重要因素。

首先，资金管理可以限制投资者每次交易的亏损额度，确保在出现连续亏损之后，仍有能力留在市场内继续交易，能够活着，这在交易中尤为重要。

其次，资金管理可以避免投资者因为出现连续的亏损交易而放纵自己，造成单笔交易的亏损额过大甚至爆仓。

最后，在交易技术达到一定阶段后，就可以游刃有余地在趋势中期加大资金的投入；而在趋势初期或即将结束时，或趋势不明朗时，减少资金的投入。

无论采取何种交易方法，如果没有科学的资金管理，要想在市场中实现长期稳定盈利，那几乎是不可能的事情。

资金管理的主要内容包括：账户总的风险金比率、每次交易允许的最大亏损额度和止损的设定等。

第一节　账户总的风险金

为了让交易成为生活中轻松愉快的一部分，投资者一定要根据自己所能承受风险的能力（包括经济能力和心理承受能力等），来确定总的投资额度，投入的资金最好不要超过总资产的30%，以避免出现投资失败而影响到日常生活的情况发生。

总资产30%的投入，不影响正常投资和生活，在这样的心态下参与的交易，是一个比较轻松和健康的交易，投资者从心态上可以放下必须盈利的思想包袱，给了账户比较宽松的空间和时间，这样可以确保每笔交易都能按照自己的交易系统"出牌"，确保交易的正常进行，可以增加成功的概率，也可以体会到交易给你带来的乐趣。否则，交易会变成"毒品"，让投资者始终难以摆脱它的诱惑。

确定了自己的投资额后，投资者就要按照确定的投资额来设定自己的资金管理系统。通常，投资者设定的账户总的风险金为投资总额的30%，如【图10－1－1】所示。

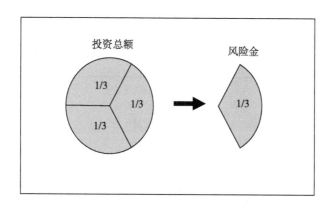

图10－1－1 账户总风险金示意图

例如，投资者投入20 000美元，根据总的风险金比率30%，那么允许的最大亏损额度就是6 000美元，这是根据投资者的承受能力设定的心理底线。

在交易过程中，即便投资者精心设计，也难免发生交易意外，俗话说："常在河边走，哪能不湿鞋"。万一出现亏损达到30%的情况，投资者要及时停下来，寻找交易失败的原因，进行详细的可行性研究，看是否具备交易的技能来动用备用的30%的风险金继续交易，如果认为不适合交易，就要及时刹车，停止交易。

如何能够确保在连续交易的情况下，亏损又不超过设定的30%风险金呢？这就要设定每次交易允许的最大亏损额度。

第二节　每次交易允许的最大亏损额度

每次交易允许的最大亏损额度，其计算公式如下：

$$每次交易允许亏损额度 = 资金投资总额 \times \frac{风险金比率}{交易次数}$$

每次交易允许的最大亏损额度设定，如【图10 – 2 – 1】所示。

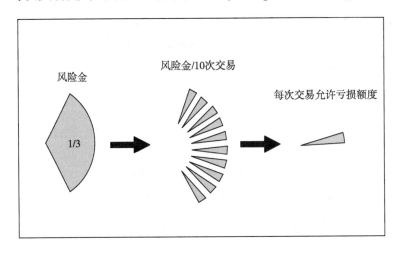

图10 – 2 – 1　每次交易允许的最大亏损额度设定示意图

例如，账户投资总额为 20 000 美元，如果投资者的交易品种为保证金交易模式（通常放大比率在 1:50 ~ 1:100），每次交易允许的最大亏损额度为：$F = 20\ 000 \times 30\% \div 10 = 600$。

一旦确定了每次交易的亏损额度，投资者就必须严格执行，不能让单次交易的亏损超过设定的最大额度，这是能够确保在市场中生存的关键因素。

交易次数如何设定呢？由于不能保证每次交易都 100% 的准确，这就要求我们不能将总的风险金（例如投资总额的 30%）放到一次交易中去，因为那是赌博行为。我们应当设定一个合理的交易次数（例如 10 次或 20 次），将总的风险金分散到所设定的这 10 次或 20 次交易中。这样做的目的就是为了保证在出现连续亏损的情况下，投资者仍有能力在市场上继续生存和继续交易，这一点非常重要。对新手来说，连续 5 ~ 10 次交易都是亏损是常见的现象。通常我们设定交易次数为 10 次。

第三节　盈亏比

盈亏比的大小，是交易能否实现盈利的关键。下面通过实例，来计算在 10 次交易中，用不同的盈亏比实现盈亏平衡点所需的盈利次数。

假定我们交易账户的总资金为 1 万美元、总的风险额度为 30%，则最大亏损为：1 万 × 30% = 3 000 美元。如总交易次数设定为 10 次，则每次交易的亏损额度为：3 000 ÷ 10 次 = 300 美元。

1. 盈亏比率为 1:1

总交易次数设定为 10 次，那每次交易的最大亏损为 300 美元，最大盈利为：300 × 1 = 300 美元，10 次交易的统计结果，如【图 10 – 3 – 1】所示。

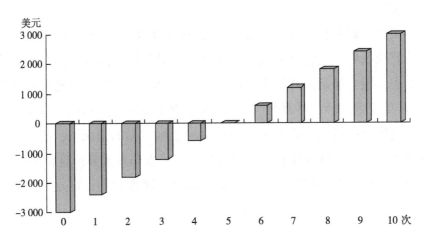

图 10 – 3 – 1　盈亏比 1:1 统计结果

由【图 10 – 3 – 1】可以看出，盈亏的平衡点为 5:5，也就是 10 次交易，至少要确保有 5 次盈利，才能保证 10 次交易最后不出现亏损。

2. 盈亏比率为 2:1

总交易次数设定为 10 次，那每次交易的最大亏损为 300 美元，最大盈利为：300 × 2 = 600 美元，10 次交易的统计结果，如【图 10 – 3 – 2】所示。

由【图 10 – 3 – 2】可以看出，盈亏的平衡点为 4:6，也就是 10 次交易，只要有 4 次盈利，就可以保证 10 次交易最后不出现亏损。

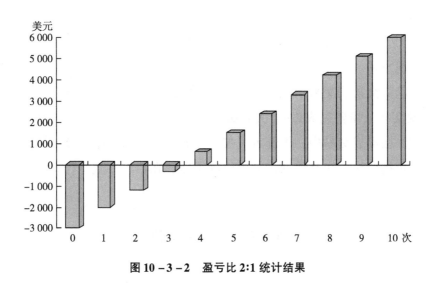

图 10 - 3 - 2　盈亏比 2:1 统计结果

3. 盈亏比率为 3:1

总交易次数设定为 10 次，那每次交易的最大亏损为 300 美元，最大盈利为：$300 \times 3 = 900$ 美元，10 次交易的统计结果，如【图 10 - 3 - 3】所示。

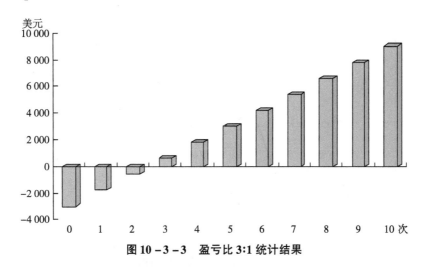

图 10 - 3 - 3　盈亏比 3:1 统计结果

由【图10-3-3】可以看出，盈亏比率为3:1，盈亏的平衡点为3:7，也就是10次交易，只要有3次盈利，就可以保证10次交易最后不出现亏损。

趋势交易法交易系统的年平均盈亏比为2.9:1，接近3:1，所以，10次交易只需要完成2~3次成功的交易，就可以基本实现盈亏平衡。因此，在实战交易中，投资者只要严格按照趋势交易法交易系统发出的买卖指令执行交易计划，就可以确保能够在市场一直生存。

第四节　止损的设定

一、止损的位置

被动止损设定在最低点、最高点或主趋势分界点A，主动止损设定在导航A点，如【图10-4-1】和【图10-4-2】所示。

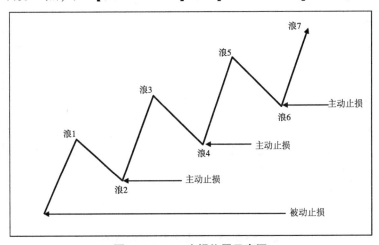

图10-4-1　止损位置示意图

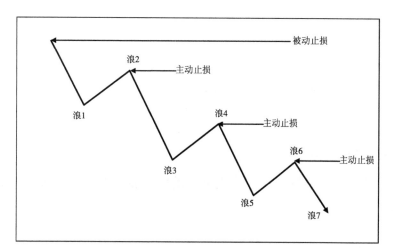

图 10 - 4 - 2   止损位置示意图

二、止损不要放在习惯数字上

交易员习惯以 20、50、80、100 作为价格的目标，这些习惯的数字常常成为心理上的重要的支撑和阻力位置。因此，在交易时，不要把交易指令正好放在这些习惯的数字上。

多头的止损应低于习惯数字，而空头的止损应高于习惯数字，如【图 10 - 4 - 3】所示。

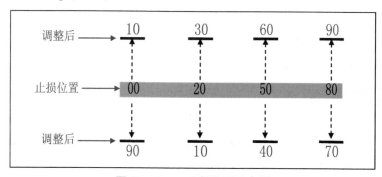

图 10 - 4 - 3   止损位置示意图

三、假突破后止损的处理

1. 突发事件

市场出现了突发事件，造成市场的剧烈波动时，会出现假突破的情况。

2. 数据公布

重大数据公布时，交易员通常会将交易指令全部撤销，造成瞬间交易量几乎为零的情况发生，一旦数据公布，第一口价都将远离趋势运行轨迹。

如出现假突破，当我们的被动止损被触发后，一旦价格快速回到意识中的运行轨迹，投资者需要及时将头寸补回。下面通过实例，用顺势波段交易模型说明假突破止损后的处理方法，【图10－4－4】是一段欧元兑美元小时走势图。

首先对【图10－4－4】中的走势图进行结构分析和数浪，如【图10－4－5】所示。

【图10－4－5】中，调整浪浪2已经完成了abcde结构，立刻执行卖出的交易计划，被动止损放在浪1的最高点的上方，如【图10－4－6】所示。

【图10－4－7】是之后的走势图。

【图10－4－7】中，价格完成浪3后，到达了下降趋势的拐点线，预测目前的上升为调整浪浪4，下跌5浪将随时展开。【图10－4－8】是之后的走势图。

图 10 - 4 - 4　欧元兑美元走势图

图 10 - 4 - 5　欧元兑美元走势图

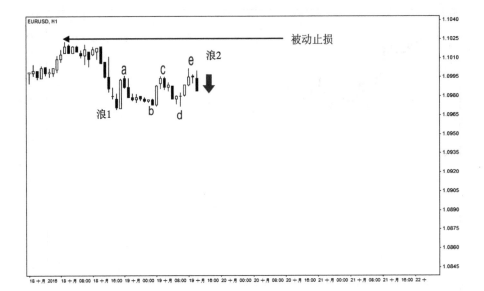

图 10 - 4 - 6　欧元兑美元走势图

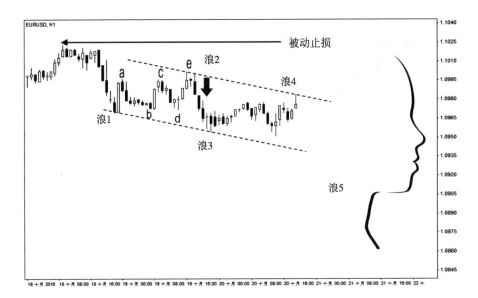

图 10 - 4 - 7　欧元兑美元走势图

图 10 – 4 – 8　欧元兑美元走势图

由【图 10 – 4 – 8】可以看出，价格快速突破浪 1 的高点，触发设定的被动止损。但是，现在最后一根 K 线还没有收盘，还不能确定未来价格一定上涨，需要耐心等待价格收盘后，再决定如何操作。【图10 – 4 – 9】是之后的走势图。

由【图 10 – 4 – 9】可以看出，最后一根 K 线收盘于拐点线之下，形成较长的上影线，确认之前的突破为假突破，此时需要马上恢复之前意识中的走势图，仍然预测目前的上升为调整浪浪 4，继续执行卖出交易订单，被动止损放在大的 K 线的高点。同时，还要做好防护，防止之前的突破卷土重来，造成较大的亏损。投资者执行了卖出的订单之后，不允许出现向上的标准 K 线，一旦出现标准阳线，就立刻止损转向，如【图 10 – 4 – 10】所示。

【图 10 – 4 – 11】是之后的走势图。

【图 10 – 4 – 11】中，紧接着假突破的 K 线为标准阴线，确认了之

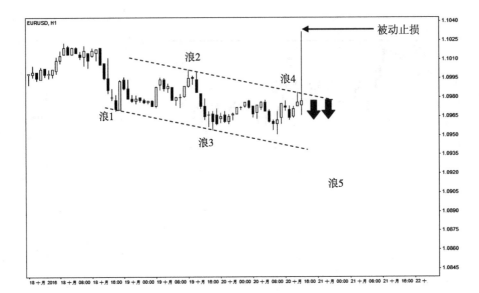

图 10 - 4 - 9　欧元兑美元走势图

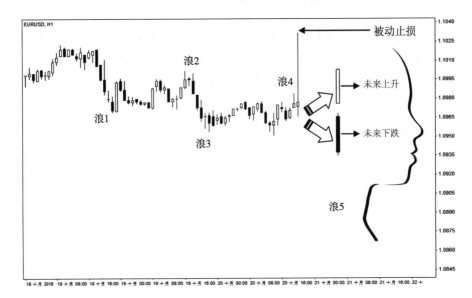

图 10 - 4 - 10　欧元兑美元走势图

图 10 - 4 - 11 欧元兑美元走势图

前的假突破。由于出现了海底捞月 K 线组合，未来下跌的趋势更为明显，出现这样的情况，投资者通常会启动顺势加码交易策略，价格突破之前的低点，并收市于前低之下，会继续追加 1/2 空头头寸，追加的主动止损位置为标准 K 线的高点或导航 A 点，如【图 10 - 4 - 12】所示。

【图 10 - 4 - 13】是之后的走势图。

【图 10 - 4 - 13】中，价格再次突破并收市于之前标准 K 线的低点之下，继续追加 1/2 空头头寸，减仓线放在最后一根标准 K 线的高点。如【图 10 - 4 - 14】所示。

【图 10 - 4 - 15】是之后的走势图。

由【图 10 - 4 - 15】可以看出，价格形成了一个收缩三角形，并启动下跌走势，继续追加 1/2 空头头寸，减仓线放在导航 A 点，如【图 10 - 4 - 16】所示。

【图 10 - 4 - 17】是之后的走势图。

图 10 - 4 - 12　欧元兑美元走势图

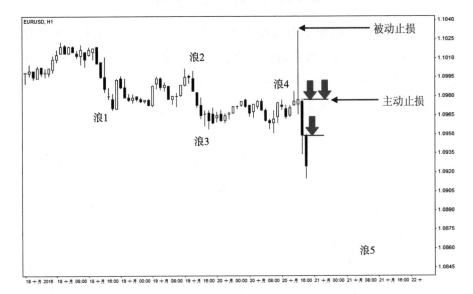

图 10 - 4 - 13　欧元兑美元走势图

图 10 - 4 - 14　欧元兑美元走势图

图 10 - 4 - 15　欧元兑美元走势图

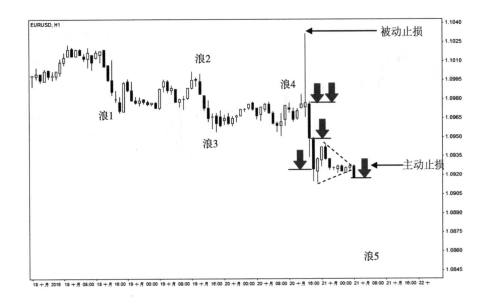

图 10 - 4 - 16　欧元兑美元走势图

图 10 - 4 - 17　欧元兑美元走势图

【图 10 - 4 - 17】中，价格再次突破并收市于之前的低点之下，继续追加 1/2 空头头寸，减仓线调整至导航 A 点之上，如【图 10 - 4 - 18】所示。

图 10 - 4 - 18　欧元兑美元走势图

浪 5 形成了两个收缩区间，预示还有一个子区间没有出现，继续持有空头头寸，观察之后的价格走势。【图 10 - 4 - 19】是之后的走势图。

【图 10 - 4 - 19】中，虽然价格再次突破并收市于之前的低点之下，由于这是第三个子区间，不再追加空头头寸，而是等待出现 K 线反转，平仓所有追加的空头头寸。此时我们将减仓线调整至最后一根标准 K 线的高点。【图 10 - 4 - 20】是之后的走势图。

由【图 10 - 4 - 20】可以看出，价格不再加速下跌，而是出现了两个锤子线 K 线反转，此时立刻平仓所有追加的空头头寸。

图 10 – 4 – 19 欧元兑美元走势图

图 10 – 4 – 20 欧元兑美元走势图

后　记

　　我不知道您读完了我写的《趋势交易法》一书后的感想。如果能够通过了解我所讲述的交易方法，对您的交易能有所帮助，将是对我付出的最大回报，也是我最大的欣慰。

　　我已将我所知的一切，用文字表述完毕。由于篇幅所限，有的内容我无法深入展开论述，但是我已竭尽所能，尽量完整表述趋势交易法的每一部分内容。由于我所讲述的内容具有相互关联性，您可以通过前后章节系统地阅读，逐渐领悟趋势交易法的所有交易技法。

　　在制作图表的过程中，我也常常感叹：在20世纪90年代初期，我刚刚踏入交易之门时，如果有人能够提前告知我这些交易技能和方法，我可以减少多少不必要的资金损失，我可以少走多少弯路啊！因为书中我所讲述的这些交易技巧，都是用亏损的交易，通过统计分析总结出的，它们耗费了我大量的时间、精力和体力，可以说趋势交易法是用我的健康换来的，只有我自己知道"趋势交易法"这五个字代表的真正含义是什么。

　　最后，我要感谢交易！是交易彻底改变了我的一切！我还要感谢多年来一直关注趋势交易法的所有学员，是你们给我带来了幸福快乐的15年！在教授趋势交易法的过程中，你们的进步，给了我无比的快乐，让我体悟到我人生的价值！

祝大家在交易路上：一帆风顺，万事如意，心想事成！

鹿希武
2017 年 3 月 15 日

趋势交易法布鲁克学院（TFM Broker Institute Ltd.）
QQ：1920996280　695068293
E－mail：1920996280@ qq. com　695068293@ qq. com
网站地址：http：//www. qsjyf. com